谢遵振 著

公司法律纠纷类案精要与实务指引

ESSENTIALS AND PRACTICAL GUIDELINES OF COMPANY LEGAL DISPUTE CASES

By Xie Zunzhen

法律出版社
北京
LAW PRESS·CHINA

图书在版编目（CIP）数据

公司法律纠纷类案精要与实务指引 / 谢遵振著. -- 北京：法律出版社，2021
ISBN 978-7-5197-6212-4

Ⅰ. ①公… Ⅱ. ①谢… Ⅲ. ①公司—经济纠纷—案例—处理—中国 Ⅳ. ① D925.105

中国版本图书馆 CIP 数据核字（2021）第 234975 号

公司法律纠纷类案精要与实务指引
GONGSI FALÜ JIUFEN LEIAN JINGYAO YU SHIWU ZHIYIN

谢遵振 著

策划编辑 朱海波
责任编辑 朱海波
装帧设计 汪奇峰

出版发行 法律出版社
编辑统筹 法律应用出版分社
责任校对 杨锦华
责任印制 吕亚莉
经　　销 新华书店

开本 710 毫米 ×1000 毫米　1/16
印张 20　　**字数** 380 千
版本 2022 年 1 月第 1 版
印次 2022 年 1 月第 1 次印刷
印刷 三河市兴达印务有限公司

地址：北京市丰台区莲花池西里 7 号（100073）
网址：www.lawpress.com.cn
投稿邮箱：info@lawpress.com.cn
举报盗版邮箱：jbwq@lawpress.com.cn
销售电话：010-83938349
客服电话：010-83938350
咨询电话：010-63939796

书号：ISBN 978-7-5197-6212-4　　**定价**：72.00 元

序　言

随着时代的发展和不断进步，参与市场经济的各类主体越发多样化，其中公司法人作为社会主义市场的主要参与主体之一也日益活跃和频繁，尤其是新《公司法》对注册资本认缴制的规定出台后，中小微企业的注册数量如雨后春笋般涌现。在我国社会主义法律体系已经形成，且《民法典》已经施行的大背景下，作为特别法的《公司法》也历经了前后两次大的修改，但仍不能满足司法实践中出现的层出不穷的新问题，因此与之相对应的《公司法》司法解释不断出台，至今已经出台到了第五个司法解释。显然实践中层出不穷的新问题已经倒逼立法机关和司法审判部门不间断地对《公司法》中抽象、笼统的条文进行具体化和补漏洞的解释，以适应社会主义市场经济环境下层出不穷的法律适用问题。

笔者作为一线的办案律师，同时作为《公司法》及《公司法》司法解释的研究爱好者，对我国《公司法》中所涉及的各种常见和疑难问题按照《民事案件案由规定》中所涉及的25个有关公司纠纷案件的案由进行了整体梳理并撰写成文。在本书的写作过程中，笔者查阅并参考了大量有关《公司法》的文献，同时在中国裁判文书网和无讼案例网上检索了大量现有的司法判决书，在此基础上笔者在每个章节中通过检索案例并筛选一至两个经典案例进行法律研读。与此同时，为了更深入研究每个案由所涉及和衍生的其他问题，本书的每个章节还增加了法律实务疑难问题简答一节，对案由中所涉及的其他相关问题，也专门进行简答，以飨读者。

本书的写作过程并非一蹴而就的，笔者作为一线办案的亲历者，在兼顾且不影响日常办案的情况下，通过每周一篇或两周撰写一篇文章的方式，将有关公司纠纷的每个案由分别研读成文，然后发表在笔者个人创立的微信公众号上。本书的撰写时间均为晚上6时以后的空余时间、周末以及法定节假日时间，最终在笔者的坚持下完成了总共25篇文章，至此成为本书的25个章节内容。虽然不多，但是每个章节所涉及的问题以及相关的法律研究分析均耗费了笔者大量的时间。笔者也希望通过对每个案由的研究和案例的剖析对我国《公司法》所涉及的各类常见和疑难问题进行尽可能详细地剖析和解读。

本书前后历经两年半多时间，一开始笔者的思路是通过司法案例研究并学习《公司法》的相关知识以指导和丰富自身的办案经验，从一开始的每个案由剖析解读4篇《公司法》案例，准备在25个案由的基础上研读并形成100个案例，到后续每个案由详细扩充并解读，并将已经研读的100个《公司法》案例再次筛选，一直到最终本书所呈现的每个章节内容，前前后后笔者对每个案由章节至少打磨并修改不下五次。下面笔者就本书的写作体例和内容进行简单的介绍。

本书的写作体例和章节均是按照我国《公司法》中涉及有关公司纠纷的25个案由的顺序逐一进行撰写的，同时每个章节均包括案由的概述、经典案例、类案检索精要、法律实务研读、法律实务疑难问题简答、核心法条合计六个部分的内容。(1)案由的概述部分从整体角度对每个《公司法》案由的定义、现行《公司法》规定以及我国《公司法》对应内容的理论知识等角度进行概述，以便读者能够对每个《公司法》案由有大概且清晰的了解。(2)经典案例部分则是在大量的现有司法判例里检索、筛选并精简对应案由的案例进行案例的剖析解读，经典案例部分的内容主要包括案件主要事实、法院判决、裁判要旨、律师点评四个板块，让读者能够对典型案例有一个深入和透彻的了解。(3)类案检索精要部分则是在大数据时代司法判决均已经对社会公众公开的情况下，同时也是顺应同案同判的时代要求，笔者从海量的《公司法》司法判决书中筛选与对应章节《公司法》案由纠纷类似的法院裁判文书组成一个案例集锦，以供读者对同类型案件法院的判决思路有大致的了解。(4)法律实务研读部分是在案由概述和经典案例剖析的基础上，对本章节所涉及的案由在实务中经常出现的争议焦点单独进行分析，以便读者对实务中的此类问题法院如何判决和如何分析有具体的了解。(5)第五部分是笔者在历经几次稿件写作修改过程中新增加的一部分，在写作和修改稿件的过程中，笔者发现每个案由在司法实践中均会有不同的新问题和疑难问题出现，为了能够发现更多实践中的问题，笔者决定对每个案由在实务中所出现的问题尽可能进行简要回答。(6)最后一部分是每个案由对应的《公司法》的核心法条。作为一线的办案律师，法条作为与法官沟通的利器实际上非常重要，因此，笔者将核心的法条作为单独的一节在每章中进行单列。

鉴于《公司法》所涉及的各类问题纷繁复杂，且涉及的《公司法》理论知识与民法典一脉相承，相辅相成，其中的法学知识理论体系博大精深，故囿于笔者能力和经验，本书中有些章节的内容不乏写作错误或出现不严谨之处，希望读者不吝指教，笔者必定改正！

谢遵振

2021年9月19日晚8时于上海中心大厦

目　录

第一章

公司设立纠纷类案精要与实务指引

一、公司设立纠纷概述

根据我国《公司法》第 7 条第 1 款之规定，“依法设立的公司，由公司登记机关发给公司营业执照。公司营业执照签发日期为公司成立日期”。因此，从《公司法》的规定可以看出，一个新设立公司在法律意义上的成立之日应始于新设立公司的营业执照正式签发之日，即公司成立之日应为新设立公司第一次被工商行政部门所颁发的营业执照上的日期。而实务中，新设立公司成立的最初起点一般认为是自发起人签订关于成立公司的公司章程或者发起人协议之日。

在我国民商事审判实践中，公司设立纠纷作为《民事案件案由规定》中有关公司纠纷案件案由的第一个案由已经普遍存在于公司类的诉讼纠纷中，司法实践中关于公司设立纠纷的相关司法判例也呈现日益增多的趋势，凸显了实务中关于公司设立的过程中发起人内部以及设立中公司与外部第三人之间更加复杂的权利义务责任关系。严格意义上讲，本章节所述的公司设立纠纷是指公司设立过程中，发起人自签订公司章程或发起人协议之日起，至公司营业执照正式签发之日止的这段期间，以设立中的公司名义或发起人个人名义对外签订合同，从事相关民事法律行为所引发的民事责任纠纷。更精准地讲，本章节所述的公司设立纠纷是指公司设立过程中，且后续公司已经成功设立情况下的纠纷，至于后续公司设立失败情形下的责任纠纷，本章节并不予包括和论述，笔者将在下一章节的发起人责任纠纷中具体阐述，因此，综述本章节语境下的公司设立纠纷的内涵和实践中所存在的纠纷情形，笔者总结了以下常见的两种公司设立纠纷的类型：

1. 发起人以设立中的公司（尚未成立的公司）名义对外签订合同所引发的成功设立后的公司承继合同权利义务纠纷。

2. 发起人以个人名义对外签订合同所引发的责任承担纠纷。

根据最高人民法院《关于适用〈中华人民共和国公司法〉若干问题的规定（三）》（法释〔2020〕18 号修正）（以下简称《公司法解释（三）》）第 2 条、第 3 条之规定，由上述常见的两种主要类型的公司设立纠纷所引发的法律后果可以分别简要概括为以下责任：

1. 发起人以设立中的公司名义对外签订合同，一般情况下，公司成立后理应对设立过程中所签订合同承担法律责任，但是，如果公司有证据证明发起人系为了个人利益而签订合同的，则在排除合同相对人为善意的情况下，公司可以不履行发起人对外签订的合同，也就是成立后的公司可以拒绝履行发起人以设立中公司名义所签订的合同义务。

2. 发起人以个人名义对外签订合同，一般情况下，应由发起人本人承担合同责任，但发起人确实为了公司利益而签订合同，且公司成立后也确认合同条款，或者公司已经实际享有合同权利、履行合同义务的，则合同相对方享有选择权，可以请求公司承担合同责任，也可以选择要求发起人承担合同责任。这在我国《民法典》第75条第2款也有明确规定，即“设立人为设立法人以自己的名义从事民事活动产生的民事责任，第三人有权选择请求法人或者设立人承担”。实务中，由于设立中的公司尚未成立，导致以发起人个人名义签订合同的纠纷在司法实践中普遍存在，且呈现债权人一般会起诉发起人，并要求发起人承担对外债务的情形。

二、典型案例：公司发起人以个人名义对外签订合同，成立后的公司认可债务的，债权人如何主张债权？

（一）案情及裁判

焦作市某建筑设备租赁中心与李某租赁合同纠纷[1]

案件主要事实

1. 2009年10月18日，某建筑设备租赁中心与李某签订《设备租赁合同》，该合同约定：由李某租用某建筑设备租赁中心的搅拌机、配料机、混凝土输送泵。后续双方又分别签订了《塔式起重机租赁合同》《施工电梯租赁合同》等，上述合同书中均有牛某的签名。

2. 截至2012年4月10日，李某已返还部分钢管、十字扣、接扣、转扣、顶丝、蝴蝶卡；李某未返还钢管16373米、十字扣14478套、接扣3357套、转扣810套等；租赁费313343.4元未支付。

3. 另查明，牛某系李某工地上的工人，江某由牛某介绍在工

〔1〕 案号：（2014）焦民一终字第124号；来源：中国裁判文书网。

地上做保管员；上述设备交付给李某时，由牛某、江某签字认可，并用于某酒店有限责任公司的施工。

4. 某建筑设备租赁中心请求判令：(1)被告支付原告租赁费313343.4元；(2)被告向原告返还钢管16373米、扣件18645套、顶丝268条(总价值约为30万元)。

一审法院判决某建筑设备租赁中心的诉讼请求成立，予以支持。

法院认为

1. 某酒店有限责任公司于2009年10月22日成立，在成立以前尚不具备独立民事主体资格，李某与某建筑设备租赁中心签订的四份租赁合同均在某酒店有限责任公司成立前，此时李某为某酒店有限责任公司设立以自己名义与某建筑设备租赁中心签订租赁合同，不是法定代表人行为，而是公司发起人责任问题。

2. 某建筑设备租赁中心与李某签订租赁合同时没有义务去了解承租人将设备用于何处，2011年6月22日某酒店有限责任公司与某建筑设备租赁中心签订的遗留问题解决协议，属某酒店有限责任公司对其他债务的认可，其自愿承担相关义务并不违反法律规定，但这与公司设立阶段的发起人责任没有直接的关联性，并不能免除作为合同相对人李某的民事责任。根据《公司法解释(三)》第2条之规定，李某作为某酒店有限责任公司的发起人，某建筑设备租赁中心享有请求李某和某酒店有限责任公司承担责任的选择权，某建筑设备租赁中心作为合同债权人直接以李某为被告要求其承担相应的民事责任，于法有据。

裁判要旨

根据《公司法解释(三)》第2条之规定，李某作为某酒店有限责任公司的发起人，某建筑设备租赁中心依法享有请求李某和某酒店有限责任公司承担责任的选择权，某建筑设备租赁中心作为合同债权人直接以李某为被告要求其承担相应的民事责任，于法有据。

（二）律师点评

本案核心的争议焦点系李某与某建筑设备租赁中心签订合同时是以自身个人的名义签订的，而实际履行义务的主体系李某为股东的某酒店有限责任公司，且某酒店有限责任公司成立后，对于李某对外签订的合同也予以了书面确认，此种情况下，对于债权人某建筑设备租赁中心来说，应向谁主张债权？很显然，根据我国《公司法解释（三）》的规定，目前的司法实践中是支持债权人向李某主张以其个人名义签订的对外合同的诉请的，但同时也赋予了债权人在公司发起人和公司成立并依法取得法人资格两者之间的选择权，因此，本案虽历经两审，但最终法院支持了某建筑设备租赁中心选择要求李某承担债权的诉讼请求，法院的判决结果很好地印证和契合了《公司法解释（三）》关于发起人以个人名义对外签订合同情况下的法律后果的认定。

（三）类案检索精要[1]

1. 案号：(2017)湘06民终1348号

法院认为：骆鹏系锦鹏公司成立后登记的法定代表人和股东，也是锦鹏公司成立前的发起人。锦鹏公司筹建厂房期间所需混凝土由正德公司送往锦鹏公司厂房处，由骆鹏进行签收并与正德公

〔1〕 本书各章节"类案检索精要"部分摘录的案例均来自中国裁判文书网，网址：http://wenshu.court.gov.cn/。

司进行货款结算，实际与正德公司发生买卖关系民事行为的相对人应为骆鹏，关于本案合同双方当事人系正德公司与骆鹏应予认可。因骆鹏系锦鹏公司发起人，且正德公司所提供混凝土用于锦鹏公司筹建期间厂房建设所需，依据《公司法解释（三）》第2条“发起人为设立公司以自己名义对外签订合同，合同相对人请求该发起人承担合同责任的，人民法院应予支持。公司成立后对前款规定的合同予以确认，或者已经实际享有合同权利或者履行合同义务，合同相对人请求公司承担合同责任的，人民法院应予支持”之规定，锦鹏公司成立后虽未对合同进行确认，但是正德公司所送混凝土是用于锦鹏公司的厂房建设，锦鹏公司实际享有合同的权利，亦系锦鹏公司成立前所负债务，故锦鹏公司对正德公司诉请的货款承担支付责任。

2. 案号：（2016）湘01民终3468号

法院认为：《厂房仓库租赁协议》虽为陈利军以个人名义与中拓公司签订，但实际的房屋使用人为致臻公司，陈利军的签约行为是一种为成立致臻公司的前期代表行为，《厂房仓库租赁协议》的实际承租人应为致臻公司而非陈利军。但是，依据《公司法解释（三）》第2条第1款的规定，“发起人为设立公司以自己的名义对外签订合同，合同相对方请求该发起人承担合同责任的，人民法院应予支持”。陈利军为致臻公司的发起人，依据此规定，中拓公司起诉要求陈利军承担本案民事责任，诉讼主体适格。

3. 案号：（2016）鄂2828民初246号

法院认为：被告宏旺公司法定代表人吴建辉在公司成立前与原告签订了本案所涉的《协议》。宏旺公司成立之后，没有签订新的合同，而是继续履行前述《协议》。根据《公司法解释（三）》第

2条第2款的规定，“发起人为设立公司以自己的名义对外签订的合同，公司成立后对前款规定的合同予以确认，或者已经实际享有合同权利或者履行合同义务，合同相对人请求公司承担合同责任的，人民法院应予支持”。据此，本院认为，对吴建辉在外以自己名义签订的《协议》，宏旺公司已实际享有合同权利并履行合同义务，《协议》中的权利、义务应当由宏旺公司承担。

4. 案号：(2016)京02民终9161号

法院认为：《公司法解释（三）》第2条第1款规定，发起人为设立公司以自己名义对外签订合同，合同相对人请求该发起人承担合同责任的，人民法院应予支持。秋浦公司完成装修工程后，装修工程已经实际投入使用，应视为工程竣工验收合格；于卓作为发起人之一，以其自己名义签订《装修合同》，应当按合同约定履行付款义务。上述司法解释第2条第2款规定：“公司成立后对前款规定的合同予以确认，或者已经实际享有合同权利或者履行合同义务，合同相对人请求公司承担合同责任的，人民法院应予支持。”漫捌公司在庭审中认可于卓在《装修合同》中代表其公司，且认可该合同的相对人应为漫捌公司而不应是于卓个人；一审法院视为漫捌公司同意承担工程款给付责任，判令漫捌公司承担连带给付责任，并无不当，本院予以确认。

三、法律实务研读

（一）发起人以个人名义对外签订合同，公司成立后对合同内容予以确认或自愿实际履行合同义务的裁判实践

司法实务中，在公司尚未成立的情况下，如何应对发起人以个人名义对外签订合同的相对方债权人，即合同相对方债权人对

发起人和新设立公司是否有选择诉讼的权利成为实践中引发诉讼的高频争议焦点，这一争议焦点也应当是发起人和公司在设立及成功设立公司后需要重点关注和防范的。笔者拟从以下两个角度即发起人利益和合同相对方债权人利益两个角度分别进行简要分析：

1. 从发起人利益的角度考量。在发起人成立公司（公司筹备且尚未成立）的时候，一定要在发起人协议（合伙协议）或者公司章程中对公司发起设立阶段的责任承担问题进行明确的约定，以防止债权人对发起人和公司的双重追责，如发起人可以在发起人协议（合伙协议）或者公司章程中对发起设立阶段的债务承担问题进行明确约定，“对公司成立之前由发起人签订的业务合同，在公司正式成立后自动转化为公司的对外债务，发起人自动退出对外业务合同的债务承担”。在作出上述约定的情况下，发起人就可以一定程度避免被债权人起诉追责的法律风险，即使发起人被起诉承担了相应法律责任，发起人也可以事后根据发起人协议（合伙协议）或者公司章程的约定向新设立公司追讨自身的损失。

2. 从债权人利益的角度考量。在与设立中公司的发起人签订合同的时候，一定要谨慎，应要求发起人提供发起人协议（合伙协议）或者公司章程，便于债权人事先了解发起人设立公司成功后责任的承担问题，同时也可以将上述发起人协议作为所签订合同的附件使用。此外，为了保障债权人利益，应当要求发起人在业务合同中明确约定债务承担的主体和相关的违约责任条款。当然，在发起人以个人名义对外签订相关合同后，通过各种方式让设立后的公司书面确认或以实际行动履行合同义务的，则债权人也可以根据我国《公司法解释（三）》的规定对发起人或者设立后的公司择一进行起诉。

（二）发起人以设立中公司名义对外签订合同，公司成立后若无发起人明显为个人利益签订合同证据情况下的法律责任承担

我国《公司法解释（三）》第 3 条规定，一般情况下成功设立的公司应承继发起人以设立中公司名义对外签订合同的责任，但是如果公司想要拒绝承担发起人签订合同的后果，应当举证证明发起人明显系为了发起人个人利益而签订合同。实务中，设立中的公司对外签订合同往往是以“××× 公司筹备组”“××× 公司（筹）”等为签约主体。而作为合同相对方想要让公司承担发起人所签订合同的责任，则需要举证证明其系善意的合同相对方，也就是只要合同相对方能够举证证明其有理由相信发起人是经公司授权或受公司委托而签订的合同，就应当认定该相对人为善意相对人。

（三）设立中公司法律性质的认定

设立中公司实为公司之前身，而逐渐发展成公司实体，并与社会发生多种法律关系。根据设立中公司的定义和内涵可知，自发起人签订公司章程（发起人协议）至工商行政部门正式签发营业执照期间即为设立中公司的存续期间。严格意义上讲，设立中的公司并不具有独立的民事主体资格，其是一种权利能力受限的商事主体，但是在公司设立过程中从事相关的设立活动则具有相对独立的主体资格，也即法律赋予其在公司设立过程中从事与设立相关的活动的有限人格，使之具有民事主体所应当具有的一些特征，比如已经具有一些财产、相应的公司规章制度等。在公司设立过程中，发起人作为尚未成立的公司的具体执行人，在公司

设立过程中所代理公司从事的民事活动的后果当然归属于成立后的公司；若公司设立失败，则设立中的公司应视为合伙，发起人所签订的发起人协议或公司章程应视为合伙协议，由发起人在设立期间从事的民事活动的后果应由发起人按照合伙的规定对第三人承担责任。

四、法律实务疑难问题简答

（一）企业集团在我国是否具有独立的法人人格？

企业集团在我国并非法律层面的严格专业术语，对于企业集团的立法规范多限于部门规章层面，因此，企业集团没有独立的财产，没有独立的机构，也就不具有独立的法人人格。

（二）发起人以设立中公司名义对外签订合同的，善意相对人应当如何认定？

公司设立纠纷中的善意相对人是指公司设立过程中，合同相对人不知道也不应当知道发起人利用设立中公司名义为自己的利益而与第三人签订合同。在此过程中，设立后的公司如果否认承担发起人以设立中公司名义签订合同的，则应当承担对“发起人为个人利益而签订合同”“发起人以设立中的公司名义而签订合同”两个方面的举证责任。从另一角度来讲，对合同相对人来说，如果证明自身是善意的，则应当就自身无任何过错，属于善意相对人承担举证责任，一般情况下，合同相对人只要举证证明其有理由相信发起人是经过公司授权许可，或者有公司的授权委托书即可完成举证责任。具体到实务中的举证责任分配，一般在双方的初步举证后，再由法官进行举证责任的分配与转换。

(三)公司设立与公司成立有何区别?

公司设立与公司成立在概念、性质、效力等方面具有显著的区别。其中,公司设立是指公司设立人依照《公司法》规定的条件和程序,依法取得法律主体资格条件的法律行为。而公司成立则是公司设立行为的目的,是公司在依法取得工商登记机关的核准后取得了法律认可的主体资格的状态,因此,公司成立是公司设立的法律后果或者直接目的。

(四)公司未能成立的,应按照何种规则处理纠纷?

公司未能成立的应当按照合伙解散的规则处理相应的债权债务问题。对外而言,应由发起人对外部所欠债务承担连带清偿责任;对内而言,应由发起人根据自身的出资份额或者内部已约定的份额承担相应的责任。《民法典》第 75 条第 1 款也进行了明确的规定,“法人未成立的,其法律后果由设立人承受,设立人为二人以上的,享有连带债权,承担连带债务”。

五、核心法条

《中华人民共和国民法典》

第七十五条 设立人为设立法人从事的民事活动,其法律后果由法人承受;法人未成立的,其法律后果由设立人承受,设立人为二人以上的,享有连带债权,承担连带债务。

设立人为设立法人以自己的名义从事民事活动产生的民事责任,第三人有权选择请求法人或者设立人承担。

《中华人民共和国公司法》

第七条第一款 依法设立的公司,由公司登记机关发给公司营业执照。公司营业执照签发日期为公司成立日期。

最高人民法院《关于适用〈中华人民共和国公司法〉若干问题的规定（三）》（法释〔2020〕18号修正）

第二条 发起人为设立公司以自己名义对外签订合同，合同相对人请求该发起人承担合同责任的，人民法院应予支持；公司成立后合同相对人请求公司承担责任的，人民法院应予支持。

第三条 发起人以设立中公司名义对外签订合同，公司成立后合同相对人请求公司承担合同责任的，人民法院应予支持。

公司成立后有证据证明发起人利用设立中公司的名义为自己的利益与相对人签订合同，公司以此为由主张不承担合同责任的，人民法院应予支持，但相对人为善意的除外。

第二章

发起人责任纠纷类案精要与实务指引

一、发起人责任纠纷概述

发起人责任纠纷，是指公司的发起人在公司设立失败或设立成功后，发起人（对内）之间或第三人（对外）对出资成立公司的出资款、设立公司所花费的费用等产生争议的纠纷。公司发起人是公司设立过程中权利义务的主要承担者，因此，根据发起人责任纠纷的类型，司法实践中，常见的发起人责任纠纷主要有以下两大类：

1. 公司设立失败的发起人责任，主要包括：

（1）发起人承担公司设立过程中所产生的费用和其他债务的连带清偿责任。

（2）发起人承担返还出资款及利息的连带责任。

2. 公司设立成功后的发起人责任，主要包括：

（1）在公司设立过程中，因发起人的过失导致损害公司或者公司其他发起人利益的责任应由发起人承担。

（2）在公司设立过程中，因履行设立公司职责导致损害第三人利益的，则公司赔偿后可以向有过错的发起人追偿。

发起人责任纠纷是《民事案件案由规定》中有关公司纠纷案件案由的第二个案由，由此案由所引发的发起人责任纠纷案例在司法实践中已经普遍存在，且在案件事实比较复杂的情况下处理起来也比较棘手。根据《公司法解释（三）》（法释〔2020〕18号修正）第4条、第5条、第6条之规定，上述发起人责任可以分别对应简要概括为以下责任：

1. 公司设立失败时发起人的法律责任承担。

（1）外部责任：在公司设立失败的情况下，发起人以个人名义或者设立中公司的名义对外签订合同的责任承担一般由发起人按照合伙企业法的相关法律规定处理。合同相对方可以要求发起人对外承担连带责任。此外，外部责任还包括公司设立过程中认股人的出资责任，在公司设立失败的情况下，外部认股人的本金和利息也可以向公司发起人主张。

（2）内部责任：从发起人签订合伙协议或公司章程的那一刻起就意味着公司已经开始着手运营，公司设立过程中的各项支出包括注册费、办公费用、场地租金、人员工资等，如果部分发起人承担了公司设立过程中的上述相关费用，则已经承担费用的发起人可以根据发起人签订的合伙协议向其他发起人主张赔偿，若发起人签订的合伙协议有约定的按照约定，没有约定的按照出资比例；没有约定也没有出资比例的，则应由发起人平均承担。另外，公司设立过程中若存在发起人有过错导致公司支出费用的，则无过错的发起人或出资人，可以要求对公司设立失败负有主要过错责任的发起人承担连带赔偿责任。

2. 公司设立成功后的发起人责任承担。

根据我国《公司法解释（三）》第5条之规定，若发起人在公司设立过程中，实施了损害公司利益的行为，则成立后的公司可以向有过错的发起人主张因其行为给公司造成的损失。若因部分发起人原因导致其他发起人或认股人利益受损的，则受到损害的发起人可以向有过错的发起人主张并要求承担赔偿责任。

二、典型案例：公司设立失败后，出资债权人能否要求返还全部出资款？

（一）案情及裁判

深圳市某翔科技有限公司与上海某科贸有限公司等
公司设立纠纷[1]

案件主要事实

1. 深圳某科技公司于2011年10月12日委托陈某向上海某科贸公司支付了人民币50万元，作为与上海某科贸公司、科洁加拿大公司共同设立上海某生物科技有限公司（以下简称上海某生物公司）的部分出资款，并于2011年10月21日办妥了新设公司的工商核名。

2. 2012年2月10日，科洁加拿大公司内部股权结构发生变化，潘某受让了原其他股东的股权，并决定不再设立新公司，导致新公司无法成立。

3. 深圳某科技公司诉请判令上海某科贸公司、科洁加拿大公司共同返还深圳某科技公司支付的出资款50万元及利息损失（按照中国人民银行规定的同期贷款利率，自2011年10月12日起计算至实际支付之日）。

---

〔1〕 案号：（2012）嘉民二（商）初字第S1740号；来源：中国裁判文书网。

4. 一审法院判决上海某科贸公司应于本判决生效之日起10日内返还深圳某科技公司人民币342918元并支付该款自2012年12月3日起至判决生效之日，按照中国人民银行规定的同期贷款基准利率计算的利息损失。

法院认为

1. 深圳某科技公司向上海某科贸公司汇入款项50万元用于投资启动，现上海某生物公司已超过企业名称保留期，公司未能成立，深圳某科技公司要求上海某科贸公司返还款项合法有据，应予以支持。

2. 因深圳某科技公司在庭审中表示，如本院认定设立公司中产生花费，其愿意按照当时约定的股权比例分担，深圳某科技公司主张对剩余款项的返还。本案中，为"上海某生物公司"的设立由上海某科贸公司实际支出，本院酌定为785410元，按照深圳某科技公司与上海某科贸公司、科洁加拿大公司的出资比例约定，深圳某科技公司应当承担其中的20%即157082元，其余款项342918元上海某科贸公司未有确实的证据证明已经花费，应当予以返还。

裁判要旨

根据《公司法解释（三）》第4条第1款之规定，深圳某科技公司向上海某科贸公司汇入款项50万元用于投资启动，现上海某生物公司已超过企业名称保留期，公司未能成立，深圳某科技公司要求上海某科贸公司返还款项合法有据，应予以支持，与此同时，对于设立公司过程中已经花费的费用，也应该据实合理扣除。

（二）律师点评

本案系法律关系较为明晰的公司设立失败情况下，出资债权人要求发起人返还出资款的案例。虽然案情比较简单,但是对于本案中出资债权人能否要求返还全部出资款成为本案一审阶段重点审理的争议焦点,基于出资债权人出资后,成立公司的过程中已经花费部分费用的事实,从事实角度考量,理应扣除合理的实际为设立公司所花费的费用,同时本案出资债权人在庭审中也认可了部分与设立公司相关的费用,故最终一审法院判决扣除合理的成立公司所花费的费用后部分返还出资债权人的出资款,进而维护了在公司设立失败情况下出资人的合法权益。

(三)类案检索精要

1. 案号:(2014)天民初字第237号

法院认为:文控公司至今尚未正式注册成立,而被告曹筱茵在文控公司设立期间对外发生民事行为时,均以文控公司法定代表人身份进行,故应认定其为文控公司的发起人,根据《公司法解释(三)》第4条第1款"公司因故未成立,债权人请求全体或者部分发起人对设立公司行为所产生的费用和债务承担连带清偿责任的,人民法院应予支持"的规定,原告以曹筱茵为被告要求其承担文控公司设立期间所负相关债务,其诉讼主体资格适格。

2. 案号:(2014)西民商初字第00534号

法院认为:现因河北润石酒店有限公司未依法成立,且涉案房屋已被房屋所有权人收回,原告的合同目的无法实现,原告要求解除租赁关系,应予支持。依照《公司法解释(三)》第4条第1款"公司因故未成立,债权人请求全体或者部分发起人对设立公司行为所产生的费用和债务承担连带清偿责任的,人民法院应予支持"的规定,原告要求发起人张彦强、张彦峰对其租金及损失承担连带清偿责任,应予支持。

3. 案号:(2014)一中民一终字第159号

法院认为:本案装饰装修合同是二被告代表设立过程中的鑫视界公司与原告签订,至诉讼时鑫视界公司仍未成立,根据《公司法解释(三)》第4条第1款的规定,原告起诉鑫视界公司的两名发起人蒋秀云、赏广鸣,要求二被告承担相应的合同责任,符合法律规定,依法确认蒋秀云、赏广鸣在本案的被告主体资格及反诉原告主体资格,承担因涉案合同产生的权利义务和法律责任。

4. 案号:(2018)苏01民终2562号

法院认为:发起人为设立公司以自己名义对外签订合同,合同相对人请求该发起人承担合同责任的,人民法院应予支持。公司因故未成立,债权人请求全体或者部分发起人对设立公司行为所产生的费用和债务承担连带清偿责任的,人民法院应予支持。本案中,上诉人汪泳、张赟与原审被告孙红权计划设立水木清华公司,孙红权为设立公司与被上诉人瑞祥南京公司签订的《施工合同》合法有效,瑞祥公司有权就该合同所产生的债务请求孙红权、汪泳、张赟连带承担清偿责任。

三、法律实务研读

(一)发起人责任纠纷的常见法律风险及防范措施

公司设立过程中的法律风险,除发起人对外以个人名义签订业务合同的外部法律风险之外,还存在公司能否正常设立情况下不确定的内部发起人之间的法律风险。一旦公司由于某种原因不能成立,则在发起人之间不能友好协商的情况下,往往会产生其他发起人或认股人要求返还出资,或者不再继续设立公司的情况,因此,针对公司设立过程中常见的有可能发生或存在的法律风险,笔者在此一一列举并简要分析如下：

1. 出资债权人要求全体或部分发起人返还出资。公司的发起人是公司设立并最终成立的主要人员，除发起人之外，还有其他人员对公司的设立也有重要贡献，即在有的公司设立过程中，会有认股人或出资人。本章节第二部分的经典案例是典型的出资人要求返还出资款的案例，法院在严格审查并认定事实的情况下，扣除了与设立公司相关的合理的费用后支持了出资债权人要求返还出资款的合理诉求。

2. 其他发起人向有过错的发起人追偿，并要求分担出资责任。除上述第 1 条有可能发生的出资债权人要求其他发起人返还出资的情况外，对于已经承担了返还出资责任的其他发起人，还可以按照比例向其他发起人进行追偿。此种情况下的追偿，若有内部约定比例，则按照约定的比例；若无约定比例，则应按照均等份额主张分担责任。

3. 已经承担责任的发起人向有过错的发起人追偿，并要求承担过错责任。对于有过错的发起人，其他发起人可以根据有过错的发起人的过错程度要求其承担相应的责任，进而弥补自身已经承担的发起人责任及所承担的损失。

（二）公司设立纠纷与发起人责任纠纷的区别

严格意义上讲，公司设立纠纷和发起人责任纠纷是两个不同的案由，但由于两种纠纷均是在公司设立阶段因发起人的原因而导致的纠纷，因此实践中两种纠纷也时常有交叉，进而导致在某些案件中无法明确区分应当由哪个案由进行立案并审理，那么，公司法意义上该如何区分两种纠纷呢？笔者从以下三个方面进行简要剖析：

1. 争议纠纷的主体不同

公司设立纠纷主要发生在发起人之间，其主要表现为因公司设立行为导致的内部关系争议纠纷。发起人责任纠纷的主体通常发生在发起人和发起人之间、发起人与第三人、发起人与公司之间，既可以表现为因公司设立失败导致的内部关系争议，也可以表现为公司设立失败后，发起人与外部第三人之间的争议。

2. 管辖法院的区别

（1）对于公司设立纠纷的管辖法院，我国《民事诉讼法》第 26 条进行了规定，“因公司设立、确认股东资格、分配利润、解散等纠纷提起的诉讼，由公司住所地人民法院管辖”。故因公司设立纠纷而提起的诉讼应该以公司住所地法院为管辖法院。

（2）发起人责任纠纷原则上应以我国《民事诉讼法》中管辖的相关规定为基础，但要综合考虑公司住所地等因素来确定管辖法院，因此，发起人责任纠纷并不直接适用《民事诉讼法》第 26 条关于公司相关纠纷的管辖规定。这在《北京市高级人民法院关于立案工作中适用〈民事诉讼法〉若干问题的解答》中有明确规定，其中就明确释明发起人责任纠纷中公司未设立的，均不适用《民事诉讼法》第 26 条公司诉讼管辖。而司法实践中发起人责任纠纷往往因合伙协议的约定或者具体情况而不同，因此，发起人责任纠纷的管辖法院大多数情况下不能固定，要视具体情况而定。

3. 司法认定和裁判的区别

虽然公司设立纠纷和发起人责任纠纷的主体有所不同，但是司法实践中仍很难轻易地将二者进行有效的区分，甚至有的案件中同时构成公司设立纠纷和发起人责任纠纷，导致实务中所具体适用的法律和裁判规则也会有差异。对于发起人责任纠纷，很重要的要点即要明确审查争议主体是否为发起人，而对发起人的构成要件，我国《公司法解释（三）》第 1 条已经明确规定，“为设立公司而签署公司章程、向公司认购出资或者股份并履行公司设立职责的人，应当认定为公司的发起人，包括有限责任公司设立时的股东”。因此，若发起人不符合上述第 1 条的规定，则不应归属于发起人责任纠纷。

四、法律实务疑难问题简答

（一）非营利法人能否作为公司发起人？

《民法典》第 87 条规定：“为公益目的或者其他非营利目的成立，不向出资人、设立人或者会员分配所取得利润的法人，为非营利法人。非营利法人包括事业单位、社会团体、基金会、社会服务机构等。”由此可见，非营利法人具有特殊性，由于类型的不同，其性质也不一样。司法实务中对此也有不同的观点，笔者认为，应当对不同性质的非营利法人不同对待，对于特殊的非营利法人可以作为公司发起人，允许非营利法人参与商事活动，赋予其发起人主体资格。

（二）发起人因设立公司而发生职务侵权行为的，受害人可以向谁主张赔偿？

受害人可以向成立后的公司主张赔偿。《公司法解释（三）》第 5 条第 1 款规定：“发起人因履行公司设立职责造成他人损害，公司成立后受害人请求公司承担侵权赔偿责任的，人民法院应予支持；公司未成立，受害人请求全体发起人承担连带赔偿责任的，人民法院应予支持。”因此，发起人在设立公司过程中，因履行设立公司的职责而导致第三人受损害或损伤的，受害人完全可以根据上述规定，要求成立后的公司承担赔偿责任。由于发起人系设立中公司的机关，对外代表公司，因此，参照《民法典》第 1191 条第 1 款规定："用人单位的工作人员因执行工作任务造成他人损害的，由用人单位承担侵权责任。用人单位承担侵权责任后，可以向有故意或者重大过失的工作人员追偿。"

（三）公司成立后，未按照约定出资的发起人，以何种方式向其追究责任？是以发起人身份对发起人协议违反，还是以股东身份对公司章程的违反追究违约责任？

发起人在公司成立后，在身份上发生了转变，即由发起人转变成为公司成立后的股东，如果此时因发起人未能按照发起人协议出资出现纠纷，则应当区分不同的情况认定不同的违约责任。如果在发起人协议中约定，发起人应当一次性缴纳出资的，公司成立后仍未足额支付的，则应当以股东身份对公司章程的违反追究违约责任。但如果发起人在发起人协议中约定分期支付的，则即使公司成立，发起人转变为公司的股东，发起人协议仍旧可以约束发起人。

五、核心法条

最高人民法院《关于适用〈中华人民共和国公司法〉若干问题的规定（三）》（法释〔2020〕18 号修正）

第一条　为设立公司而签署公司章程、向公司认购出资或者股份并履行公司设立职责的人，应当认定为公司的发起人，包括有限责任公司设立时的股东。

第四条　公司因故未成立，债权人请求全体或者部分发起人对设立公司行为所产生的费用和债务承担连带清偿责任的，人民法院应予支持。

部分发起人依照前款规定承担责任后，请求其他发起人分担的，人民法院应当判令其他发起人按照约定的责任承担比例分担责任；没有约定责任承担比例的，按照约定的出资比例分担责任；没有约定出资比例的，按照均等份额分担责任。

因部分发起人的过错导致公司未成立，其他发起人主张其承担设立行为所产生的费用和债务的，人民法院应当根据过错情况，确定过错一方的责任范围。

第五条 发起人因履行公司设立职责造成他人损害，公司成立后受害人请求公司承担侵权赔偿责任的，人民法院应予支持；公司未成立，受害人请求全体发起人承担连带赔偿责任的，人民法院应予支持。

公司或者无过错的发起人承担赔偿责任后，可以向有过错的发起人追偿。

第三章

股东出资纠纷类案精要与实务指引

一、股东出资纠纷概述

根据最高人民法院民事案由规定课题小组编写的《最高人民法院民事案件案由规定理解与适用》的释义，股东出资是指公司股东在公司设立或增加资本时，向公司交付财产或履行其他给付义务以取得股权的行为。我国《公司法》第 27 条、第 28 条对股东的出资方式和出资义务进行了明确规定。简言之，股东出资纠纷是指因股东出资存在瑕疵而致使公司其他股东、公司以及公司债权人利益受损的纠纷，其中包括股东虚假出资、出资不实，或者股东出资后存在的抽逃出资、未全面履行出资义务、隐名出资等因出资而产生的纠纷行为。目前司法实践中常见的股东出资纠纷的类型主要包括以下四种：

1. 虚假出资纠纷。虚假出资是指出资股东虽然认购了公司股份，但是并未实际出资的情形。2014 年以前的旧《公司法》对注册资本金强制要求实际缴纳出资的情况下，为了使公司符合《公司法》的要求并尽快成立公司，有的股东往往采取虚假出资的方式。2014 年新《公司法》对公司注册资金采取认缴制度后，虚假出资的案件大幅减少。虽然此类案件呈现出逐年减少的趋势，但是实践中，很多成立时间久远的公司，以及在破产清算案件中因股东虚假出资而引发诉讼的案子也不在少数。实务中，虚假出资主要表现为：股东以非货币财产出资，却未办理产权变更登记手续；以虚假的实物骗取验资报告；以无实际现金流的进账单、对账单骗取验资报告等。

2. 出资不足纠纷。出资不足纠纷是指股东按照《公司法》规定向公司仅履行部分出资义务，由于各种原因出资股东并未按照应出资的金额向公司履行全部出资，也即出资股东在约定的期限内，仅履行了部分出资义务，或者未能补足剩余出资的情形。出资纠纷的具体表现情形主要包括：货币出资仅履行了部分出资义务，作为出资的实物、知识产权、土地使用权的实际评估价格显著低于公司章程约定的金额等。

3. 逾期出资纠纷。逾期出资纠纷是指股东未能按照公司章程或者股东会决议的约定按时出资而引发纠纷的情形。由于我国现行《公司法》已经施行注册资金认缴制，因此司法实践中逾期出资的表现情形也只能是股东在公司成立后，未能在公司章程所约定的出资期限内按时缴纳出资。

4. 抽逃出资纠纷。所谓抽逃出资是指出资股东在将出资款按照约定汇入公司账户后，又采用其他方式将出资款转出而产生的纠纷。我国《公司法解释（三）》第12条对于股东抽逃出资的情形进行了具体规定，抽逃出资的行为包括制作虚假财务会计报表虚增利润进行分配、通过虚构债权债务关系将其出资转出、利用关联交易将出资转出等情形。

本章笔者将从司法实践中常见的股东出资纠纷角度出

发，精选股东出资纠纷中频发的非货币财产方式出资纠纷和股东抽逃出资纠纷两方面的司法裁判案例进行案例剖析和解读。

二、典型案例（一）：股东以知识产权（如专利）等非货币财产出资的司法认定

（一）案情及裁判

苏州优冷机电科技有限公司诉吴俊云股东出资纠纷[1]

案件主要事实

1. 优冷公司成立于2013年5月10日，发起人股东在章程中约定注册资本4500万元。其中，吴俊云以知识产权认缴出资500万元，2年内缴足。

2. 2013年8月23日，优冷公司的股东及发起人进行了变更登记，其中，吴俊云出资情况变更为：认缴出资额600万元，实缴出资额100万元。

3. 2015年10月27日，优冷公司作出股东会决议，将注册资本减少为3900万元。其中，减资的600万元为吴俊云以货币方式减资100万元，以专利方式减资500万元。减资后，吴俊云不再为优冷公司的股东，其他股东的出资额均不变。

4. 一审法院另查明，申请号为201320620641.8的“一种电子膨胀阀”实用新型专利，申请日为2013年9月30日，发明人为吴俊云，专利权人为优冷公司。该实用新型的授权公告日为2014年5月21日。

---

〔1〕 案号：(2016)沪01民终13306号；来源：中国裁判文书网。

5. 优冷公司向一审法院提起诉讼请求：判令吴俊云向优冷公司支付以500万元为本金，自2014年6月2日计算至实际出资之日止，按照银行贷款利率计算的逾期出资利息。

一审法院判决驳回优冷公司的诉讼请求。二审法院判决驳回上诉，维持原判。

法院认为

本院认为，本案主要争议是吴俊云作为优冷公司股东是否履行了公司章程约定的知识产权出资义务。

1. 关于股东出资义务应以公司章程的约定为依据，2013年4月12日的优冷公司章程约定，吴俊云的出资额为500万元，出资方式为知识产权，出资时间为2年内缴足。2013年7月23日的优冷公司章程修正案对原公司章程第12条中各股东出资额、出资比例、出资时间等进行修正，修正后吴俊云的出资额为600万元，其中500万元为专利出资，出资时间为2014年6月1日。可见优冷公司章程仅约定吴俊云以500万元专利进行出资，而对具体哪项专利并未明确约定。

2. 吴俊云在2012年至2013年期间，曾与他人共同获得多项涉及流体控制部件技术领域特别涉及一种电子膨胀阀的实用新型专利权。吴俊云主张其在对原有专利技术进行改进后申请并获得的专利号为201320620641.8、名称为“一种电子膨胀阀”、发明人为吴俊云、专利权人为优冷公司的实用新型专利权履行了其专利出资义务。优冷公司对此则不予认可，并称该专利系姚某发明，但优冷公司的该主张与上述专利授权公告记载的发明人相矛盾，同时优冷公司也未能充分举证证明上述专利的实际发明人系姚某。对于上述专利在申请时以优冷公司名义进行，而不是以吴俊云名义申请，吴俊云的解释是，因上述专利获得授权后最终仍需转让给优冷公司以履行其出资义务，故为了便利而直接以优冷公司名义进行申请，该解释符合常理，本院予以采信。基于上述分析，本院认为吴俊云已履行了向优冷公司进行专利出资的股东义务，优冷公司的上诉理由缺乏事实和法律依据，本院不予采纳。

裁判要旨

优冷公司的公司章程仅约定吴俊云以500万元专利进行出资，而对具体哪项专利并未明确约定。吴俊云主张其在对原有专利技术进行改进后申请并获得的专利号为201320620641.8、名称为“一种电子膨胀阀”、发明人为吴俊云、专利权人为优冷公司的实用新型专利权履行了其专利出资义务，且合理解释了因上述专利获得授权后最终仍需转让给优冷公司以履行其出资义务，故为了便利而直接以优冷公司名义进行申请，该解释符合常理，法院最终予以采信，且认定了吴俊云已履行了向优冷公司进行专利出资的股东义务。

(二)律师点评

本案核心的争议焦点是吴俊云是否已经履行了以专利方式出资的股东义务。作为公司一方的优冷公司认为，吴俊云未能以专利出资，且吴俊云所主张的专利也系其在优冷公司入职后的职务发明，并非是个人发明，对此一审法院并未采信公司意见。二审中优冷公司另行提出专利的实际发明人系案外第三人姚某，但也并未提供相应的证据证明，故公司一方以此认为吴俊云并未实际履行出资义务的证据不充分，也未能得到二审法院的采信。

与此同时，在公司章程未明确约定具体以哪项专利出资，且优冷公司也未能对自己的主张包括系争专利为职务发明、发明人实际为姚某而非吴俊云进行充分书面举证的情况下，法院以双方自认和调查的事实所形成的证据链最终认定吴俊云已履行了向优冷公司以专利出资的股东义务。

（三）类案检索精要

1. 案号：（2009）浙商终字第 150 号

法院认为：根据本案事实，邬某某对高某某非货币财产出资形式应确定为知识产权中的专利权，理由：（1）投资合作协议书所表述的独家使用权以及董事会决议所表述的专利申请技术所有权等，虽非我国《公司法》所列举的出资形式，但对该出资形式的所有权人邬某某已不持异议；（2）在投资合作协议书签订之前，涉案技术已经向国家知识产权局申请专利；（3）从国信 ×× 出具的资产评估报告书看，确定邬某某委托评估的 PHS / CDMA 双某手机专利申请技术独家使用权的评估值为 349.92 万元，同时，在特别事项中说明，本次评估结论基于发明人专利申请工作能顺利进行并及时获权等假设条件。也即邬某某委托国信 ×× 所确定的涉案技术价值系建立在取得专利权的基础之上。因此，认定邬某某对高某某的非货币出资形式为知识产权中的专利权，既符合当事人意思表示，也符合本案客观事实。

2. 案号：（2018）桂 03 民终 493 号

法院认为：根据《公司法》及相关司法解释的规定，以非货币财产出资的，股东应当依法办理财产权的转移手续。股东交付实物，属于动产的，应当移交实物；属于不动产的，应当办理所有权的登记手续；股东以土地使用权出资，还应当依法办理土地使用权转移登记。上诉人在本案所涉出资为非货币财产出资，包括动产和不动产，对非货币财产出资应按权属变更与财产实际交付并重的标准，上诉人将作为出资的时空隧道项目和总统会所项目的相关资产移交给北斗公司存有瑕疵，以致第三人公司不能正常经营管理，也与双方在《补充协议》中确认因投资环境影响及七星岩、奇石馆的承包方不能及时移交场地，导致时空隧道项目和总统会所项目等新建项目未能及时开展的事实相符，故上诉人提供的证据不足以证明其完全履行出资义务。

3. 案号：（2012）普民二（商）初字第980号

法院认为：对于被告固定资产出资部分。根据《公司法》的规定，以非货币财产出资的，应当依法办理其财产权的转移手续。对于该部分出资，在原告改制过程中，被告确实通过了资产评估与验资，所谓的“下拨”也是公司章程所约定的。但是，根据被告与原告的其他股东在崇明工商局的陈述以及崇明工商局查明的情况，被告实际并未将这些固定资产所有权转移给公司，而是一直由被告占用、使用、收益和处分。同时，结合公司章程中关于分红的约定，以及2008年原告同意被告退股时双方仅对货币出资部分进行清算的事实，本院认为被告并未依法办理其固定资产出资的财产权转移手续，故应依法补足这部分出资。

4. 案号：（2009）青民二（商）初字第927号

法院认为：股东出资应当符合法定要求，股东以货币出资的，应当将货币出资足额存入有限责任公司在银行开设的账户；以非货币财产出资的，应当依法办理其财产权的转移手续，对作为出资的非货币财产应当评估作价，核实财产，不得高估或者低估作价。被告刘某、被告刘某以放弃债权864000元作为出资，但未经过相应的评估手续，有可能对公司债权人的利益构成损害，故该出资不符合法定要求，本院不予认可，被告刘某、被告刘某就该部分出资构成出资不实，按其放弃的债权数额，被告刘某、被告刘某出资不实的金额分别为384000元和480000元。

（四）法律实务研读

根据我国《公司法》的规定，股东可以用知识产权等非货币财产出资，此项规定虽然极大地丰富了公司股本制度的出资形式，但是在非货币出资的方式中也往往存在无法认定具体出资金额、非货币出资的权利人无法明确等各种情形的法律风险。本章第一个案例中，吴俊云所抗辩的专利出资在一定程度上确实存在瑕疵，但是基于公司方面也未能提供充足的证据证明，最终导致公司败诉。因此，作为出资股东和接受股东以非货币财产出资公司两个相对方来说，在出资和认定出资的过程中一定要谨慎，全面核查出资的非货币财产的权利情况，并签订明确的出资协议。对此，笔者分别从出资股东和接受股东以非货币出资的公司两方的角度，针对出资过程中容易出现的法律风险提出以下方面的建设性意见，以更好地帮助出资股东和公司避免法律风险，减少损失：

1. 对于以非货币方式出资的股东而言，首先，要与目标公司或者其他股东之间就出资的知识产权等非货币财产签订书面的出资协议，并且在出资协议中对于出资的非货币财产的价值，要明确得到目标公司和其他股东的认可，如在出资协议、发起人协议或公司章程中明确约定："甲方（公司）对于乙方（出资股东）出资的非货币财产的价值已经明确知悉且认可其财产（评估）价值。"其中，最稳妥的方式就是委托第三方评估机构，对出资的非货币财产出具一个市场认可的评估价格所对应的评估报告。唯有如此，出资股东才能名正言顺地获得出资股东地位，保证己方出资款的及时且足额到位，否则将面临出资的知识产权等非货币财产价格不确定的定时炸弹的风险。

其次，对于特殊情况下的出资股东而言，如在发明专利出资的情况下，若公司要求必须以公司名义进行发明专利申请的，对于出资股东而言，为了避免后续关于专利发明人的争议，建议一定要和公司事先签订书面的协议，明确约定实际的发明专利人就是出资股东，以公司名义申请仅仅是股东（发明人）的直接出资行为或表面形式行为，只有如此，出资股东和目标公司才不会在后续股东出资纠纷中，对于出资的专利发明到底谁是发明人或专利人产生争议，也才能最大化争取出资股东的利益。

2. 对于接受股东以非货币方式出资的公司而言，为后续出资纠纷过程中举证的便利，对于股东以非货币出资的整个过程最好有专业人士进行风险把控，如公司法务人员或者外聘专业律师提前介入，让专业人员草拟和审核有关出资的协议并保存归档。只有充分重视了整个出资过程中股东以非货币出资的关于证据的搜集，并高度重视书面协议的合规性审查，才不至于后续在真正出现争议时公司一方处于无据可寻的尴尬境地。

综上，从第一个案例中我们可以得到的经验启示是，作为公司发起人或者股东在以非货币等形态进行出资时，一定要在公司章程或者出资证明中进行明确约定，同时作为公司一方也要保存股东出资的各项书面材料，并重视书面协议的审查，以免事后遇到股东纠纷后因无法提供书面的证据而导致败诉。

三、典型案例（二）：股东抽逃出资的司法认定

（一）案情及裁判

钱桂发、钱玲与上海斯顺国际货运代理有限公司、周玮
股东出资纠纷[1]

案件主要事实

1. 斯顺公司设立于2005年4月18日。2005年4月13日，深圳发展银行上海分行根据案外人张菊华申请，出具三张本票，三张本票收款人及金额分别为：吴永焱200万元、钱桂发250万元、钱玲50万元。同日，上述三张本票收款人均将本票背书转让给斯顺公司并转账至其基本户。

2. 2010年12月25日，斯顺公司召开股东会，形成股东会决议，斯顺公司注册资本由500万元增至550万元，由钱玲认缴增资50万元。2010年12月30日，斯顺公司在中国工商银行的账户进账499995元。次日，该账户转出50万元，该笔转出款对应的支票存根载明收款人为“金良投资”。

3. 2011年8月3日，钱桂发与吴永焱为出让方、钱玲与周玮为受让方签订《股权转让协议》，协议载明：钱桂发将斯顺公司15.8%股权以87万元转让给钱玲，将斯顺公司29.2%股权以163万元转让给周玮，吴永焱将斯顺公司2%股权以13万元转让给周玮。

4. 2011年12月8日，钱玲为出让方、吴永焱与周玮为受让方签订《股权转让协议》，约定：钱玲将斯顺公司16%股权以88万元转让给吴永焱，将斯顺公司18%股权以99万元转让给周玮。

[1] 案号：(2015)沪二中民四(商)终字第454号；来源：中国裁判文书网。

5. 斯顺公司认为，钱桂发、钱玲互相串通，抽逃出资，应当共同返还出资款及相应利息。周玮进入公司时，吴永焱曾告知其公司股东抽逃出资的情况，且周玮受让股权的价格极低，周玮知道且应当知道钱桂发、钱玲抽逃出资的情况而受让其股份，应对后者返还出资款及利息的义务承担连带责任。故诉至原审法院提起本案诉讼。

一审判决支持，二审判决驳回上诉。

法院认为

1. 股东应向公司履行出资义务，并且在公司合法设立后不得抽回出资款。斯顺公司设立时，三位发起设立股东均系借款出资，并在斯顺公司验资、设立完毕后，即将出资款项转出，钱桂发、钱玲的行为均已构成抽逃出资。且钱桂发、钱玲没有提供证据证明两人在抽逃出资后已向公司返还或补足出资款。根据《公司法解释（三）》第14条第1款的规定，斯顺公司有权主张抽逃出资的股东向公司返还出资本息，斯顺公司提起本案诉讼的主体资格符合法律规定。

2.《公司法解释（三）》第19条第1款规定，有限责任公司的股东未履行或者未全面履行出资义务即转让股权，受让人对此知道或者应当知道，公司请求该股东履行出资义务、受让人对此承担连带责任的，人民法院应予支持。可见，虽然钱桂发、钱玲已先后将各自股权对外转让，但并不影响斯顺公司依法追究其作为发起设立股东履行出资义务的责任。

裁判要旨

斯顺公司设立时，三位发起设立股东均系借款出资，并在斯顺公司验资、设立完毕后，立即将出资款项转出，钱桂发、钱玲的行为均已然构成了抽逃出资行为。与此同时，钱桂发、钱玲没有提供证据证明两人在抽逃出资后已向公司返还或补足出资款。根据《公司法解释（三）》第 14 条第 1 款的规定，斯顺公司有权主张抽逃出资的股东向公司返还出资本息。

（二）律师点评

本案中主要争议的焦点问题在于钱桂发、钱玲作为原始出资股东是否存在抽逃出资的行为，以及股权转让后，作为受让股东是否对转让方的抽逃行为承担连带责任的问题。很显然，从法院查明的事实，以及双方所能够提供的证据来看，钱桂发、钱玲均是借款出资，在注册出资到位后很快就将出资款转出公司账户，因此，根据《公司法解释（三）》之规定，在认定抽逃出资的情况下，抽逃出资股东应承担补足出资的义务。而作为受让抽逃出资股东转让股权的受让股东，在明知道转让股东具有抽逃出资行为的情况下仍受让的，根据《公司法解释（三）》之规定，法院亦应当支持公司要求其承担连带责任的主张。

（三）类案检索精要

1. 案号：（2017）京 01 民终 2872 号

法院认为：中宜公司表示金贸公司与金贸国际的股权转让，将金贸国际所有的中诚广场项目经营权转让给金贸公司，金贸国际总资产减少，金贸公司的行为系股东抽逃出资。本院认为，一方面，《公司法解释（三）》关于股东抽逃出资的认定主要针对股东出资款，而本案中金贸公司与金贸国际之间是经营过程中的股权转让，与该规定列明的情形不完全相符；另一方面，中宜公司提交的现有证据不足以证明彭爱玲、陈镇生、金贸公司存在抽逃出资行为，故本院对中宜公司该意见不予支持。

2. 案号:(2014)浦民二(商)初字第2286号

法院认为:股东抽逃出资行为系股东出资后又通过各种形式将出资转出的行为,该行为应由股东实施。被告朱军于2010年12月1日将东渝公司的股权全部转让给被告李小女,且完成了工商变更登记手续,自此已经丧失了东渝公司股东资格。但据被告朱军提供的《股权转让和付款协议》显示协议签署时间为2010年12月13日,且被告朱军取走生产线的时间为2011年年底,上述行为均发生于被告朱军股权转让行为之后;30万元的款项,被告朱军表示该款系2010年12月13日当日李小女支付的股权转让款,对此,尽管被告李小女否认向被告朱军支付了30万元的股权款,但原告亦未提供充分证据证明该30万元系东渝公司货款,故原告据此要求被告朱军承担抽逃出资的法律责任,于法无据,本院难以支持。

3. 案号:(2015)沪一中民四(商)终字第1317号

法院认为:公司资本应当保持充实。根据豫香公司提供的证据,美车饰公司在2007年8月16日增资的500万元于次日便被全部抽出,李文增资的488万元来源于三友公司和慧加公司,之后500万元汇回三友公司和慧加公司的关联公司明将公司,而李文当时担任美车饰公司的法定代表人,从这些事实可以推定,李文已抽逃了其增资的488万元资本,故李文应当在抽逃出资本息范围内对公司债务不能清偿的部分承担补充赔偿责任。豫香公司请求李文在抽逃的资本本息范围内对美车饰公司在(2013)闵民二(商)初字第1455号民事判决书中的付款责任承担补充赔偿责任,该请求于法有据,原审法院予以支持。

4.(2014)沪二中民四(商)终字第880号

法院认为:廖旭不能仅认可借款增资的事实,而对验资后返还迪秋公司借款这一事实以不明知为由抗辩免除责任,即不能将有紧密联系的两个行为加以割裂。鉴于廖旭在增资过程中并未实际出资,但已成为增资后鹏晨公司持股20%的股东。因此,可以推定廖旭对于鹏晨公司在增资完成后即将增资款返还给迪秋公司,抽回增资款是知情的。即廖旭的行为构成股东抽逃出资,应当承担返还出资本息的责任。在此应当指出的是,虽然《公司法解释(三)》中对股东未履行出资义务与抽逃出资作了区别规定,但两者均破坏了公司资本维持原则。鹏晨公司以廖旭未实际出资为由提起诉讼,其实质就是公司依法向股东继续催缴出资,以达到股东完全履行出资义务时的公司资本状况。因此,原审法院基于廖旭的行为构成抽逃出资,直接判决其向鹏晨公司返还增资款80万元合法有据。

(四)法律实务研读

我国《公司法》对股东抽逃出资虽然没有明确的定义,但根据我国《公司法》以及《公司法解释(三)》对抽逃出资的规定,可以得出抽逃出资的基本内涵,即出资人在将出资款汇入公司指定的账户后,在保留原有股东身份的同时,又采取隐蔽的方式暗中抽逃撤回出资的行为,因此,抽逃出资对于公司的危害是巨大的,不仅会严重影响公司的正常经营和发展,也会使其他股东面临被债权人主张承担连带责任的法律风险。

2014年3月新修订的《公司法》正式实施后,注册资本制度从实缴制已经转向认缴制,因此,抽逃出资的情况呈现日趋减少的趋势,但也并不意味着实务中不存在抽逃出资情况,因此,虽然认缴制情况下公司的注册资本并不强制要求立即实缴，但是对于那些在公司章程中已经明确约定了一定期限内要缴纳注册资本的公司来说，若是股东在将注册资本汇入公司账户后，又很快以各种名义转出的作为受害方的股东和公司完全可以根据我国《公司法解释（三）》的规定，要求存在抽逃出资行为的股东返还出资，并承担相应的违约责任。与此同时，这也要求公司在验收股东出资款和财务出款方面必须加强审核并执行严格的规定，以防范股东抽逃出资的非法行为。在此，笔者从以下三个方面就如何防范股东抽逃出资提出以下意见：

1. 设立专门的收取公司股东出资资金的专用账户，由专人负责监督股东出资资金的流向，同时加强对其他股东在抽逃出资方面的法律知识的培训。

实践中，股东抽逃资金往往是采取较为隐蔽的措施和手段，同时也会有公司其他股东进行配合，因此，为了防止股东抽逃出资，往往需要公司设立专门的保障公司资金安全的账户，由专人负责监督资金流向。此外，为了从源头遏制住抽逃行为，对其他股东也要加强关于抽逃出资的法律风险等方面的法律知识培训。

2. 完善和强化公司内部各项规章制度，建立严密的规章管理制度体系。

股东抽逃出资除了主观上存在恶意的行为，客观上公司的相关规章制度的疏漏也给了抽逃股东可乘之机，因此，在公司日常经营管理过程中，应尽量减少或避免随意使用“往来款”名义在股东与其他关联公司之间调度资金。此外，对于股东以个人名义向公司借款的行为也要严格审查和控制。

3. 引入第三方审计方式明确抽逃出资股东的抽逃行为。对于无法明确断定是否为抽逃出资的股东的行为，建议公司通过第三方审计的方式来确定是否是抽逃出资。审计由专业机构和专业人员审查，并由其签名和盖章。

四、法律实务疑难问题简答

（一）强制执行程序中，申请执行人发现出资股东存在出资不实、虚假出资或抽逃出资等瑕疵出资行为的，是否可以直接追加上述瑕疵出资股东为被执行人？

《公司法解释（三）》第13条第2款明确规定："公司债权人请求未履行或者未全面履行出资义务的股东在未出资本息范围内对公司债务不能清偿的部分承担补充赔偿责任的，人民法院应予支持；未履行或者未全面履行出资义务的股东已经承担上述责任，其他债权人提出相同请求的，人民法院不予支持。"与此同时，最高人民法院《关于民事执行中变更、追加当事人若干问题的规定》第17条规定："作为被执行人的企业法人，财产不足以清偿生效法律文书确定的债务，申请执行人申请变更、追加未缴纳或未足额缴纳出资的股东、出资人或依公司法规定对该出资承担连带责任的发起人为被执行人，在尚未缴纳出资的范围内依法承担责任的，人民法院应予支持。"第18条规定："作为被执行人的企业法人，财产不足以清偿生效法律文书确定的债务，申请执行人申请变更、追加抽逃出资的股东、出资人为被执行人，在抽逃出资的范围内承担责任的，人民法院应予支持。"第19条规定，"作为被执行人的公司，财产不足以清偿生效法律文书确定的债务，其股东未依法履行出资义务即转让股权，申请执行人申请变更、追加该原股东或依公司法规定对该出资承担连带责任的发起人为被执行人，在未依法出资的范围内承担责任的，人民法院应予支持”。从上述规定可以看出，在强制执行程序中，如果发现未实际缴纳出资、出资不实、抽逃出资等瑕疵出资股东的，则可以直接追加上述瑕疵出资股东为被执行人。

（二）公司章程约定股东以货币出资，实际上出资股东却以实物替代了出资，此种情况下能否认定为股东已经出资？

严格意义上讲，股东出资应与公司章程所约定的出资方式及出资金额保持一致，因为公司章程是公司的宪法性质的章程，是全体股东通过发起人会议或股东会决议依法通过的，是处理公司内外关系和经营活动的基本规则，如果出资股东未能按照公司章程约定方式出资，则应认定为严重违反了公司章程的约定。但如果公司的其他股东对于瑕疵出资股东的实物出资予以认可，并且愿意配合出资股东进行公司章程的变更等，也应当认可出资股东履行了出资义务。

（三）股东能否以劳务出资？

《市场主体登记管理条例》（2022 年 3 月 1 日施行）第 13 条规定：“第 2 款出资方式应当符合法律、行政法规的规定。公司股东、非公司企业法人出资人、农民专业合作社（联合社）成员不得以劳务、信用、自然人姓名、商誉、特许经营权或设定担保的财产等作价出资。”故从目前的法律法规的规定来看，尚不允许股东以劳务方式出资，但实务中劳务出资人可以通过变通的方式将“劳务出资合法化”，即劳务出资人可以先进行货币认缴，然后再和公司协商劳务出资的金额，并和公司通过签订劳动、劳务合同或咨询合同方式，将劳务转化成货币，劳务出资人在收到报酬后向公司再履行出资义务，从而达到劳务出资的目的。

(四)追究股东出资不实的责任是否受诉讼时效的限制?

《公司法解释(三)》第19条规定:"公司股东未履行或者未全面履行出资义务或者抽逃出资,公司或者其他股东请求其向公司全面履行出资义务或者返还出资,被告股东以诉讼时效为由进行抗辩的,人民法院不予支持。公司债权人的债权未过诉讼时效期间,其依照本规定第十三条第二款、第十四条第二款的规定请求未履行或者未全面履行出资义务或者抽逃出资的股东承担赔偿责任,被告股东以出资义务或者返还出资义务超过诉讼时效期间为由进行抗辩的,人民法院不予支持。"因此,人民法院对股东出资纠纷案件中的诉讼时效抗辩,不予支持。

五、核心法条

《中华人民共和国公司法》

第二十七条 股东可以用货币出资,也可以用实物、知识产权、土地使用权等可以用货币估价并可以依法转让的非货币财产作价出资;但是,法律、行政法规规定不得作为出资的财产除外。

对作为出资的非货币财产应当评估作价,核实财产,不得高估或者低估作价。法律、行政法规对评估作价有规定的,从其规定。

第二十八条 股东应当按期足额缴纳公司章程中规定的各自所认缴的出资额。股东以货币出资的,应当将货币出资足额存入有限责任公司在银行开设的账户;以非货币财产出资的,应当依法办理其财产权的转移手续。

股东不按照前款规定缴纳出资的,除应当向公司足额缴纳外,还应当向已按期足额缴纳出资的股东承担违约责任。

最高人民法院《关于适用〈中华人民共和国公司法〉若干问题的规定(三)》(法释〔2020〕18号修正)

第十四条 股东抽逃出资,公司或者其他股东请求其向公司返还出资本息、协助抽逃出资的其他股东、董事、高级管理人员或者实际控制人对此承担连带责任的,人民法院应予支持。

公司债权人请求抽逃出资的股东在抽逃出资本息范围内对公司债务不能清偿的部分承担补充赔偿责任、协助抽逃出资的其他股东、董事、高级管理人员或者实际控制人对此承担连带责任的,人民法院应予支持;抽逃出资的股东已经承担上述责任,其他债权人提出相同请求的,人民法院不予支持。

第十八条 有限责任公司的股东未履行或者未全面履行出资义务即转让股权,受让人对此知道或者应当知道,公司请求该股东履行出资义务、受让人对此承担连带责任的,人民法院应予支持;公司债权人依照本规定第十三条第二款向该股东提起诉讼,同时请求前述受让人对此承担连带责任的,人民法院应予支持。

受让人根据前款规定承担责任后,向该未履行或者未全面履行出资义务的股东追偿的,人民法院应予支持。但是,当事人另有约定的除外。

第四章

股东资格确认纠纷类案精要与实务指引

一、股东资格确认纠纷概述

股东资格确认纠纷是指股东与公司，或股东与股东之间就是否存在股东资格，或者股东所占股权比例问题，因出资或者股权转让而引发的纠纷，股东资格确认纠纷也是公司诉讼案件中最常见的案由之一。司法实践中常见的股东资格确认纠纷主要包括股权代持、冒名股东、股权转让等情形下的股东资格确认纠纷。具体来讲，股东资格确认纠纷主要涉及以下五种类型：

1. 瑕疵出资股东的股东资格确认纠纷。此种纠纷是指出资股东未能按照公司章程或者发起人协议的约定进行有效出资，从而导致出资股东因出资瑕疵与公司、其他股东或债权人出现的纠纷。虽然股东存在出资瑕疵，但是此种情形下的出资股东并不影响其股东资格，只不过出资瑕疵股东应承担相应的出资瑕疵责任。此种情况下的瑕疵出资股东一般多发生在股东出资纠纷中，甚至有时候与股东出资纠纷存在互相夹杂的情形。

2. 因股权转让导致的股东资格确认纠纷。此种情形的纠纷主要是指在股权转让过程中，由于转让方未能配合受让方办理工商登记变更手续、拒不出具相应的股权转让凭证等而引发的股东资格确认纠纷。

3. 名义股东（显名股东）和实际出资人（隐名股东）之间的股东资格确认纠纷。司法实践中关于隐名股东纠纷，自我国《公司法解释三》对显名股东和隐名股东所签订的代持协议的效力进行了明确规定后，近年呈现了高发的态势。

4. 因借用或冒用他人姓名而引发的股东资格确认纠纷。此种情形的纠纷在实践中最常见的就是冒名股东借用或者冒用其他人的姓名或者并非真实存在的姓名进行工商登记而引发的股东之间的纠纷。

5. 因股权继承而引发的股东资格确认纠纷。我国《公司法》第 76 条对股权继承进行了明确的法律规定，此种情形的纠纷主要发生在公司股东死亡后，股东的继承人与公司之间的纠纷。

对于上述股东资格确认纠纷，我国《公司法》和《公司法》对应的司法解释均进行了相应的明文规定，且司法实践中上述股东资格确认纠纷类型所对应的案例也不胜枚举。本章笔者将重点针对实践中频发的隐名股东与显名股东资格确认纠纷案件进行司法案例的重点解读，及相关法律实务的解读分析。

二、典型案例（一）：实际出资人（隐名）股东如何使股东资格显名，并有效防范潜在法律风险？

（一）案情及裁判

上海珀丽酒店投资管理有限公司诉陈国光股东资格确认纠纷[1]

案件主要事实

1. 珀丽公司的股东原为王崇焕及林某、陈某、王某 2。2007

---

〔1〕 案号：(2017)沪 01 民终 576 号；来源：中国裁判文书网。

年11月25日，东信公司与原有股东达成协议：王崇焕等原有股东将拥有的珀丽公司股权全部转让给东信公司，待合作项目成立上海A酒店正常营业后，东信公司将其持有的珀丽公司股权按实再转让给林某、陈某、王某2。

2. 2008年5月6日，东信公司作为甲方，王崇焕作为乙方，陈某、陈国光作为丙方，瞿某与林某、王某1作为丁方，共同签订协议书一份，约定如下：各方共同出资承租经营本市浦东新区××路××号Y大厦酒店项目（冠名为A酒店），出资比例为乙方40%、丙方30%、丁方30%，所占股份比例与出资额相同。

3. 2009年3月16日，瞿某、王崇焕及林某、陈某、陈国光形成股东会决议一份，内容包括陈国光，实到金额1280万元，原10%调整为12.50%，应出资12800025元。

4. 2009年9月20日，瞿某、王崇焕及林某、陈某、陈国光、王某1形成股东会决议一份，内容如下：所有股东原均挂在东信公司名下，现尽快与第三方A公司进行协商，将租赁主体变更到珀丽公司名下，尽快使各位股东从隐名股东转为实名股东。

5. 陈国光向一审法院起诉请求：(1)确认陈国光系珀丽公司的股东，持股比例为15%；(2)珀丽公司为陈国光办理工商变更登记，并向陈国光签发出资证明书，将陈国光记载于股东名册及公司章程；(3)诉讼费由珀丽公司承担。

法院认为

1. 本案中陈国光等人与东信公司通过协议形式确认陈国光系珀丽公司的实际出资人，东信公司系代持股份的名义股东。陈国光等人与东信公司之间的上述约定于法不悖，应属有效。

2. 关于陈国光持有珀丽公司股权的比例，珀丽公司实际出资人已通过2009年3月的股东会决议明确陈国光实际持有珀丽公司12.50%的股权，故一审法院认为，东信公司已确认陈国光实际持有珀丽公司12.50%的股权。

3. 陈国光要求珀丽公司确认其股权并签发出资证明书、办理公司登记机关登记，并记载于股东名册及公司章程，合法有据，一审法院予以支持。

裁判要旨

陈国光与东信公司之间通过股份代持协议来约定陈国光对珀丽公司享有的股权，根据我国《公司法》的规定，股东会决议是合法有效的。陈国光作为隐名实际出资人在一定条件下完全可以主张确认出资并要求显名，进而要求公司签发出资证明书、办理公司登记机关登记，并记载于股东名册及公司章程。

（二）律师点评

本案核心争议的焦点主要集中于陈国光主张由隐名股东变更确认为显名股东是否应当得到支持，以及其股权比例如何计算的问题。在第一个案件的庭审过程中，其他隐名股东对陈国光的隐名股东身份是没有异议的，争议的地方在于当时签订的协议中所约定的股权回转的条件是否成就。根据当时签订的协议以及抗辩方所提供的证据，并不足以证明股权回转的条件未能成就，因此，作为实际出资人的陈国光有权根据我国《公司法》关于隐名股东的规定，要求确认自身的股东资格，这也是合情合理且于法有据的。本案另一个核心的争议焦点是陈国光所应当持有的股权比例问题，根据一审、二审法院所调查和认定的事实，以及双方在2009年3月的股东会决议中达成的一致意见，陈国光持有的股权比例已经明确地在股东会决议中写明了应为12.5%，故陈国光主张的股权比例具有相应的事实依据和法律依据。

（三）类案检索精要

1. 案号：（2012）宝民二（商）初字第S1683号

法院认为：所谓隐名股东是指为了规避法律或出于其他原因，借用他人名义设立公司或者以他人名义出资，但在公司的章程、和工商登记中却记载为他人的出资人。与此相对应，显名股东是指记载于工商登记资料上而没有实际出资的股东。本案中，被告庆稳公司为有限责任公司（国内合资），登记的股东为第三人汪修武、汪荣华，但从涉案出资证明、股东实际出资及持股比率证明及审理查明的事实，本院可以确定第三人汪修武、汪荣华并未实际出资，属显名股东，而原告彭广枢及第三人汪丽华、赖森泉系实际出资人，出资额分别为66万元（股权占33%）、78.4万元（股权占39.2%）、55.6万元（股权占27.8%）。

2. 案号：（2013）东民初字第10147号

法院认为：各方当事人签订的《协议书》和《隐名股东协议书》体现了各方的真实意思表示，不违反法律法规的强制性规定，合法有效。根据查明的事实，第三人缘鑫国际公司向被告大华国际公司出资的150万元中有50万元系原告仲依群实际出资，第三人缘鑫国际公司实际向被告大华国际公司出资100万元，第三人缘鑫国际公司代原告仲依群持有被告大华国际公司1/37的股权。现被告大华国际公司及其全部股东缘鑫国际公司、北京东方文化经济发展集团有限公司、彩牛（北京）文化艺术传播有限公司和北京城市新影文化传播有限责任公司均认可该事实并同意办理相关变更手续，故原告仲依群要求确认被告大华国际公司1850万元注册资本中有50万元为原告仲依群出资，原告仲依群占被告大华国际公司股权的 1/37 的诉讼请求，有事实和法律依据，本院予以支持。

3. 案号:(2014)浙湖商终字第 334 号

法院认为:宋辉提出，其为中南公司设立时的出资股东，具有中南公司的股东资格。在中南公司设立登记的相关材料中，确有宋辉为公司股东的表述，但仅此形式要件并不足以确认其股东资格。根据查明的事实，在工商登记材料中，宋辉从未签过字，关于宋辉的签字均由他人替签。宋辉称系委托洪天雄办理登记，但委托书中宋辉的签名亦非其所签，故难以证明其存在与他人成立公司的意思表示。宋辉称其出资的 1 万元系由原安吉县晓墅供销社批发公司垫付后在其奖金中扣除，但未能就此提供充分有效的证据予以证实，1 万元的现金缴款单回单原件也并非由其本人持有，而是由中南公司持有。宋辉也不能提供证据证明中南公司自 1999 年成立以来，其曾正常参与公司管理，行使股东权利，履行股东义务。

4. 案号:(2014)温平商初字第 433 号

法院认为:原告蒋芳与白某某签订的《合作协议书》以及原告与第三人项春眉、白昕冉(系白某某的继承人)签订的两份《补充协议书》，可以证明双方系隐名投资关系，原告的相关权利、义务是通过上述协议来实现的，根据合同相对性原理，上述协议的效力应限于原告与第三人之间，原告不能以此来对抗被告万银公司。虽然被告公司知晓并认可原告的隐名股东身份，但原告并未提供证据证实其系实际出资人，也未得到其他股东半数以上同意其成为被告公司的股东，故原告要求确认其为万银公司股东并要求万银公司协助办理股权变更手续的诉讼请求，缺乏事实和法律依据，本院不予支持。

(四)法律实务研读

通过本案的法院判决,以及司法实践中有关隐名股东在出现纠纷时常见的各种争议情形,我们可以得知,作为实际出资人的隐名股东在司法实践中面临着很多现实的法律风险。结合实务中存在的问题,笔者认为,作为实际出资人的隐名股东主要存在以下四个方面的法律风险:

1. 实际出资人股东地位不被认可,因为工商登记并未登记和记载实际出资人的姓名,而是由代持股的显名股东作为登记股东显示的。

2. 显名股东在某些情况下恶意侵害实际出资人股东的合法权益,如显名股东未经实际出资人同意擅自出让股权或者滥用公司表决权,以及擅自对外进行股权质押、其他担保等。

3. 显名股东自身对外欠债或者其他原因导致实际出资人股东的股权被司法查封冻结或法院执行等。

4. 若显名股东意外死亡则也会导致实际出资股东的合法权益受损,主要是其名下的股权有可能会被作为显名股东的财产继承。

因此,在实际出资人股东存在上述可能的法律风险情况下,如何对潜在的法律风险进行有效防范成为隐名股东急需解决的问题,笔者认为,作为实际出资人股东,可以从以下四个方面进行法律风险的防范:

1. 在签订股权代持协议的同时,要求显名股东将所代持的股份向实际出资人进行股权质押担保。此种情况下,实际出资人股东就确保了显名股东无法擅自将股权向第三方提供担保或者出卖转让。另外,即使由于其他原因,比如法院执行或者继承分割需要变卖股权，实际出资人也可以以质押权人的身份，获得优先权。

2. 在股权代持协议中明确约定限制显名股东的条件，比如约定高额的违约金责任，同时若有条件还可以将代持协议进行公证。在约定高额违约金的情况下，显名股东在擅自做出某些行为时肯定会思量代持股协议对其约束的条款，以致于显名股东不敢肆意妄为。

3. 明确股东权利的行使方式，如约定股东的表决权、分红权等权利的行使必须经过实际出资人的同意。

4. 实际出资股东在公司设立协议、股东协议和公司章程中限制显名股东的权利。公司设立协议和公司章程是公司的重要文件，如果有代持股，应当在设立协议中予以明确，同时在公司章程中对于代持股的权利行使给予特殊约定。

三、典型案例（二）：“未经公司其他股东半数以上同意”是否构成“隐名股东”显名的实质性障碍？

（一）案情及裁判

朱平与上海润萱实业有限公司股东资格确认纠纷[1]

案件主要事实

1. 润萱公司于2010年12月27日成立，注册资本500万元，起诉之时股权结构为：刘正凯持股比例为70%；陈善美持股比例为30%。

2. 成立初期，润萱公司股东（发起人）名录显示：刘正凯持股

〔1〕 案号：(2017)沪02民终4053号；来源：中国裁判文书网。

比例为55%；陈善美持股比例为30%；吴方持股比例为10%；陈惠蓉持股比例为5%。

3.2011年4月29日，吴方将其持有的润萱公司10%股权作价50万元、陈惠蓉将其持有的润萱公司5%股权作价25万元转让给刘正凯。

4. 法庭审理中，朱平提供如下证据材料：（1）朱平与陈善美之间的短信和邮件。（2）朱平与润萱公司法定代表人陈惠蓉之间的短信、辞职信。（3）朱平与润萱公司员工吴月青之间的邮件。（4）朱平与刘正凯之间的短信和邮件。

5. 朱平向一审法院起诉请求：（1）确认登记在刘正凯名下的润萱公司70%股权为朱平所有；（2）判令润萱公司向工商部门申请将刘正凯名下的润萱公司70%股权变更登记至朱平名下，由刘正凯予以配合；（3）诉讼费由润萱公司负担。

法院认为

1. 根据《公司法》的相关规定，隐名股东要求显名需同时满足以下几点条件：（1）存在代持股协议；（2）隐名股东实际出资；（3）经过公司其他股东半数以上同意。

2. 润萱公司股东除了刘正凯以外只有陈善美，即朱平要求显名必须经过陈善美同意。审理中，陈善美明确表示不认可朱平的隐名股东身份，亦不同意其成为润萱公司股东。故朱平提供的证据不足以证明陈善美认可朱平隐名股东的身份。综上，朱平主张其为润萱公司的隐名股东并要求显名的条件并不充分，难以支持。

3. 刘正凯对朱平所述的代持股事实没有异议，予以认可，亦确认陈善美代垫的出资款均由朱平实际归还。虽然朱平与刘正凯之间未签订书面代持股合同，但双方均确认存在代持股的合意，且本案没有证据证明双方之间的代持股约定存在《合同法》第52条规定的无效情形，应当认定朱平与刘正凯之间存在代持股的隐名投资行为，代持股合同关系有效。

裁判要旨

本案中隐名股东朱平与刘正凯之间的股权代持关系虽然得到了法院认可，但是由于其未能经过公司另一股东陈善美的同意，故尚不足以获得显名股东的身份，根据我国《公司法解释（三）》之规定，“经过公司其他股东半数以上同意”系隐名股东显名的实质性要件之一。陈善美明确表示不认可朱平的隐名股东身份，亦不同意其成为润萱公司股东，故朱平提供的证据不足以证明陈善美认可朱平隐名股东的身份。

（二）律师点评

本案核心的争议焦点是关于朱平所主张的隐名股东身份是否可以根据我国《公司法》和原《合同法》的相关规定予以显名认定，进而确认朱平的股东身份。从法院庭审认定的事实和各方提供的证据材料来看，朱平的隐名股东身份是确实存在，也就是朱平和刘正凯之间的股份代持关系应当得到法院的认定，虽然朱平与刘正凯之间并未签订任何书面的代持股协议。

但是若隐名股东想通过法院诉讼方式显名，并依法确认显名的股东身份，根据《公司法解释（三）》之规定，还需要符合最后一个必备的实质性要件，即应当经过公司过半数股东的同意，很显然，本案中目前只能得到另一股东陈善美的同意，但是从整个庭审以及事实证据材料来看，陈善美并不同意朱平的股东身份，故朱平显名的想法遇到了法律上的实质性障碍，一审、二审法院据此也并未能支持朱平的主张。

（三）类案检索精要

1. 案号:(2011)浙杭商终字第1574号

法院认为:关于中盛公司是否应办理变更工商登记的问题,因本案属于股东资格确认纠纷,《隐名股东协议》属于石文林和石灿忠之间的约定,仅在合同双方之间产生约束力,鉴于中盛公司另一股东夏志芳对双方签订《隐名股东协议》并不知情,且中盛公司变更登记后,石文林不再参与管理,而由石灿忠行使股东权利,并参与公司经营管理,因此《隐名股东协议》对中盛公司不具有法律效力。如实际出资人要求从公司外部进入公司内部,应按照《公司法》规定进行操作,即未经公司其他股东过半数同意,实际出资人不能成为股东。现石文林在法庭辩论终结前无证据证明其要求变更股东、并办理公司股权变更登记已经公司另一股东夏志芳同意,故不能认定石文林在中盛公司的股东资格,其要求中盛公司办理股权变更登记手续的请求于法无据,不予支持。

2. 案号:(2017)渝0111民初6910号

法院认为:根据我国《公司法》的规定,我国公司类型为有限责任公司和股份有限公司,有限责任公司的主要特征为股权转让受到限制,具有人合性与相对封闭性,即股东之间存在特殊的人身信任关系,股权对外转让应经其他股东过半数同意;股份有限公司的主要特征为股份可以依法公开自由转让,具有资合性与相对开放性,但发起人在公司成立之日起一年内不得转让。被告重庆市德恒实业股份有限公司工商备案登记为股份有限公司,故被告重庆市德恒实业股份有限公司的股份转让无须由其他公司股东过半数同意,可自由转让。综上,原告现要求确认其股东身份并确认以其交纳至公司名下的出资额度享有相应的公司股权份额的诉讼请求，符合相关法律规定，本院予以准许并确认。

3. 案号：(2016)苏02民终386号

法院认为：从本案现有证据看，谢浩峰因实际出资而享有收益权，取得朝阳公司历年来分配的红利、增发的股权等，但并非朝阳公司股东，不享有除资产收益以外的其他股东权利，如参与重大决策权、选择管理者权、行使表决权等。即使2013年11月的《隐名股东协议》，未有谢浩峰的签字，该协议未生效，谢浩峰仍从鲍文梅处取得2013年后的红利及增发的股权等，至今谢浩峰未有行使《公司法》及公司章程规定，成为显名股东的依据，对此，诉讼中，朝阳公司的显名股东均表示不同意谢浩峰成为显名股东，谢浩峰的股权仍由鲍文梅代持。故谢浩峰有关应确认其为朝阳公司的股东，享有股东权利的上诉诉称及其理由不能成立，本院不予采信。

4. 案号：(2016)苏12民终34号

法院认为：实际出资人与名义出资人之间的合同关系系内部关系，当然不能拘束于公司，这也体现了有限公司的人合性。但是，如果实际出资人与名义出资人之间的合同关系已为公司所知并认可，或者公司已经通过允许其参与公司经营管理等行为承认其股东身份的，则无需再经过其他股东过半数的同意，这是基于实际出资人对于公司行为的信赖，出于交易安全的考虑。本案中，林杰及印宏彬向宏宇公司出资，已被宏宇公司及李宏、丁峰所知并认可，并且宏宇公司在业务往来单位的往来中也确认了林杰及印宏彬的股东身份，因此应当认定林杰已经取得宏宇公司的股东资格。

（四）法律实务研读

实务中，作为实际出资人的隐名股东想要解除股权代持协议，成为公司工商登记上的显名股东并非容易的事情，因此，为了避免潜在的法律风险，隐名股东在实际出资，或与代持股东签订相关代持协议之初就应当做好以防后续出现争议的各种准备，因此，笔者现对隐名股东应当如何防范法律风险和维护自身最大利益，提出以下三方面的建设性意见：

1. 在股权代持协议中对于隐名股东的权利进行明确约定。股权代持协议作为约束代持股东和实际出资人的最基本的法律文件，隐名股东应该在其权利内容条款中，尽最大努力写明隐名股东的各项权利，同时也应该明确约定条款限制显名股东的权利，如约定："显名股东只是对外代表隐名股东，在公司召开股东会或者决策时均应提前书面通知隐名股东，并经隐名股东的书面同意。"

2. 隐名股东应当加强与公司其他股东的沟通联系。根据《公司法》和公司法司法解释关于隐名股东显名的构成要件，实务中隐名股东要想显名必须经其他股东半数以上同意，因此，经其他股东半数以上同意，也就成为隐名股东显名的实质性要件之一，若因股东之间沟通不畅导致其他股东不愿意配合，则容易使实际出资人陷入被动的局面，因此，虽然实际出资人并非显名股东，也应该加强与公司其他工商登记股东的沟通联系，以便在需要其他股东配合时能够获得其他股东及时的援助。

3. 平常应当注意保留并搜集其他股东签字的书面文件。作为隐名股东的实际出资人可以通过要求其他股东在实际出资人与名义股东之间的协议约定上签字的方式，侧面和间接证明其他股东对于隐名股东的身份是知晓且同意的，或者应当注意保留公司日常经营过程中如股东会决议、股东名册等记载证明其他股东半数以上已同意的证明文件，以备显名所需。

综上，从本章节第二个案例中，我们可以吸取的经验就是作为隐名股东，一开始出资入股之前就应当和代持股方签订书面的代持协议，同时也一定要保存好出资凭证，并加强与其他股东的沟通联系。只有这样才能在日后显名股东和隐名股东出现无法调和的矛盾，或者隐名股东与公司其他股东出现纠纷时，作为实际出资人的隐名股东及时显名确认股权，以维护自身和公司的最大权益。

四、法律实务疑难问题简答

（一）股东名册变更登记能否对抗善意第三人？

根据我国《公司法》第 32 条第 1 款、第 2 款之规定，“有限责任公司应当置备股东名册，记载下列事项：（一）股东的姓名或者名称及住所；（二）股东的出资额；（三）出资证明书编号。记载于股东名册的股东，可以依股东名册主张行使股东权利”。因此，股东名册是股东行使股东权利的权属证书。将新股东记载于股东名册上可以认定股权已经交付。实务中，如果股东名册发生变更的，不得对抗善意第三人。

（二）未完全履行出资义务的股东是否具有合法的股东权利？

股东资格的认定不应当以股东是否履行出资义务为前提，股东资格的认定应当取决于公司章程的约定和股东名册的记载，以及工商行政部门的公示登记，因此，即使股东未完全履行出资义务，其也具有《公司法》所赋予股东的合法权利，如知情权、查询权、表决权、违法决议撤销权以及请求解散权。2019 年 11 月最高人民法院发布的《全国法院民商事审判工作会议纪要》第二部分“关于公司纠纷案件的审理”的第 7 条也明确规定了“股东认缴的出资未届履行期限，对未缴纳部分的出资是否享有以及如何行使表决权等问题，应当根据公司章程来确定。公司章程没有规定的，应当按照认缴出资的比例确定。如果股东（大）会作出不按认缴出资比例而按实际出资比例或者其他标准确定表决权的决议，股东请求确认决议无效的，人民法院应当审查该决议是否符合修改公司章程所要求的表决程序，即必须经代表三分之二以上表决权的股东通过符合的，人民法院不予支持；反之，则依法予以支持”。由此可见，除非公司章程有约定限制或排除股东权利，否则股东依法具有各项权利。

（三）有限责任公司的股东未履行出资义务或抽逃全部出资的情况下，公司或公司其他股东是否可以将其除名？

根据《公司法解释（三）》第 17 条第 1 款之规定，“有限责任公司的股东未履行出资义务或者抽逃全部出资，经公司催告缴纳或者返还，其在合理期间内仍未缴纳或者返还出资，公司以股东会决议解除该股东的股东资格，该股东请求确认该解除行为无效的，人民法院不予支持”。由此可知，在股东未履行出资义务或者抽逃全部出资的情况下，公司或者其他股东可以通过召集股东会方式进行表决，对出资瑕疵股东或抽逃出资股东作出解除其股东资格的决议，进而将其除名。

五、核心法条

最高人民法院《关于适用〈中华人民共和国公司法〉若干问

题的规定(三)》(法释〔2020〕18号修正)

第二十四条 有限责任公司的实际出资人与名义出资人订立合同,约定由实际出资人出资并享有投资权益,以名义出资人为名义股东,实际出资人与名义股东对该合同效力发生争议的,如无法律规定的无效情形,人民法院应当认定该合同有效。

前款规定的实际出资人与名义股东因投资权益的归属发生争议,实际出资人以其实际履行了出资义务为由向名义股东主张权利的,人民法院应予支持。名义股东以公司股东名册记载、公司登记机关登记为由否认实际出资人权利的,人民法院不予支持。

实际出资人未经公司其他股东半数以上同意,请求公司变更股东、签发出资证明书、记载于股东名册、记载于公司章程并办理公司登记机关登记的,人民法院不予支持。

第二十五条 名义股东将登记于其名下的股权转让、质押或者以其他方式处分,实际出资人以其对于股权享有实际权利为由,请求认定处分股权行为无效的,人民法院可以参照民法典第三百一十一条的规定处理。

名义股东处分股权造成实际出资人损失,实际出资人请求名义股东承担赔偿责任的,人民法院应予支持。

第五章

股东知情权纠纷类案精要与实务指引

一、股东知情权纠纷概述

股东知情权是我国《公司法》第 33 条和第 97 条明文规定的股东法定权利，但是司法实践中，很多股东，尤其是中小股东的知情权往往被公司或大股东侵犯，导致中小股东无法通过行使法定知情权来了解和知悉公司的实际经营状况、财务状况，以及与其利益密切相关的其他公司情况。股东知情权纠纷是指因股东的知情权受到了公司或其他股东的阻碍，或者该权利受到了其他不正当的侵犯而产生的纠纷。

2017 年 9 月 1 日开始施行的最高人民法院《关于适用〈中华人民共和国公司法〉若干问题的规定（四）》（以下简称《公司法解释（四）》）对于股东知情权又增添了 6 条规定，为股东知情权在司法实践中的裁判进一步提供了更加明确的指导规范。

虽然我国《公司法》明确规定了股东的知情权，包括股东有权查阅公司的会计账簿，以及查阅复制公司财务会计报告等与公司经营有关的材料，但是司法实践中仍旧经常会遇到公司拒绝股东查阅的情形，导致股东无法正常行使《公司法》所赋予的正当知情权。对公司而言，在股东申请查阅公司会计账簿时，如果公司有合理且充分的理由认为股东具有不正当目的，则可以拒绝股东的查阅，但是股东拒绝查阅的理由必须于法有据，否则即使拒绝，股东也可以通过法律途径依法维权。此外，实务中争议较大的是，公司对会计原始凭证是否允许股东进行查阅，我国《公司法》及公司法司法解释并没有明确规定，但是根据会计原始凭证与会计账簿之间的关系，以及合理解释原则，股东应该依法享有会计凭证的知情权即查阅权，司法实践中，法院通常情况下也会支持股东要求查阅公司原始会计凭证的诉讼请求。

本章节中，笔者通过对股东知情权纠纷的典型案例剖析，来解读股东应如何正确行使股东知情权，以维护自身合法权益。

二、典型案例：公司股东应如何行使法定知情权？

（一）案情及裁判

上海天昌饲料科技有限公司与郭磊股东知情权纠纷[1]

案件主要事实

1. 天昌公司成立于2001年6月11日。2013年2月25日天昌公司《章程》显示，郭磊、案外人蔡某2、金连荣、魏其军、严浩五名股东的持股比例各为20%。

2. 2014年10月30日，天昌公司五名股东形成《天昌公司股东会退股协议》一份，内容主要为全部股东表达自愿退出天昌股份。与此同时，当日天昌公司发函至佛山公司（郭磊也系佛山公司股东），表示为配合财务结算，要求对欠公司货款予以确认。同

〔1〕 案号：（2017）沪02民终2310号；来源：中国裁判文书网。

年11月7日，天昌公司再次发催款函一份，催款对方依然为佛山公司和郭磊。

3. 天昌公司提供的2016年4月18日《股东会决议》显示，“郭磊自2014年10月以后不再给公司销售产品，欠货款不还，在外诽谤公司，阻碍公司正常经营”。

4. 2016年8月，郭磊向天昌公司发出查账申请书，表示为保证股东知情权，股东实际参与经营管理，对公司财务状况有一定的了解，要求查阅财务会计报告、会计账簿、原始凭证等。

5. 郭磊向法院起诉请求：(1)天昌公司提供2012年6月至2016年10月11日的财务会计报告供郭磊查阅和复制；(2)天昌公司提供2012年6月至2016年10月11日的会计账簿(记账凭证、原始凭证及作为原始凭证入账备查的有关资料)供郭磊查阅；(3)天昌公司提供2014年11月1日至2016年10月11日股东会会议记录、董事会会议决议供郭磊查阅和复制。

法院认为

1. 郭磊已经依法向天昌公司寄送查账申请书，即郭磊已履行了查阅会计账簿的前置申请义务。从该查账申请书所作表述来看，郭磊要求查阅天昌公司会计账簿的目的是保证股东知情权，对公司财务状况有一定的了解，这与其诉状中陈述的便于股东对公司事务参与和监管并不矛盾，故其查阅目的并无不当。

2. 现从天昌公司所举证据来看，仅能证明郭磊担任过天昌公司的董事，以及郭磊同为股东的佛山公司与天昌公司的经营范围存在部分重合。但此尚不能证明郭磊要求行使会计账簿查阅权存在不正当目的，并可能损害天昌公司合法利益。

3. 我国《公司法》虽只明文规定股东查阅公司财务会计报告

和财务账簿的权利，但是法律并没有禁止股东查阅公司的会计凭证。郭磊主张查阅会计凭证的诉请，其本质上亦属于我国《公司法》规定的可作行使股东知情权的范畴。况且原始凭证是登记会计账簿的原始依据，最能真实反映公司的资金活动和经营状况，不查阅原始凭证，股东可能无法准确了解公司真正的财务状况，故对郭磊要求查阅会计凭证的请求亦予以支持。

裁判要旨

股东知情权是我国《公司法》赋予股东的通过查阅公司会计账簿，以及查阅、复制公司财务会计报告、股东会会议记录、董事会会议决议等与公司经营管理相关的资料，以了解、掌握公司经营状况的法定权利。本案中，郭磊是天昌公司的合法股东，在公司无任何证据证明郭磊依法行使股东知情权具有不正当目的的情况下，拒绝郭磊查阅会计凭证当属不符合我国《公司法》的规定。

（二）律师点评

从一审、二审法院认定的事实和双方提供的证据来看，郭磊作为天昌公司的股东理应享有我国《公司法》所赋予的法定股东知情权，且其亦依法履行了行使知情权的前置程序。本案中作为上诉人（被告）的天昌公司不同意郭磊申请查阅公司会计账簿的原因是怀疑郭磊存在不正当目的，但是其提供的证据并不足以证明，故一审、二审法院支持了郭磊的诉讼请求，对于天昌公司的抗辩意见，因天昌公司所提供的证据和意见不具有足够的说服力而未能支持，因此，从公司角度来看，如果拒绝股东行使法定的知情权，一定要有充分的理由，否则股东的知情权一般情况下均可以获得法院的支持。

（三）类案检索精要

1. 案号:（2016）沪 0108 民初 3229 号

法院认为:知情权是股东的一项重要权利。根据《公司法》的规定,股东有权查阅、复制公司章程、股东会会议记录和财务会计报告,并可以要求查阅公司的会计账簿。本案中,原告作为被告的股东,当然享有上述权利。《公司法》同时规定,股东要求查阅公司会计账簿的,应当向公司提出书面请求、说明目的。根据既已查明的事实,原告已向被告提出查阅会计账簿的申请,并表达了目的是了解公司经营状况。原告已履行了查阅公司会计账簿的前置程序,故原告诉请,并无不当,应予支持。

2. 案号:（2016）沪 0115 民初 45542 号

法院认为:知情权是股东的一项重要权利。原告已向被告书面请求查阅公司会计账簿,并说明目的,从原告发出的函件内容来看,其查阅目的属于正当范畴,故原告的查阅请求,于法有据。根据我国《会计法》的相关规定,公司的具体经营活动只有通过查阅原始凭证才能知晓,根据会计准则,相关契约等有关资料也是编制记账凭证的依据,应当作为原始凭证的附件入账备查,故原始凭证的范围具体应包括记账凭证、相关原始凭证及作为原始凭证附件入账备查的有关资料。被告辩称,二原告已出让股份,但被告未提供充分证据证明股份已实际变动,因此,被告的该项意见,本院不予采信。

3. 案号:（2017）京 0105 民初 104 号

法院认为:郑芳系西红柿公司股东,依法享有股东知情权。但郑芳应当向公司提出书面请求,并说明目的,在公司拒绝提供查阅后,方可请求人民法院要求公司提供会计账簿。郑芳未提供证据证明其已向西红柿公司提出了书面查阅、复制会计账簿的申请，径行请求本院要求公司提供会计账簿，于法无据，本院不予支持。

4. 案号：(2018)京01民终2779号

法院认为：《公司法解释（四）》第9条规定："公司章程、股东之间的协议等实质性剥夺股东依据公司法第三十三条、第九十七条规定查阅或者复制公司文件材料的权利，公司以此为由拒绝股东查阅或者复制的，人民法院不予支持。"股东知情权是公司股东基于其出资和股东身份享有的固有权利，是股东参与公司决策、参与经营管理和进行分配利润的基础，除《公司法》规定的限制条件外，不应以任何形式剥夺或者以多数决形式对股东的知情权予以限制。阿格蕾雅公司章程规定股东行使知情权需召开临时股东会会议，并经2/3以上表决权股东同意，是以资本多数决的形式对小股东的知情权进行限制，将导致小股东无法行使知情权，无法了解公司的经营、管理情况，一审法院认定公司章程的上述规定在实质上剥夺了股东知情权，对阿格蕾雅公司的主张未予支持，并无不当。

三、法律实务研读

股东知情权作为我国《公司法》明文规定的保护股东权益的法定权利，股东在行使此项权利的时候不应受到公司或其他股东的阻碍或侵犯，但是在股东与公司已经产生矛盾的情况下，股东申请查阅、复制公司财务报告、查阅会计账簿的知情权就会自然受到阻碍，且获取上述材料的难度也会加大，因此，与公司或其他股东有矛盾的股东在行使法定知情权的时候，必然会遇到公司的百般阻挠，但只要在证据充足，且申请目的正当的情况下，即使诉讼闹到法庭，法院最终也一般会支持股东的合法权利。

（一）股东依法行使知情权应注意的事项

为了便利股东依法行股东使知情权，笔者现从以下三个方面对股东应当如何行使股东知情权提出建设性意见：

1. 书面请求查阅、复制与公司经营相关材料是股东依法行使知情权必要前置程序。根据我国《公司法》的规定，股东依法行使查阅公司会计账簿的知情权应当首先向公司提出书面请求，并说明目的。对于查阅、复制公司章程等其他材料并未规定以书面方式，但是为了谨慎起见，最好以书面方式申请，以避免公司以无端的理由拒绝。

2. 在书面申请书中写明具体的理由，并明确表明申请内容并非不正当目的。

2017 年 9 月 1 日生效的《公司法解释（四）》第 8 条对股东行使知情权的不正当目的进行了明确的列举，因此，为了不让公司怀疑股东行使知情权的正当目的，股东应在书面的申请书中详细写明申请查阅或复制的具体理由。

3. 应及时聘请会计师、律师等依法或者依据执业行为规范负有保密义务的中介机构执业人员辅助进行。

2017 年 9 月 1 日生效的《公司法解释（四）》对股东知情权的申请查阅主体、查阅内容进行了明确规定，同时规定股东依据人民法院生效判决查阅公司文件材料的，在该股东在场的情况下，可以由会计师、律师等依法或者依据执业行为规范负有保密义务的中介机构执业人员辅助进行。

（二）股东知情权的查阅范围

我国《公司法》第 33 条第 1 款规定，股东有权查阅、复制公司章程、股东会会议记录、董事会会议决议、监事会会议决议和财务会计报告。针对查阅、复制股东会会议记录、董事会会议决议、监事会会议决议和财务会计报告，司法实践中争议不大，但对查阅会计账簿和股东知情权查阅主体实践中则存在诸多争议，主要是会计账簿是否包括核对原始会计凭证和股东知情权查阅的主体如何认定。

1. 对股东知情权查阅的范围是否包括会计凭证，理论界和司法实务界存有一定争议，但是司法实践中大多数法院的判决对于股东查阅会计凭证是持支持意见的，在具体的裁判理由中也多表述为："会计凭证能真实地反映实际交易与财务状况，若查阅会计账簿的范围不包括原始会计凭证，股东知情权便形同虚设，违背立法本意""会计账簿登记必须以经过审核的会计凭证为依据，会计凭证包括原始凭证及记账凭证，对会计账簿内容的真实性、完整性的判断必然要借助会计凭证的查阅才能实现，否则股东可能无法准确了解公司真正的经营状况，知情权也就得不到实质性的保护"等，但也有的法院将会计凭证的查阅排除在股东知情权的范围之外，如（2014）昆民五终字第 44 号案、（2014）昆民五终字第 38 号案。

而我国《公司法解释（四）》征求意见稿第 16 条曾规定："有限责任公司的股东起诉请求查阅公司会计账簿及与会计账簿记载内容有关的记账凭证或者原始凭证等材料的，应当依法受理"，被视为司法解释的重大突破。但正式稿却删除了该条款，其赋予有限责任公司股东查阅权的范围仍然是《公司法》第 33 条规定的公司章程、股东会会议记录、董事会会议决议、监事会会议决议、财务会报告和公司会计账簿，未将会计凭证纳入其中。

2. 股东知情权查阅的主体。根据我国《公司法》第 33 条、第 97 条以及《公司法解释（四）》的规定，股东知情权依法行使的主体只能是股东，且应当是公司存续期间的股东名册中所记载股东和曾经持股、现在已经退出公司的股东，并不包括股权代持协议中的实际出资人。

但是对于知情权是否必须由股东本人行使，还是股东可以委托其他人代为行使我国《公司法》以及《公司法解释（四）》并没有明确规定。《公司法解释（四）》第 10 条仅仅规定了股东在依据生效判决查阅或复制材料的，可以由会计师、律师等或负有保密义务的中介机构执业人员辅助进行，但是并没有规定股东可以委托上述人员代为进行，因此，从狭义角度来看股东知情权只能由股东行使。

四、法律实务疑难问题简答

（一）股东查阅会计账簿的不正当目的主要有哪些？

《公司法解释（四）》第 8 条规定："有限责任公司有证据证明股东存在下列情形之一的，人民法院应当认定股东有公司法第三十三条第二款规定的'不正当目的'：（一）股东自营或者为他人经营与公司主营业务有实质性竞争关系业务的，但公司章程另有规定或者全体股东另有约定的除外；（二）股东为了向他人通报有关信息查阅公司会计账簿，可能损害公司合法利益的；（三）股东在向公司提出查阅请求之日前的三年内，曾通过查阅公司会计账簿，向他人通报有关信息损害公司合法利益的；（四）股东有不正当目的的其他情形。”因此，司法实务中，作为公司如果要阻碍股东依法行使股东知情权，则应当举证证明上述股东申请查阅、复制公司的相关材料具有不正当目的。

（二）隐名股东能否行使知情权？

我国《公司法》第216条第3项规定，公司的实际控制人并非公司的股东，因此隐名出资人作为公司的实际控制人的一种表现形式，不具有法律上的股东资格，因此，隐名股东从严格法律意义上讲不具有股东知情权，但其可以通过显名，被确认并认定为股东后，就依法享有了股东所享有的股东知情权。

（三）股东退股后，对其在股东资格存续期间的股东权利能否通过行使股东知情权诉讼获取公司特定文件材料？

我国《公司法解释（四）》第7条第2款明确规定：“公司有证据证明前款规定的原告在起诉时不具备股东资格的，人民法院应当驳回起诉。但原告有初步证据证明在持股期间其合法权益受到损害，请求依法查阅或者复制其持股期间的公司特定文件材料的除外。”因此，只要股东有证据证明其在持股期间合法权益受到侵害的，则可以通过行使股东知情权诉讼要求公司提供退股股东持股期间的公司特定文件材料。

五、核心法条

《中华人民共和国公司法》

第三十三条 股东有权查阅、复制公司章程、股东会会议记录、董事会会议决议、监事会会议决议和财务会计报告。

股东可以要求查阅公司会计账簿。股东要求查阅公司会计账簿的，应当向公司提出书面请求，说明目的。公司有合理根据认为股东查阅会计账簿有不正当目的，可能损害公司合法利益的，可以拒绝提供查阅，并应当自股东提出书面请求之日起十五日内书面答复股东并说明理由。公司拒绝提供查阅的，股东可以请求人民法院要求公司提供查阅。

最高人民法院《关于适用〈中华人民共和国公司法〉若干问题的规定（四）》（法释〔2020〕18号修正）

第八条 有限责任公司有证据证明股东存在下列情形之一的，人民法院应当认定股东有公司法第三十三条第二款规定的“不正当目的”：

（一）股东自营或者为他人经营与公司主营业务有实质性竞争关系业务的，但公司章程另有规定或者全体股东另有约定的除外；

（二）股东为了向他人通报有关信息查阅公司会计账簿，可能损害公司合法利益的；

（三）股东在向公司提出查阅请求之日前的三年内，曾通过查阅公司会计账簿，向他人通报有关信息损害公司合法利益的；

（四）股东有不正当目的的其他情形。

第六章

股东名册记载纠纷类案精要与实务指引

一、股东名册记载纠纷概述

根据最高人民法院民事案由规定课题小组编写的《最高人民法院民事案件案由规定理解与适用》的释义，所谓股东名册记载纠纷是指我国《公司法》规定的有限责任公司及股份有限公司必须依法置备的用以记载股东及其持股情况的簿册，是股东资格及股权行使的重要文件，当发生股权转让或其他应当变更股东名册记载事项时，公司应当予以变更，否则，即可能产生股东名册记载纠纷。

我国《公司法》第 32 条第 3 款规定："公司应当将股东的姓名或者名称及其出资额向公司登记机关登记；登记事项发生变更的，应当办理变更登记。未经登记或者变更登记的，不得对抗第三人。"司法实践中，股东名册记载纠纷经常发生在股东资格确认纠纷之后，与股东资格确认纠纷相伴而生。根据《最高人民法院民事案件案由规定理解与适用》中内容的解析，股东名册记载纠纷主要包括以下两种类型：

1. 因转让方股东怠于履行变更登记义务产生的纠纷。一般来讲，股东名册变更登记必须由转让方股东向公司提出申请，由公司进行变更登记；如果转让方股东因为懈怠或者过失而未向公司申请变更登记，此时即可能产生股东名册记载纠纷。

2. 因公司不履行记载义务产生的纠纷。股东名册由公司备有和保管，并由公司负责办理登记事宜。因此，当公司因为懈怠或者过失而未变更股东名册时，就可能产生股东名册记载纠纷。

实务中，股东名册记载纠纷并非频发的公司纠纷，但作为公司纠纷25个案由之一，在实务中也是较难认定和裁判的。本章节，笔者结合理论和实务案例分析，对股东名册记载纠纷中的难点进行简要剖析。

二、典型案例：以商标等知识产权出资的股东如何要求公司签发出资证明书？

（一）案例及裁判

上海圃园福生绿色食品有限公司与上海福生豆制食品有限公司股东名册记载纠纷[1]

案件主要事实

1. 福生公司为要求圃园公司签发人民币3570万元的出资证明书一事曾于2013年1月28日向原审法院提起诉讼，案号为（2013）嘉民二（商）初字第257号（以下简称257号案件）。

2. 2009年4月23日，福生公司向国家商标局申请转让"张小宝"注册商标给圃园公司，国家商标局于同年5月15日发出转让申请受理通知书，告知已受理转让申请。2009年10月20日国家商标局核准第×××××××号商标转让给受让人圃园公司。

---

〔1〕 案号：（2015）沪二中民四（商）终字第890号；来源：中国裁判文书网。

3. 福生公司已按照《合资合同》的约定，在2009年即以其所有的著名商标“张小宝”出资，并将该商标所有权过户至圃园公司名下，且圃园公司实际使用至今。福生公司多次要求圃园公司签发出资证明并办理公司登记手续，但圃园公司均以公章被抢无法履行为由不予办理。2012年，福生公司曾为此向原审法院提起诉讼，原审法院判决支持其诉请。后圃园公司提起上诉，二审法院以福生公司未能提供曾经提请圃园公司验资的相关证据为由，不予支持其诉请。

4. 事后，福生公司以多种书面形式要求圃园公司验资，均遭拒绝。且现有证据表明福生公司已无法单独以自身名义申请验资，故其再次提起诉讼，请求判令：圃园公司向福生公司签发出资证明书，证明书上记载福生公司的出资额为3570万元，出资日期为2009年5月15日。

法院认为

1. 946号〔1〕案件判决后，福生公司已向圃园公司提出了验资申请，圃园公司在福生公司提出验资申请后未对福生公司的出资进行验资。福生公司向有关机构征询后，目前亦无相关的验资机构能接受福生公司以自己的名义委托的验资申请。鉴于此情，因福生公司系圃园公司的股东，福生公司已将其公司所有的“张小宝”商标权转让予圃园公司，国家商标局亦于2009年5月15日发出转让申请受理通知书，圃园公司亦实际使用涉案商标，故圃园公司应向福生公司签发出资证明书。

---

〔1〕 257号案件判决后，因公司不服提起上诉，二审案号为（2013）沪二中民四（商）终字第946号（简称946号）。

2. 出资证明书应当记载出资证明编号和出具日期，圃园公司名称和公司设立时间、注册资本，以及福生公司的名称、出资额3570万元、出资时间2009年5月15日，并加盖圃园公司公章。本案中，福生公司提供了前案审结后的新证据，再次提起诉讼不违反一案两诉的原则，圃园公司抗辩理由不成立。一审法院判决支持了福生公司的诉讼请求。

裁判要旨

福生公司作为园圃公司的出资股东，本应当获得出资证明，只是因为其将持有的商标权在未做实际评估的情况下先行过户给了圃园公司，导致圃园公司在无法确认商标实际评估价值的情况下拒绝为福生公司出具出资证明，现因圃园公司已经实际使用涉案商标，且福生公司在诉讼前也已经通过评估机构进行评估，故圃园公司应向福生公司签发出资证明书。

(二)律师点评

本案中，福生公司作为圃园公司的出资股东，在一开始设立公司的《合资合同》中就已经针对出资比例以及过户等进行了明确约定。虽然福生公司已经起诉过一次，且一审和二审的结果截然相反，但是上次诉讼的二审中，法官也在表述上留有余地，只是说福生公司未能向圃园公司主张要求配合，且条件尚未成就，因此，此次再行起诉，福生公司在向圃园公司先后两次发函要求配合，且已经征询多家会计师事务所的情况下，已经具有充分的证据证明福生公司申请验资必须圃园公司配合，然而圃园公司仍然拒不配合，导致福生公司不能申请验资，故本次案件的一审、二审法院在充分查明并认定相关事实的基础上，支持福生公司的诉讼主张是具有法律依据和事实依据的。

（三）类案检索精要

1. 案号：(2012)嘉民二(商)初字第1617号

法院认为：公司成立后，应当向股东签发出资证明书。本案原告的股东身份虽然已在被告的工商登记材料中记载，被告在庭审中亦确认原告的股东身份，但不能由此可以免除被告签发出资证明书并进行股东名册记载的法定义务，因为在确认股东身份的相关依据中，常见证据有出资证明、股东名册和工商登记资料。其中工商登记材料系对抗性证据，对外具有公示性和对抗性。公司内部置备的股东名册是效力性证据，对公司内部关系来说，是确定股东与公司关系的重要证据。而出资依据则是股东据以证明股东身份并可向公司主张相关权利的源泉证据。原告依据《公司法》规定提出诉请主张，合法有据，本院予以支持。

2. 案号：(2015)浦民二(商)初字第3526号

法院认为：有限责任公司的股东履行出资义务后，有限责任公司应当向股东签发出资证明书。原告、被告签订的投资协议书约定，投资完成后被告应向股东出具出资证明书，被告章程亦载明其应向股东签发出资证明书。原告已依照投资协议书约定及被告章程规定履行投资义务，现原告要求被告签发出资证明书，于法有据，本院予以支持。

3. 案号：(2015)淮开商初字第00530号

法院认为：原告要求被告签发出资证明书、记载于股东名册、办理工商登记，其请求权基础应是原告、第三人之间实际出资人、名义出资人的法律关系。本案中，不能认定原告是被告的实际出资人。首先，原告提供的三份客户收(付)款入账通知明确记载，是案外人上海实式实业有限公司向被告打款，不能认定所打款项是替原告履行出资义务。其次，原告在庭审过程中陈述，其股份一开始是由中适投资（上海）有限公司代持，但原告并无证据能证明其与中适投资（上海）有限公司有关于股份代持的事实。最后，根据被告的工商登记资料，中适投资（上海）有限公司将其的股份已经转让给了唐玉花与上海圣全公司，但原告对此并不知情，现原告也没有证据能够证明其与上海圣全公司之间存在股份代持的事实。

4. 案号：（2016）冀0582民初249号

法院认为：本案中，（2013）晋民二初字第00015号民事生效判决已经认定原告关占良是沙河市东界瓷土有限公司中沙河市白错粘土矿所占11%股权中6.05%份额的实际出资人和隐名股东，被告苏造虎系代持该股权份额的名义股东。被告东界瓷土有限责任公司共有股东7名，分别为郝建平、郝卫书、胡书元、胡建芳、郝顺朝、苏造虎、李增军。股东郝卫书、胡书元、胡建芳、郝顺朝4位股东同意实际出资人即本案原告关占良办理股权变更登记及所有股东手续，已经超过半数股东以上人数同意，符合《公司法解释（三）》第25条第3款之规定。原告关占良要求被告将登记于苏造虎名下的6.05%股权变更至原告名下，并向原告签发出资证明书，将原告记载于股东名册及公司章程的诉求，事实清楚，证据充分，于法有据，本院予以支持。

三、法律实务研读

我国《公司法》对股东的出资证明书并没有明确的定义，只是在《公司法》第31条对有限责任公司的出资证明书应载明的事项进行了列举式的规定，因此从法学理论角度来看，有限责任公司的出资证明书理应是有限责任公司向出资股东签发的，用于证明其出资额度的有效凭证。

根据我国《公司法》的规定，股东出资后依法享有要求被出资公司签发出资证明，或者记入股东名册的权利。为了避免出现争议，出资股东应当在出资之时签订的发起人协议、合资合同、公司章程、股东决议或者其他法律文书中，明确载明在股东依法出资后几日内要求被出资公司依法签发股东出资证明书，或者记入股东名册的条款约定，以避免出现争议后的被动局面。

与此同时，作为出资股东也应当谨慎保存好出资记录，尤其对股东以商标等知识产权或者其他无形资产出资的，股东还应当在出资之前适时启动评估程序，将知识产权或者其他无形资产固定化，以免后续不必要的纠纷或者诉讼。

四、法律实务疑难问题简答

（一）公司是否可以以股东未履行出资义务为由拒绝为其办理股东变更登记？

我国《公司法》第 28 条规定："股东应当按期足额缴纳公司章程中规定的各自所认缴的出资额。股东以货币出资的，应当将货币出资足额存入有限责任公司在银行开设的账户；以非货币财产出资的，应当依法办理其财产权的转移手续。股东不按照前款规定缴纳出资的，除应当向公司足额缴纳外，还应当向已按期足额缴纳出资的股东承担违约责任。"因此，从《公司法》的上述规定可知，股东资格的取得并非以股东出资为必要条件，如果股东未能按照公司章程约定出资的，则公司可以以违反公司章程或者发起人协议约定为由追究未出资股东的违约责任，但是不能以此为由拒绝为股东办理变更登记，包括股东名册以及工商登记的变更。

（二）有限责任公司的股权转让中，股权受让方何时可以取得股东资格？

《全国法院民商事审判工作会议纪要》第 8 条规定："当事人之间转让有限责任公司股权，受让人以其姓名或者名称已记载于股东名册为由主张其已经取得股权的，人民法院依法予以支持，但法律、行政法规规定应当办理批准手续生效的股权转让除外。未向公司登记机关办理股权变更登记的，不得对抗善意相对人。"由此可知，有限责任公司的股权转让中，除特殊情形外，受让人在其姓名或者名称记载于股东名册时就已经取得股权，并取得相应的股东资格。

（三）有限责任公司未有股东名册，且出资股东也未在股东名册上记载，但在公司章程上有出资股东的名字以及签字，能否认定为股东？

山东省高级人民法院《关于审理公司纠纷案件若干问题的意见（试行）》第 28 条规定："公司未置备股东名册，或股东名册未予记载，但在公司章程上签名并为公司章程记载为股东的，人民法院应认定其具有股东资格。股东仅以未被股东名册记载为由主张收回出资或拒绝承担补缴出资义务的，人民法院不予支持。"由此可知，实务中有限责任公司的股东即使未在公司的股东名册上记载或者给予股东名册的变更登记，但在公司章程上有出资股东的姓名和签字，也完全可以认定为已经取得股东资格。

五、核心法条

《中华人民共和国公司法》

第三十一条 有限责任公司成立后，应当向股东签发出资证明书。

出资证明书应当载明下列事项：

（一）公司名称；

（二）公司成立日期；

（三）公司注册资本；

（四）股东的姓名或者名称、缴纳的出资额和出资日期；

（五）出资证明书的编号和核发日期。

出资证明书由公司盖章。

第七章

请求变更公司登记纠纷类案精要与实务指引

一、请求变更公司登记纠纷概述

请求变更公司登记纠纷，是指股东对公司工商登记中所记载的事项请求予以变更而产生的纠纷。司法实践中主要表现为公司股东姓名、出资金额、法定代表人等公司登记事项，由于公司或者股东怠于履行或者拒不配合办理变更登记义务所产生的纠纷。由于变更公司登记直接关系到股东资格的确认与股东股权的行使，与股东利益密切相关，因此变更公司登记纠纷成为司法实务中常见的公司纠纷之一。笔者经查阅相关文献，并检索实务裁判案例发现实务中常见的请求变更公司登记纠纷主要包括以下两种情形：

1. 因公司股权转让或公司增资等导致公司股权结构变更而引发的公司、公司股东等怠于履行变更登记的情形。

2. 公司决议变更新的董事、法定代表人等，原董事、法定代表人拒不配合变更登记的情形。

我国《公司法》第32条第3款明确规定："公司应当将股东的姓名或者名称向公司登记机关登记；登记事项发生变更的，应当办理变更登记。未经登记或者变更登记的，不得对抗第三人。”因此，当有限责任公司因股东转让股权或者出现其他应当变更登记的事由时，应当及时向公司登记机关申请变更登记，否则，不得对抗善意第三人，进而影响股东的权益。本章笔者选取实务中常见的法定代表人变更纠纷案例进行剖析和解读。

二、典型案例：如何通过诉讼方式合法地“强制变更原有法定代表人”？

（一）案情及裁判

李强与上海拓东软件有限公司、蒋能文等请求变更公司登记纠纷[1]

案件主要事实

1. 2004年1月6日，拓东公司的注册资本为人民币100万元。股东为冯雷（持股7%）、李强（持股32%）、李震（持股10%）、蒋能文（持股51%），李强为公司法定代表人。

2. 2015年12月1日，拓东公司形成股东会决议一份，内容为经公司股东表决权的58%通过，选举张兴存为公司执行董事，免去李强公司执行董事职务；同意委托冯雷为本公司办理变更登记申请手续。蒋能文及冯雷在该决议上签字确认。李强于本案一审庭审中认可其确实参加了会议，但对会议内容有异议，亦没有在决议上签字。股东李震未亲自参会，委托案外人翁文波到场，李强对此事宜亦于一审庭审中认可。

3. 2013年11月15日拓东公司章程第10条载明，股东会会议分为定期会议和临时会议，并应当于会议召开15日前通知全体

〔1〕 案号：（2017）沪02民终976号；来源：中国裁判文书网。

股东。第 11 条载明，股东会会议由执行董事召集和主持，执行董事不能履行职务或者不履行职务的，由监事召集和主持……。第 12 条载明，股东会会议作出修改公司章程、增加或减少注册资本的决议，以及公司合并、分立、解散或者变更公司形式的决议，必须经代表 2/3 以上表决权的股东通过。股东会会议作出除前款以外事项的决议，须经代表 1/2 以上表决权的股东通过。第 21 条载明，公司的法定代表人由公司执行董事担任。

4. 蒋能文、冯雷向一审法院起诉请求：请求判令拓东公司办理将公司法定代表人由李强变更为张兴存的变更登记手续，李强予以配合。

法院认为

1.《公司法》规定，召开股东会会议，应当于会议召开 15 日前通知全体股东，拓东公司的公司章程对此亦未有超过《公司法》规定的特别约定，而根据查明的事实，李强于本案庭审中自认收到冯雷的口头通知，结合李强确实参加了 2015 年 12 月 1 日股东会会议的事实，认为涉案股东会的召集程序并不违反法律和公司章程规定；另根据拓东公司章程，涉案会议决议事项已经代表 1/2 以上表决权的股东通过，其决议内容亦无违反公司章程的相关规定。

2. 拓东公司章程规定公司法定代表人由执行董事担任，现拓东公司已形成有效决议选举张兴存为公司执行董事，故蒋能文与冯雷要求拓东公司向上海市嘉定区市场监督管理局申请办理相关法定代表人变更登记手续的诉请，合法有据，法院予以支持。同时，李强原系拓东公司法定代表人，应配合办理上述变更手续。

裁判要旨

本案股东会的召集程序并不违反法律和公司章程规定；根据

拓东公司章程，涉案会议决议事项已经过代表1/2以上表决权的股东通过股东会议表决通过，其决议内容亦无违反公司章程的相关规定。拓东公司章程规定公司法定代表人由执行董事担任，现拓东公司已形成有效决议选举张兴存为公司执行董事，故蒋能文与冯雷要求拓东公司向上海市嘉定区市场监督管理局申请办理相关法定代表人变更登记手续的诉请，合法有据。

（二）律师点评

本案中李强作为公司的原有执行董事兼法定代表人，在公司股东会召集程序合法，且并不违反法律、行政法规的情况下，应当服从股东会决议的规定，虽然公司其他股东蒋能文、冯雷的股权比例不足2/3，但是对于选举变更执行董事等非重大事项并不需要2/3的比例，对此在公司章程中也具有明确的约定，因此，一审、二审法院在认定事实的基础上作出的判决具有合理性。

（三）类案检索精要

1. 案号：（2015）嘉民二（商）初字第2689号

法院认为：根据本院查明的事实，原告持有的兢赫公司10%股权确于2006年8月11日《股权转让协议》签署后变更至第三人名下。根据《公司法》的相关规定，公司应当将股东的姓名或者名称及其出资额向公司登记机关登记；登记事项发生变更的，应当办理变更登记。未经登记或者变更登记的，不得对抗第三人。鉴于生效判决已经认定本案原告与第三人签订的《股权转让协议》解除，故股权变动的原因已不存在，在实际股份份额与工商登记不一致的情况下，原告为更好地维护其股东权益，现诉请要求恢复原状，即要求被告向工商局申请办理相关股权变更的工商登记手续，合法有据，本院予以支持。

2. 案号:(2015)沪一中民四(商)终字第1344号

法院认为:顾永财在原审请求变更公司登记的依据是2015年3月18日的股东会决议,故该股东会决议的有效与否是本案的主要争议。关于该股东会决议的效力,该股东会决议内容为任免福达公司执行董事(法定代表人),根据《公司法》及福达公司章程规定,该决议事项需经代表1/2以上表决权的股东通过即可,顾永财持有福达公司83.87%的股权,故其表决通过,符合该决议生效要件。顾永财原为福达公司监事,现其已辞去公司监事职务,故其担任公司执行董事兼法定代表人并不违反法律规定,原审法院认定2015年3月18日的股东会决议有效并无不当。

3. 案号:(2013)海民初字第20030号

法院认为:根据我国《公司法》的相关规定,公司应当将股东的姓名或者名称及其出资额向公司登记机关登记;登记事项发生变更的,应当办理变更登记。本案中,根据本院生效判决的认定,王洪涛、王一宁虽为投资公司工商登记的股东,但投资公司的实际投资人应为半导体公司。因此,结合上述法律规定,半导体公司作为投资公司的股东,有权要求投资公司进行相应工商变更登记,将王洪涛、王一宁名下所持投资公司股权,全部变更登记至半导体公司名下。

4. 案号:(2015)海民(商)初字第10671号

法院认为:黄明与冉启刚签订的并加盖有瀚鸿公司印章的《股权转让协议书》是双方真实意思表示,内容未违反国家法律、行政法规的禁止性规定,应属有效。本案中,依照《股权转让协议书》约定,黄明应于冉启刚支付首期受让款之日起10个工作日内依法向工商行政管理机关办理股东变更登记手续,而根据《公司法》的规定，公司应当将股东的姓名或者名称及其出资额向公司登记机关登记；登记事项发生变更的，应当办理变更登记。据此，本案纠纷变更登记的义务主体应为瀚鸿公司。现冉启刚已于2013年11月30日付清首期股权转让款，且瀚鸿公司及黄明亦均称王朝没有行使优先购买权，故瀚鸿公司应当为冉启刚向公司登记机关办理股东变更登记。

三、法律实务研读

我国《公司法》规定，公司的法定代表人一般依照公司章程由董事长、执行董事或经理担任。实践中，法定代表人享有签发股票、签发公司债券、对外签订合同、代表公司参加诉讼等多项权利，属于对外代表公司的人员。

实务中，由于股东间存在矛盾、公司名存实亡以及其他原因等情况存在，可能无法推选出新的法定代表人，或者其他股东通过股东会决议等合法途径选举出了新的董事长、执行董事或经理，然后想让原法定代表人配合变更，但是大多数情况下原有法定代表人都不会很顺利地配合变更，因此在上述情况出现后，通过诉讼方式解决变更法定代表人也就成为公司或股东最后的司法救济途径。在诉讼变更法定代表人的过程中，为避免风险并保证顺利变更，笔者建议应从以下三个方面进行重点防范：

1. 以合法的程序召开股东会，并作出合法且不可撤销的股东会决议，尤其是在履行召开股东会的程序上，一定要严格按照在工商部门备案的公司章程之约定，以及我国《公司法》关于股东会会议召集的法律规定严格履行召集程序。与此同时，还应当将召集的过程通过书面的方式固定下来，以免后续有争议股东提起撤销股东会决议或者主张股东会决议无效之诉后留下书面证据。

2. 在公司章程中明确约定区分变更执行董事、法人股东的表决权无需或者需要经股东会代表 2/3 以上表决权的股东通过的条款，以便后续遇到变更可以很方便地清除程序上的障碍。

3. 董事、经理受托兼任法定代表人时，应当与委任方签订书面协议，或在公司章程、出资协议、公司其他议事规则等公司制度性的文件中明确约定法定代表人的离职程序、条件、违约责任等事项。

四、法律实务疑难问题简答

（一）请求变更公司登记是否适用有关诉讼时效的规定？

根据最高人民法院《关于审理民事案件适用诉讼时效制度若干问题的规定》第 1 条的规定，“当事人可以对债权请求权提出诉讼时效抗辩，但对下列债权请求权提出诉讼时效抗辩的，人民法院不予支持：（一）支付存款本金及利息请求权；（二）兑付国债、金融债券以及向不特定对象发行的企业债券本息请求权；（三）基于投资关系产生的缴付出资请求权；（四）其他依法不适用诉讼时效规定的债权请求权”。由此可知，请求变更公司登记并非是以财产利益为内容的债权请求权，因此，实务中公司以出资股东请求变更股权的工商登记已经超过了诉讼时效为由进行抗辩的，一般不会得到法院的支持。

（二）原法定代表人并非公司的股东，请求办理法定代表人变更登记的诉讼是否属于法院受理范围？

最高人民法院在《王惠廷因起诉巴州赛瑞机械设备安装有限公司、曹永刚请求变更公司登记纠纷案》［（2020）最高法民再 88

号]中认为，原法定代表人并非公司股东，其无法通过召集股东会等公司自治途径，就法定代表人的变更事项进行协商后作出决议。若人民法院不予受理该起诉，则其因此所承受的法律风险将持续存在，而无任何救济途径。故原法定代表人请求办理法定代表人变更登记的诉讼具有诉的利益，该纠纷系平等主体之间的民事争议，属于人民法院受理民事诉讼的范围。

（三）法定代表人的变更是否必须要代表 2/3 以上表决权的股东通过？

我国《公司法》第 43 条规定："股东会的议事方式和表决程序，除本法有规定的外，由公司章程规定。股东会会议作出修改公司章程、增加或者减少注册资本的决议，以及公司合并、分立、解散或者变更公司形式的决议，必须经代表三分之二以上表决权的股东通过。"由此可知，法定代表人的变更并非我国《公司法》强制规定的必须 2/3 以上表决权的股东通过，因此，法定代表人的变更一般情况下无需要代表 2/3 以上表决权的股东通过，但是如果公司章程中对法定代表人的变更进行了特殊约定，则应当按照公司章程的约定。也就是如果公司章程明确约定了"变更法定代表人需经三分之二以上股东表决权的同意"，此种情况下，要变更法定代表人就必须经 2/3 以上股东表决权的同意。

五、核心法条

《中华人民共和国公司法》

第十三条 公司法定代表人依照公司章程的规定，由董事长、执行董事或者经理担任，并依法登记。公司法定代表人变更，应当办理变更登记。

第三十二条 有限责任公司应当置备股东名册，记载下列事项：

（一）股东的姓名或者名称及住所；

（二）股东的出资额；

（三）出资证明书编号。

记载于股东名册的股东，可以依股东名册主张行使股东权利。

公司应当将股东的姓名或者名称向公司登记机关登记；登记事项发生变更的，应当办理变更登记。未经登记或者变更登记的，不得对抗第三人。

第四十二条 股东会会议由股东按照出资比例行使表决权；但是，公司章程另有规定的除外。

第四十三条 股东会的议事方式和表决程序，除本法有规定的外，由公司章程规定。

股东会会议作出修改公司章程、增加或者减少注册资本的决议，以及公司合并、分立、解散或者变更公司形式的决议，必须经代表三分之二以上表决权的股东通过。

第八章

公司决议纠纷类案精要与实务指引

一、公司决议纠纷概述

公司决议是公司内部的意思表示，公司对外签订合同则是根据公司内部意思而形成的法律关系。根据我国《公司法》第 22 条和《公司法解释（四）》第 1 条、第 3 条、第 6 条的规定，公司决议包括股东（大）会、董事会决议，因公司决议所引发的纠纷已经成为公司纠纷中普遍存在的纠纷，根据实践中的类型的不同，公司决议纠纷主要包括公司决议效力确认纠纷、公司决议不成立纠纷、公司决议撤销纠纷。

1. 公司决议效力确认纠纷。此纠纷的直接法律依据是《公司法》第 22 条第 1 款的规定，若公司股东会或者股东大会、董事会的决议内容违反法律、行政法规的，则公司决议无效。

2. 公司决议不成立纠纷。《公司法解释（四）》第 1 条规定“公司股东、董事、监事等请求确认股东会或者股东大会、董事会决议无效或者不成立的，人民法院应当依法予以受理”。因此，《公司法解释（四）》中关于公司决议不成立的规定，使公司决议不成立纠纷有了明确的法律依据。

3. 公司决议撤销纠纷。此纠纷指的是股东会或股东大会、董事会决议召集程序、表决方式违反法律、行政法规或公司章程，或决议内容违反公司章程的，股东依法向法院提起诉讼，要求撤销上述公司决议而产生的纠纷。我国《公司法》第 22 条第 2 款对于公司决议撤销的情形进行了明确规定。

二、典型案例（一）：股东会或董事会决议所依据的事实法院是否应当进行“有因”和实质性审查？

（一）案情及裁判

李建军诉上海佳动力环保科技有限公司公司决议撤销纠纷[1]

案件主要事实

1.2001 年 4 月 17 日，佳动力公司核准登记成立。

2.2009 年 7 月 18 日，佳动力公司召开董事会并形成决议，股东李某某在会议签到单上签名。董事会决议载明：根据《公司法》及公司章程规定，佳动力公司董事会于当日，由董事长葛某某电话通知，召集并主持在公司浦三路某号会议室召开。

3. 董事会决议如下：(1) 鉴于总经理李某某不经董事会同意私自动用公司资金在二级市场炒股，造成巨大损失，现免去李某某总经理职务，即日生效。(2) 现聘任总工程师王甲为佳动力公司代总经理，行使总经理职权。(3) 从即日起 5 日内，原总经理李某某应交还公司章程、印鉴章、法定代表人私章、公司账簿（包括所有的原始记录凭证）给董事长葛某某。如不交还，属于严重损害股东利益，股东有权向法院起诉。决议由董事葛某某、王甲及监事

〔1〕 案号：(2010) 沪二中民四（商）终字第 436 号；来源：中国裁判文书网。

签名。李某某未在决议上签名。

4. 李某某向法院起诉，以佳动力公司董事会决议依据的事实错误，在召集程序、表决方式及决议内容等方面均违反了公司法的规定，依法应予撤销为由，请求判令依法撤销佳动力公司于2009年7月18日形成的“上海佳动力环保科技有限公司董事会决议”。

法院认为

一审法院支持董事会决议撤销。

1. 李某某称其到会后即有其他董事宣读已拟好的决议，而该决议并未经会议进行讨论。一审法院认为，通知召集董事会时是否告知会议议题，并不影响董事会召集的实质要件，故李某某主张的未经议事程序即形成决议违反法定程序，缺乏依据，不予采信。

2. 李某某在国信证券公司进行的股票买卖，包括账户开立、资金投入及股票交易等系列行为，系经佳动力公司董事长葛某某同意后委托李某某代表佳动力公司具体实施，相关反映股票交易的资金流转均在佳动力公司帐上予以记载，据此事实无法得出李某某未经同意，擅自动用公司资金在二级市场买卖股票造成亏损的行为结果。

3. 董事会决议撤销诉讼旨在恢复董事会意思形成的公正性及合法性，在注重维护主张撤销权人合法利益的同时，也兼顾公司法律关系的稳定。2008年7月18日，佳动力公司董事会决议在召集、表决程序上与公司法及章程并无相悖之处，但董事会形成的“有故”罢免李某某总经理职务所依据的李某某“未经董事会同意私自动用公司资金在二级市场炒股，造成损失”的事实，存在重大偏差，在该失实基础上形成的董事会决议，缺乏事实及法律依据，其决议结果是失当的。从维护董事会决议形成的公正、合法性角度出发，李某某主张撤销2008年7月18日佳动力公司董事会决议，可予支持。

二审法院改判撤销，支持董事会决议有效。

1. 佳动力公司董事会行使公司章程赋予其的权力，在召集程序、表决方式符合《公司法》和决议内容不违反公司章程的前提下“无因”作出的聘任或解聘总经理的决议，均应认定为有效。

2. 一审法院对“李某某不经董事会同意私自动用公司资金在二级市场炒股，造成巨大损失”这一事实是否存在进行了事实审查，并以该事实存在重大偏差，在该失实基础上形成的董事会决议缺乏事实及法律依据为由撤销董事会决议不符合《公司法》第22条第2款之规定，本院对该节事实是否存在不予审查与认定。但如李某某认为董事会免去其总经理职务的理由侵害其民事权益的，可另行通过其他途径主张自己的权益。佳动力公司的上诉请求本院予以支持。原审法院判决适用法律错误，应予改判。

裁判要旨

董事会决议可撤销的审查事由包括：(1)召集程序是否违反法律、行政法规或公司章程；(2)表决方式是否违反法律、行政法规或公司章程；(3)决议内容是否违反公司章程。本案佳动力的董事会决议并未违反公司章程的意思自治内容的约定，且符合《公司法》第22条第2款之规定。

(二)律师点评

本案中一审、二审法院的认定之所以会出现截然相反的结果，争议的焦点就在于对我国《公司法》第22条第2款法律规定的立法本意的理解，以及对佳动力公司章程约定的事实认定。从我国《公司法》第22条的立法本意来看，股东会或者董事会决议无效或者撤销的审查应该为程序审查，而不应该为实质的审查，故在佳动力董事会召集程序和方式未存在重大瑕疵的情况下，董事会决议具有法律效力且符合我国《公司法》第22条的规定。

另外，从佳动力的公司章程来看，董事会作出解聘总经理的决定并未设置任何有因的条件，故从尊重公司意思自治的角度来看，佳动力并未违反公司章程的约定，综合上述两个方面，二审法院在结合我国《公司法》第22条的立法本意和公司章程的事实约定的基础上，认定佳动力的董事会决议并不违法，故而作出了驳回李某某的起诉。

（三）类案检索精要

1. 案号：（2017）沪0117民初11984号

法院认为：本案争议焦点在于，2016年7月22日被告的股东会决议是否无效，即其内容是否存在违反法律法规的效力性强制性规定的情形。该次股东会决议内容主要涉及被告注册资本减资和第三人出资额减资的事项，且该次股东会决议由被告的全体股东即原告和第三人参与表决，虽然原告投票反对，但因第三人投票同意该决议，故该决议内容已经代表2/3以上表决权的股东通过，符合《公司法》第37条、第43条的规定。综上，原告要求确认2016年7月22日的被告股东会决议无效并要求被告和第三人办理撤销变更登记手续的诉讼请求，缺乏事实和法律依据，本院不予支持。

2. 案号：（2014）黄浦民二（商）初字第818号

法院认为：被告董事会作为公司的议事机构，在其对公司内部事务作出决策前，理应将所需讨论、决策事项明确告知董事会成员，便于董事全面了解会议需要讨论的问题，明确自己的态度和应对方案。而且，根据庭审查明的事实，被告确认召开董事会的目的就是解决彭康宏辞职后公司经理人员确定的事宜。但是，被告出具的《关于召集召开董事会的函》的议题内容仅提出“目前情况下管理工作方式的调整方案及后续相应制度的确定”，并未明确告知原告会议的议题就是选举临时负责人，亦未提供临时负责人的个人资料，被告的行为剥夺了原告及董事高央、彭康宏、郑亮淇的知情权。而且，原告与电力公司、水电公司之间的股权转让纠纷一案尚未发生法律效力，在水电公司是否能够成为被告公司股东尚未明确的情况下，被告董事会作出由水电公司员工吴安昌担任被告公司临时负责人的决定显属不当。故原告在法律规定的除斥期间内申请撤销该《董事会决议》，并无不当，应予准许。

3. 案号：(2017)京0102民初6761号

法院认为：本案中，王仕贵作为城建汇友公司的董事、法定代表人，其将自有车辆出借给城建汇友公司使用并收取城建汇友公司的费用，其个人与城建汇友公司之间形成了事实上的合同关系，所反映的是公司董事、高级管理人员与公司之间存在关联交易的情形，但上述交易情形并未经公司股东会进行表决通过，在此情况下，本案所涉董事会决议内容存在违反法律规定的情形，应属无效。故本院对赵建国要求确认2006年10月25日董事会决议无效的主张，予以支持。

4. 案号：(2015)昌民(商)初字第07261号

法院认为：意思表示真实是民事法律行为成立的条件，本案争议的股东会决议中“程序”的签字不是程序本人所签，他人代程序签署公司章程等文件并不必然导致其有权代程序签署本案所涉股东会决议，在北京深大公司没有证据证明他人代程序签署涉案股东会决议事先取得了程序的授权或事后征得程序同意的情况下，涉案股东会决议并非程序的真实意思表示，且北京深大公司并未履行应尽的通知义务，因此，该股东会决议应属无效。

三、典型案例（二）：股东会决议不成立的司法认定

（一）案情及裁判

上海进福房地产开发有限公司与张进云公司决议效力确认纠纷[1]

案件主要事实

进福公司成立于 2001 年 6 月 28 日，注册资本为人民币 500 万元，股东为张进云和叶福明，叶福明认缴出资 255 万元，持有 51% 股权；张进云认缴出资 245 万元，持有 49% 股权。叶福明担任法定代表人，张进云担任监事。进福公司章程规定，股东会的议事方式和表决程序依《公司法》的有关规定进行；每次股东会会议须作详细书面记录，并由出席会议的全体股东签名，股东本人因故不能出席，可以委托代理人参加，代理人出席时由代理人签名；新章程须在股东大会上经代表 2/3 以上表决权的股东通过。

2002 年 6 月，叶福明和张进云作出股东会决议，并修改了公司章程，将进福公司的经营期限延长至 2012 年 6 月 26 日。

2012 年 4 月 24 日，进福公司形成股东会决议和章程修正案。该股东会决议将公司的经营期限延长至 2022 年 6 月 26 日，股东

〔1〕 案号：（2016）沪 02 民终 10328 号；来源：中国裁判文书网。

会决议落款处有叶福明和张进云的签名和盖章。

2015年11月24日，张进云以进福公司经营期限届满未及时成立清算组进行清算为由，向一审法院申请对进福公司进行强制清算。在该案的立案审查过程中，张进云和叶福明在2015年12月8日谈话中均确认没有在2012年4月24日股东会决议上签字，叶福明认为并无股东会决议，而是本案进福公司注册所在的新城经济开发区自动帮助进福公司办理延长手续。因进福公司的营业期限已经延长至2022年6月26日届满，张进云主张的解散事由并不成立，一审法院于2015年12月10日裁定不予受理张进云的强制清算申请。张进云向一审法院起诉请求：确认2012年4月24日进福公司的股东会决议无效。

法院认为

一审法院：

现有证据及当事人的陈述均表明涉案股东会决议并非张进云签字盖章，进福公司未能举证证明股东会决议的形成获得过张进云的授权，而张进云对他人未经授权在股东会决议上代为签字盖章的行为不予追认。故系争股东会决议并非张进云真实意思表示，该决议违反了我国《公司法》规定，应属无效。张进云请求确认公司决议无效，属确认之诉，张进云诉请依据系形成权，并不适用诉讼时效规定。故张进云的诉讼请求合法有据，应予支持。据此，一审法院判决：确认形成于2012年4月24日的上海进福房地产开发有限公司股东会决议无效。

二审法院：

1. 进福公司虽上诉认为张进云知晓并同意该股东会决议内容，但未能提供任何证据加以证明。根据民事诉讼证据规则，可以认定系争股东会决议内容事先并未取得张进云的同意或授权签字，事后亦未得到张进云的追认。因此，系争股东会决议不能认定为系张进云的真实意思表示，就决议事项两股东间并未达成合意，该决议尚欠成立之基本要件。

2. 进福公司两位股东已确认2012年4月24日股东会会议并未实际召开，两人亦未参会或进行表决，该决议作出程序均违反了《公司法》及公司章程规定，故不能认定就该次会议内容已表决通过并形成了真实有效的股东会决议。对于此种程序上存在重大瑕疵而欠缺成立要件的股东会决议，其法律性质属于不成立之状态，尚未进入成立后的效力评判阶段，故本案双方争议的股东会决议应定性为不成立。

裁判要旨

股东会决议是公司股东将其意志转化为法人意志的法定载体，是股东对公司治理合意的体现。公司决议本质是一种法律行为，其首先应当符合民事法律行为成立的基本要件。对于股东会决议程序上存在重大瑕疵而欠缺成立要件的股东会决议，其法律性质属于不成立之状态，尚未进入成立后的效力评判阶段，故本案双方争议的股东会决议应定性为不成立。

(二)律师点评

从一审和二审法院的认定来看，本案主要的争议焦点在于形成2012年的股东会决议是否成立并有效，张进云的诉讼请求权性质的认定，以及是否适用诉讼时效。首先，就2012年股东会决议的召集程序和股东真实意思表示来看，作为股东的张进云和另外一名股东均在庭审中确认并未在股东会决议上签字，且事后也未能得到张进云的追认，故从法律关系的角度来看，2012年的股东会决议并未成立。其次，关于股东会决议的作出，张进云主张无效的权利从法律性质上看是否适用诉讼时效？一审法院认为，张进云享有的诉讼权利为形成权，故不适用诉讼时效的规定，二审法院从股东会决议的作出对张进云的权利侵犯的角度，将其归纳为一种侵权请求权，进而认为在《公司法》对此权利未有特殊规定的情况下，应该落入诉讼时效的保护范围。总之，本案的股东会决议内容并不符合民事法律行为成立的要件，从法律角度看股东会决议不成立，但是由于股东超过了诉讼时效后才起诉，故，二审法院最终判决驳回了张进云的起诉。

（三）类案检索精要

1. 案号：(2017)京0105民初52550号

法院认为：泉州昊博公司主张未收到任何关于2016年9月12日召开股东会的通知，对两份股东会决议不知情，而中润东方公司亦表示不清楚工商备案的两份股东会决议所涉股东会召开具体时间、召开股东会的通知形式等。同时，泉州昊博公司已于2016年8月25日将两份股东会决议中所加盖的“泉州昊博公司”公章登报挂失。故，中润东方公司涉案两份股东会决议中所加盖公章已于决议作出前挂失作废，现有证据不足以证明中润东方公司于2016年9月12日召开了涉案的两次股东会，亦无证据证明泉州昊博公司对两份股东会决议知情并同意，故泉州昊博公司要求确认两份股东会决议不成立，有事实和法律依据，本院予以支持。

2. 案号：(2017)京0101民初19160号

法院认为：《公司法解释（四）》第5条规定：“股东会或者股东大会、董事会决议存在下列情形之一，当事人主张决议不成立的，人民法院应当予以支持：(一)公司未召开会议的，但依据公司法

第三十七条第二款或者公司章程规定可以不召开股东会或者股东大会而直接作出决定，并由全体股东在决定文件上签名、盖章的除外；（二）会议未对决议事项进行表决的……”签字是股东参会、表决的基本凭证，尚都优品公司自认弓颖的签字系伪造，且未能提交任何有效证据证明弓颖参加了股东会并进行了表决，故涉案股东会决议不成立。

3. 案号：（2019）京 01 民终 1405 号

法院认为：《公司法解释（四）》第 5 条对股东会决议不成立的情形进行了规定，指向的是股东会决议不存在或未能形成有效决议的情况。针对本案中 2016 年 12 月 2 日尚业公司的股东会决议，首先，在会议召集程序上，尚业公司仅有两名股东——郝东来和杨振宪，郝东来主张其在 2016 年 12 月要召开临时股东会议，并通知了杨振宪，但现有证据不足以证明其在会议召开前 15 天履行了通知义务。其次，在会议表决程序上，案涉股东会对尚业公司的执行董事进行了变更，杨振宪系变更前的公司执行董事，故表决事项与杨振宪具有重大关联，但杨振宪未能收到通知参加会议，此时尚业公司股东会以决议形式作出的免去杨振宪执行董事职务的表决结果，严重损害了杨振宪的权益。综上，本院认为，2016 年 12 月 2 日，尚业公司股东会未能形成有效决议，对一审判决关于案涉股东会决议不成立的判决结果，予以维持。

4. 案号：（2017）京 0115 民初 21056 号

法院认为：靳保山去世后，艾森仕公司仅有靳军奎与郑琳耀两名股东，靳军奎作为股东未通知郑琳耀参加 2014 年 12 月 17 日或 22 日的股东会，艾森仕公司也没有提交其他证据证明靳军奎代理人通知郑琳耀召开 2014 年 12 月 17 日或 22 日的股东会，在未通知郑琳耀参会即未召开股东会的情形下，靳军奎于2017年12月17日和22日自行制作艾森仕公司股东会决议文件，并且没有郑琳耀的签字或授权签字，该决议不具备成立的基本条件，故郑琳耀要求确认艾森仕公司于2014年12月17日及2014年12月22日作出的股东会决议不成立的诉讼请求，本院予以支持。

（四）法律实务研读

通过诉讼方式解决公司决议纠纷是促进和维护公司自治的重要外部调节力量，能够发挥对公司治理的正面引导作用。基于权力制衡、公法私法化、减少组织成本、促进长期交易、弥补市场不足、调整利益冲突、促进经济主体之间合作等方面的需要，法律有介入公司治理的必要，但是公司决议效力的司法介入也应当符合我国《公司法》的现行规定。此外，对公司章程中赋予公司自治的内容应当仅进行形式审查，而不应当进行实质性的审查。我国《公司法》第22条对股东会或股东大会、董事会决议效力问题明确约定了司法审查的事项，而目前司法实践中股东起诉要求撤销股东会或董事会决议的纠纷屡见不鲜，从公司治理角度看，笔者建议应重点从以下两个方面进行风险的防范：

1. 股东会决议或董事会决议内容一定要合法合规

根据我国《民法典》合同编关于合同效力的规定，股东会决议或董事会决议不得违反法律、法规的规定，否则将会被认定为无效。与此同时，股东会决议或董事会决议的内容亦不得违反公司章程的约定。

2. 股东会决议或董事会决议的程序一定要合法合规

首先，召集程序须符合法律、法规和公司章程的规定。股东会决议或董事会决议召集程序上一旦出现瑕疵，则会成为后续公司决议纠纷案件引发争议的一大隐患。我国现行《公司法》关于公司决议的召集程序主要包括召集主体、通知时间和方式、通知内容等。

其次，股东会决议或董事会决议的表决方式须符合法律和公司章程的规定。表决方式符合法律规定主要是指表决方式要符合我国现行《公司法》的要求，与此同时，公司决议的表决方式也最好在公司章程中作出具体明确的规定。

四、法律实务疑难问题简答

（一）提起股东会决议或董事会决议不成立、无效或者可撤销之诉是否受时间的限制？

我国《公司法》第 22 条规定："公司股东会或者股东大会、董事会的决议内容违反法律、行政法规的无效。股东会或者股东大会、董事会的会议召集程序、表决方式违反法律、行政法规或者公司章程，或者决议内容违反公司章程的，股东可以自决议作出之日起六十日内，请求人民法院撤销。股东依照前款规定提起诉讼的，人民法院可以应公司的请求，要求股东提供相应担保。公司根据股东会或者股东大会、董事会决议已办理变更登记的，人民法院宣告该决议无效或者撤销该决议后，公司应当向公司登记机关申请撤销变更登记。"因此，可以得出，提起股东决议或董事会决议撤销之诉有 60 日的除斥期间的限制，但是对于股东会决议或董事会决议的不成立和无效之诉，并没有诉讼时效的限制。

（二）股东会或股东大会、董事会的召集程序瑕疵主要有哪些？

实务中，因股东会或股东大会、董事会召集程序存在瑕疵导致相应的股东会或董事会决议被撤销、不成立或无效的情况时有发生。笔者根据实务中常见的召集程序瑕疵搜集和整理如下：

（1）股东会或股东大会、董事会召集的 EMS 寄送封面备注中未明确标注“股东会、董事会通知”。

（2）股东会或股东大会、董事会的召集人通过电话方式通知，未能进行录音，导致反对股东不承认收到通知。

（3）未能严格按照公司章程约定的时间提前通知其他股东，如公司章程明确约定应当提前 15 日，而召集人却提前 13 日或者提前 10 日召集。

（4）未能通知到全部股东，仅仅通知了部分股东。

（5）由无召集权人召集，实务中经常出现由《公司法》上规定之董事会（或不设董事会的有限责任公司的执行董事）、监事会（或不设监事会的有限责任公司的监事）、少数股东以外的主体，或章程上的非召集权人进行召集时，均视为无召集权人召集的情形。

（三）有权提起股东会或股东大会、董事会决议不成立、无效或可撤销之诉的主体有哪些？

我国《公司法》第 22 条第 1 款规定，“公司股东会或者股东大会、董事会的决议内容违反法律、行政法规的无效”，但并未就股东会、董事会决议无效之诉的原告资格进行确定。根据《公司法解释（四）》第 1 条规定，“公司股东、董事、监事等请求确认股东会或者股东大会、董事会决议无效或者不成立的，人民法院应当依法予以受理”。该规定确认了公司股东、董事、监事可以作为无效或不成立之诉的原告。

与此同时，《公司法》第 22 条第 2 款明确规定了股东作为决议撤销之诉的原告资格，但《公司法解释（四）》第 2 条对其进行了限制性规定:“依据民法典第八十五条、公司法第二十二条第二款请求撤销股东会或者股东大会、董事会决议的原告,应当在起诉时具有公司股东资格”,即限制为在起诉时应当具有公司股东资格。

五、核心法条

《中华人民共和国公司法》

第二十二条 公司股东会或者股东大会、董事会的决议内容违反法律、行政法规的无效。

股东会或者股东大会、董事会的会议召集程序、表决方式违反法律、行政法规或者公司章程,或者决议内容违反公司章程的,股东可以自决议作出之日起六十日内请求人民法院撤销。

股东依照前款规定提起诉讼的,人民法院可以应公司的请求,要求股东提供相应担保。

公司根据股东会或者股东大会、董事会决议已办理变更登记的,人民法院宣告该决议无效或者撤销该决议后,公司应当向公司登记机关申请撤销变更登记。

第九章

股权转让纠纷类案精要与实务指引

一、股权转让纠纷概述

股权转让是指股东将自己的股权依法转让给公司内部股东或者案外第三人的民事法律行为。司法实践中，股权转让的风险存在于股权交易的整个过程，包括法律风险、市场风险以及道德风险，本章节笔者主要从法律的角度对股权转让过程中所存在的法律风险进行简要分析。股权转让纠纷是指发生在股东之间的纠纷，包括公司内部股东之间的股权转让、公司内部股东与案外第三人之间产生的纠纷，常见的股权转让纠纷频发于合同签订前期、股权转让合同的签订、股权转让合同履行三个主要的阶段，任何一个阶段如有不慎或者操作上的瑕疵均容易出现相关的法律问题，所带来的后果也往往不堪设想。现笔者针对股权转让过程中的三个主要阶段的法律风险，从受让股权方的角度进行简要阐述。

（一）股权转让合同签订前的法律风险防范

股权转让合同签订前的主要法律风险是尽职调查的法律风险，当股权受让方与股权转让方对标的公司的股权达成了初步意向后，为了保证转让标的的股权不存在任何瑕疵，以及对转让股权的公司进行初步的了解，作为股权受让方应该对目标公司进行充分的事前调查，此处的事前调查可以是受让股东自行调查了解，也可以是委托专业的律师事务所、会计师事务所以及其他专业中介服务机构进行调查，为了保证对目标公司全方位的了解，一般情况下，受让股权方均会委托第三方专业机构对目标企业的主体资格、公司章程、股权结构、出资情况、资产状况、税务报表、近期涉诉情况等进行专业和详细的调查，从而更好地评估股权转让风险和转让价格，更好地为后续的股权转让设计相应的操作方案。

（二）股权转让合同签订阶段的法律风险防范

股权转让合同签订阶段主要是指股权转让方和受让方对转让股权的份额、对应的股权转让价款，以及配合办理工商变更登记的期限等均达成了共识，并最终敲定了股权转让协议。对股权转让双方来说，此阶段需要防范的风险主要是避免股权转让合同的瑕疵，如存在不成立、无效、可撤销等效力瑕疵情形，以及股权转让双方应当对股权转让合同的内容进行详尽的约定，从而使股权转让合同的内容更加明确、完整，且能够切实履行，具有可操作性，只有这样，才能尽量减少双方在股权转让过程中所发生的争议，或即使有争议发生，也有据可依，尽量止损。

（三）股权转让合同履行阶段的法律风险防范

股权转让履行是指股权转让合同生效后，股权转让双方均应尽的合同和法律义务。此阶段主要是避免转让方恶意违约，一股二卖或者拒不配合办理相应的工商变更登记手续，因此，作为股权受让方在合同签订且已经履行付款义务的情况下，应该尽快督促转让方配合办理变更登记手续，同时做好注销原始股东名册、修改公司章程等配套手续，如果股权转让方不配合办理工商变更登记的，股权受让方还需要书面催告，履行合理的催告义务。在完成股权转让的全部流程事项后，股权受让方可以按照《公司法》及公司章程的规定，行使相应的股东权利。

二、典型案例：有限责任公司股东优先购买权的司法界定

（一）案情及裁判

上海鼎庞贸易有限公司与有限会社小林商会、上海运标运输有限公司股权转让纠纷[1]

案件主要事实

1. 林鹤公司成立于1995年2月22日，成立时的股东为下沙汽修厂（40%）、小林商会（60%），总经理为徐勤夫。2003年1月5日，小林商会出具《所有权书》将其在林鹤公司的全部资产的所有权，归中国公民徐勤夫先生所有。

2. 鼎庞公司于2010年3月9日被登记为林鹤公司股东。2010年7月7日，徐勤夫加盖私刻的小林商会印章，与运标公司签署《股权转让协议书》，并在该协议书上代小林景子签名。《股权转让协议书》约定：小林商会将20%股权转让给运标公司。徐勤夫在《关于放弃优先受让权的说明》上加盖了私刻的鼎庞公司的印章并代赵鼎峰签名。

3. 2010年7月25日，林鹤公司、徐勤夫出具《收条》，《收条》上同时加盖"有限会社小林商会之印"字样的印章一枚，收条记载小林商会授权徐勤夫代为收取上述股权转让金及补偿金，徐勤夫签字认可，视同本公司收到上述款项。

---

〔1〕 案号：（2013）沪高民二（商）终字第28号；来源：中国裁判文书网。

4. 鼎庞公司认为鼎庞公司、小林商会及下沙汽修厂均为林鹤公司的股东，小林商会未通知股东鼎庞公司而将其持有的林鹤公司20%股权转让给运标公司，侵犯了鼎庞公司的优先购买权为由，提起本案诉讼，请求法院判令：(1)撤销小林商会与运标公司签订的《股权转让协议书》;(2)鼎庞公司在同等条件下以90万元的价格优先受让林鹤公司20%股权;(3)小林商会、运标公司承担本案的诉讼费。

法院认为

1. 小林商会的该项概括性授权应当理解为包括股权及基于股权产生的所有权利；徐勤夫与小林商会虽未至工商登记部门办理相应股权变更登记，事实上已按照《所有权书》中约定内容履行；系争授权理应涵盖小林商会在林鹤公司持有的60%股权，徐勤夫有权代表小林商会向运标公司转让系争股权。

2. 小林商会向运标公司转让林鹤公司20%股权的行为并未侵犯鼎庞公司优先购买权。根据本案查明事实，鼎庞公司法定代表人赵鼎峰在2010年2月9日已出具《承诺书》，承诺在鼎庞公司注册为林鹤公司法定股东后，对小林商会转让给运标公司股权的行为“不反对、不干涉，持欢迎的态度”。

3. 鼎庞公司既已作出不干涉运标公司入股的概括性承诺，即应按约履行，在其登记为法定股东后，现又以系争股权转让侵犯优先购买权为由要求撤销系争《股权转让协议书》，违反诚实信用原则，亦无事实及法律依据，本院对此不予支持。

裁判要旨

徐勤夫与小林商会虽未至工商登记部门办理相应股权变更登记，事实上已按照《所有权书》中约定内容履行；系争授权理应涵盖小林商会在林鹤公司持有的60%股权，徐勤夫有权代表小林商会向运标公司转让系争股权。

（二）律师点评

本案一审、二审法院虽然对案件核心争议焦点的裁判分析观点有所不同，但是对最终判决结果的裁判口径保持了一致，其主要的争议点在于徐勤夫是否有权根据《所有权书》的约定进行股权转让，虽然《所有权书》的内容只是一项概括性的授权，但是从我国《公司法》的原理角度看，二审法院对于《所有权书》的界定比较合理，故徐勤夫有权代表小林商会向运标公司转让系争股权。虽然有合法的授权，但是当鼎庞公司于2010年3月被登记为林鹤公司持股比例35%的股东后，其在《承诺书》中确立的放弃优先购买权的条件已成就，据此鼎庞公司已无权再行向小林商会主张系争股权的优先购买权，故二审法院在认定事实和基于诚实信用原则的基础上最终驳回了上诉。

（三）类案检索精要

1. 案号：（2018）吉02民初14号

法院认为：《公司法解释（四）》第17条第3款规定：“经股东同意转让股权，在同等条件下，转让股东以外的其他股东主张优先购买的，人民法院应当予以支持，但转让股东依据本规定第二十条放弃转让的除外。”本案弘力水电公司及弘基投资公司虽然抗辩称杨宪杰已在临时股东会及股东大会上签字确认承诺放弃股权优先购买权。但经本院庭审调查，弘力水电公司承认杨宪杰并未参加上述会议，其股东会决议签名并非其本人所签，而是弘力水电公司经理赵树林代签。因杨宪杰对赵树林的代签行为并未追认，故应认定杨宪杰并未放弃股权优先购买权。其作为弘力水电公司的股东，根据上述法律规定有权向弘基公司主张股权优先购买权。此外，虽然弘基投资公司辩称其不同意转让股权，但因其已实际将股权转让给达舰资产管理中心，故杨宪杰作为弘力水电公司股东，有权对弘基投资公司已转让的股权主张优先购买权。另外，因达舰资产管理中心购买弘基投资公司股权，除需支付股权转让价款 4105 万元外，还需向弘力水电公司特定债权人购买其对弘力水电公司享有的债权，并在受让弘基投资公司持有的弘力水电公司全部股权后向弘力水电公司增资，故杨宪杰主张以 4105 万元的价格优先购买弘基投资公司股权，并不符合上述法律规定的同等条件，本院不予支持。

2. 案号：(2013)姑苏商初字第 1187 号

法院认为：本案中，被告纪丽华作为苏州市 ×× 房屋拆迁有限公司的股东，有权向股东以外的人转让股权，原告卢树德享有同等条件下的优先购买权。纪丽华在转让股权过程中履行了通知义务，明确转让价格按 1∶3 的溢价转让，在卢树德未行使优先购买权的情况下，纪丽华将其持有的苏州市 ×× 房屋拆迁有限公司 75.5% 股权中 71.5% 的股权转让给戴德俊，其与戴德俊之间的股权转让合同依法成立。在履行过程中，因戴德俊未支付股权转让款，纪丽华与戴德俊于 2009 年 4 月 18 日协议终止双方于 2007 年签订的股权转让协议，戴德俊将公司 69.5% 的股权返还纪丽华，后办理工商变更登记手续，对该 69.5% 的股权，卢树德并无优先购买权；另 2% 的股权，虽然纪丽华与戴德俊的转让价格仍按 1∶1 计算，但 2009 年 4 月 16 日卢树德将其持有的公司股权全部转让给纪丽华后即不再享有股东权利，其亦无对该部分股权的优先购买权。

3. 案号:(2016)苏0104民初9745号

法院认为:本案被告及第三人主张,第三人受让被告案涉股权,条件优于原告、被告之间的17日协议,系履行股东优先购买权的行为。本院认为,被告将案涉股权转让给第三人,虽然书面通知了时任公司股东阎长柱及孙有成,然而并无证据证明阎长柱收到函件。同时,该函件载明总价款为1800万元,并言明就案涉股权应当向被告支付900万元,显然与17日协议内容并不一致,并不能视为被告对其与原告案涉股权转让做了正确披露。被告与第三人称被告通过口头方式向第三人披露了17日协议的内容,即使该事实存在,口头通知也不符合《公司法》第71条对于通知方式要求。被告虽然主张2013年1月22日其与第三人签订了总价为550万元的"股权转让协议书"并已实际履行,然而该协议的履行实质上已经不在股东行使优先购买权的程序之中,故第三人孙有成受让被告王德宝案涉股权,并非其行使股东优先购买权的结果,亦无须对转让条件孰优孰劣进行比较。

4. 案号:(2014)沪二中民四(商)终字第1566号

法院认为:中静公司并未丧失涉案股权的股东优先购买权。考虑到有限公司的人合性特征,我国《公司法》等相关法律法规规定了股东向股东以外的人转让股权的,应当向其他股东充分履行通知义务。其他股东在同等条件下享有优先购买权。此处所涉通知的内容,应当包括拟转让的股权数量,价格、履行方式,拟受让人的有关情况等多项主要的转让条件。结合本案,首先,在电力公司于新能源公司股东会议中表示了股权转让的意愿后,中静公司已明确表示不放弃优先购买权。其次,电力公司确定将股权转让给水利公司后,也并未将明确的拟受让人的情况告知中静公司。

故而对于中静公司及时、合法的行权造成了障碍。而权利的放弃需要明示，故不能当然地认定中静公司已经放弃或者丧失了该股东优先购买权。

三、法律实务研读

公司股东之间在签订协议的时候一定要明确协议的具体内容，且最好有专业律师介入草拟相关法律文本，只有这样才不会在公司内部股东与股东、股东与公司之间产生矛盾的时候，对先前所签订的合同文本中的表述产生异议或者持有巨大的文字理解上的差异。股权转让纠纷中，关于股东优先购买权问题，司法实践中主要存在以下四种常见的侵犯股东优先购买权的纠纷：

1. 违反我国《公司法》第 71 条之规定，未经其他股东的同意，擅自与股东以外的其他人签订股权转让协议。

2. 在其他股东得知股权转让且放弃优先购买权的情况下，转让股东与第三方受让方所成交的价格远远低于转让股东书面通知确定的价格。

3. 转让股东与第三方恶意串通，采取虚假高价方式导致其他股东在被蒙骗的情况下放弃优先购买权，但事后真实的交易价格低于转让股东书面通知确定的价格。

4. 恶意串通第三方先高价受让少量股权，在取得股东资格后再低价受让其余大部分股权。

四、法律实务疑难问题简答

（一）股东行使“优先购买权”的期间如何确定？

我国《公司法解释（四）》第 19 条规定：“有限责任公司的股

东主张优先购买转让股权的，应当在收到通知后，在公司章程规定的行使期间内提出购买请求。公司章程没有规定行使期间或者规定不明确的，以通知确定的期间为准，通知确定的期间短于三十日或者未明确行使期间的，行使期间为三十日。”因此，有限责任公司的股东行使优先购买权的期限首先以公司章程约定为准，如果公司章程未有明确约定的，则以通知时间为准，通知确定的期间短于30日或者未明确行使期间的，行使期间为30日。

（二）有限责任公司的公司章程是否可以对股权转让进行限制性约定？

我国《公司法》第71条明确规定了有限责任公司股东转让股权的规则以及股东的优先购买权。同时，第3款也规定了公司章程可以对股权转让另行规定，这充分体现了公司自治精神和股东自治精神。实务中，在公司章程中约定限制股权转让条款的情形比比皆是，同时对限制股权转让条款的效力也出现了不同的观点，不过目前理论界和司法实务界主流的观点是，公司章程对股权转让的限制性条款与法律、行政法规的强制性规定相抵触的，应确认该公司章程条款无效，对股东没有法律约束力，股东违反该条款转让股权而签订的股权转让合同有效。公司章程的限制性条款造成禁止股权转让的后果。这种约定违反股权自由转让的基本原则，剥夺了股东的基本权利，应属无效，股权转让不因违反这些限制性约定而无效。

（三）受让股东受让股权后发现目标公司存在出资不到位、抽逃出资情形的，股权受让方如何维权？

我国《公司法解释（三）》第18条第1款规定“有限责任公司的股东未履行或者未全面履行出资义务即转让股权，受让人对此知道或者应当知道，公司请求该股东履行出资义务、受让人对此承担连带责任的，人民法院应予支持；公司债权人依照本规定第十三条第二款向该股东提起诉讼，同时请求前述受让人对此承担连带责任的，人民法院应予支持”。因此，对于受让瑕疵股权的受让方来说，如果在受让股权时知道或者应当知道股权存在瑕疵的，则公司或者债权人可以依法要求受让股东承担连带责任。但是对不知情或者根本不知道股权存在瑕疵的受让方来讲，如何维权呢？根据我国现行的法律规定和实务经验，受让股东可以根据我国法律的规定依法行使合同解除权或者撤销权，以及主张股权转让合同无效等方式维护自身的合法权益。

五、核心法条

《中华人民共和国公司法》

第七十一条 有限责任公司的股东之间可以相互转让其全部或者部分股权。

股东向股东以外的人转让股权，应当经其他股东过半数同意。股东应就其股权转让事项书面通知其他股东征求同意，其他股东自接到书面通知之日起满三十日未答复的，视为同意转让。其他股东半数以上不同意转让的，不同意的股东应当购买该转让的股权；不购买的，视为同意转让。

经股东同意转让的股权，在同等条件下，其他股东有优先购买权。两个以上股东主张行使优先购买权的，协商确定各自的购买比例；协商不成的，按照转让时各自的出资比例行使优先购买权。

公司章程对股权转让另有规定的，从其规定。

最高人民法院《关于适用〈中华人民共和国公司法〉若干问题的规定(四)》(法释〔2020〕18号修正)

第二十一条 有限责任公司的股东向股东以外的人转让股权，未就其股权转让事项征求其他股东意见，或者以欺诈、恶意串通等手段，损害其他股东优先购买权，其他股东主张按照同等条件购买该转让股权的，人民法院应当予以支持，但其他股东自知道或者应当知道行使优先购买权的同等条件之日起三十日内没有主张，或者自股权变更登记之日起超过一年的除外。

前款规定的其他股东仅提出确认股权转让合同及股权变动效力等请求，未同时主张按照同等条件购买转让股权的，人民法院不予支持，但其他股东非因自身原因导致无法行使优先购买权，请求损害赔偿的除外。

股东以外的股权受让人，因股东行使优先购买权而不能实现合同目的的，可以依法请求转让股东承担相应民事责任。

第十章

公司增资纠纷类案精要与实务指引

一、公司增资纠纷概述

所谓公司增资纠纷是指公司在增加注册资本过程中因增资行为而引起的民事纠纷。此种纠纷多发于公司融资过程中，外部机构、个人或战略投资者对目标公司进行增资而产生的民事法律行为。我国《公司法》规定，有限责任公司需经公司股东会作出决议，且除非全体股东约定不按照出资比例优先认缴出资，股东有权优先按照实缴的出资比例认缴出资，对于违反程序作出的决议，股东可以向人民法院提起诉讼请求确认增资决议无效。

司法实践中常见的公司增资纠纷主要包括两种类型：

1. 股东主张公司增资违反程序而无效，其实质是特殊的公司决议无效之诉；

2. 有限责任公司的股东主张行使新增资本的认购优先权，此处须注意的是法律并未明确赋予股份有限公司股东享有优先认缴新增注册资本的权利。

二、典型案例(一):增资完成后“未办理工商登记”是否享有股东权利以及增资过程中需要注意的法律风险点?

(一)案情及裁判

北京安鑫基石投资管理有限公司与上海智华金泉金融信息服务有限公司、竺曼莉公司增资纠纷[1]

案件主要事实

1. 2015年1月8日,安鑫基石公司与智华金泉公司、竺曼莉签订《增资协议》,约定安鑫基石公司根据智华金泉公司估值6000万元增资,安鑫基石公司投资300万元。

2. 2015年2月6日,安鑫基石公司与智华金泉公司、竺曼莉以及案外人崔某某签署《关于上海智华金泉金融信息服务有限公司之投资协议》,崔某某向智华金泉公司投资200万元,该次投资后,智华金泉公司股权结构为:竺曼莉93.1%、安鑫基石公司4.9%、崔某某2%。其后,杨某某、方某某分别签订《关于上海智华金泉金融信息服务有限公司之投资协议》,并成为智华金泉公司的股东。

3. 2015年3月至2016年6月,安鑫基石公司法定代表人方力与智华金泉公司工作人员袁渊通过微信沟通关于智华金泉公司运作情况。另外,2016年6月1日之前,双方微信记录并未涉及智华金泉公司增资工商变更登记事宜,2016年6月1日,方力要求智华金泉公司尽快提供营业执照、董事会决议、公司章程等材料,袁渊表示马上办理相关手续。2016年6月4日,袁渊告知工商变更登记需要安鑫基石公司法定代表人的身份证等材料,方力

[1] 案号:(2017)沪02民终1073号;来源:中国裁判文书网。

表示无须办理了。本案审理中，智华金泉公司要求安鑫基石公司依据案涉《增资协议》配合其至工商行政管理部门办理增资的变更登记手续，但安鑫基石公司表示不愿意继续履行协议，坚持要求解除案涉《增资协议》。

4. 安鑫基石公司向一审法院起诉请求：(1)请求判令解除安鑫基石公司与智华金泉公司、竺曼莉签订的《增资协议》；(2)请求判令智华金泉公司、竺曼莉返还安鑫基石公司投资款300万元及以300万元为基数，自实际付款日起至判决生效日止，按照中国人民银行同期贷款利率计算的利息。

法院认为

1. 安鑫基石公司已经完成了对智华金泉公司的增资款缴付，即已经完成了出资义务。而根据智华金泉公司的股东名册，安鑫基石公司已经取得了智华金泉公司的股东资格。安鑫基石公司完成出资后，并未就股东变更登记的迟延提出异议，智华金泉公司并不排斥办理股东变更登记手续，反而是安鑫基石公司未予配合，且在诉讼中明确表态不愿意继续办理相关手续。故本院对安鑫基石公司所称的不能实现其股东权益和协议目的的说法，难以采信。

2. 根据《公司法》相关规定以及资本维持原则，已经对公司完成出资的股东，非经法定程序，不得抽回其出资。安鑫基石公司应另循法律规定的股东退出机制保障自身权益。

裁判要旨

工商登记仅系保障股东对外对抗效力的登记手段，未办理登记并不意味着不能取得股东资格和股东权利。本案中安鑫基石公司以智华公司违约不能实现合同目的为由主张解除《增资协议》无充分事实和法律依据，根据智华金泉公司的股东名册，安鑫基石公司已经取得了智华金泉公司的股东资格，故一审、二审法院未能获得支持。

（二）律师点评

从本案查明的事实和双方所签订的增资协议来看，安鑫基石公司诉讼请求的法律依据并不充分。虽然智华金泉公司并未为安鑫基石公司办理正式的工商登记，但是并不意味着安鑫基石公司作为已经履行完毕出资义务的股东其股东权利和股东权益受到损害或者作为股东的目的不能实现，故安鑫基石公司的诉请被一审、二审法院驳回。

（三）法律实务研读

作为增资一方，投资者在履行完毕出资协议或增资协议后，一定要催促目标公司按照增资协议的约定尽快办理完毕工商变更登记手续。虽然从法律意义上讲，工商变更登记仅仅是股东对外具有对抗任何第三人效力的体现，但是若没有及时办理工商变更登记手续，对善意的第三人来说具有法律上的免责效力。因此，为了避免发生上述法律风险，建议一定要严格按照增资协议约定的条款落实执行。针对实务中常见的公司融资活动中增资的法律风险，作为增资方为有效避免法律风险，笔者认为应从以下三个方面进行重点防控：

1. 应重视尽职调查的重要性，自行或者委托专业机构（如律师事务所）进行详尽的尽职调查。鉴于公司融资过程中投资人动辄几百万甚至上千万元、过亿元的投资，投资人最好委托第三方专业人员或机构对所增资的标的公司进行全面且审慎的法律以及财务方面的调查，否则会面临投资标的公司不确定性的估值过高、对外有重大诉讼或仲裁以及其他法律风险，导致不但不能取得预期的投资收益，反而最终面临血本无归的风险。

2. 应细化增资协议的约定，保留增资协议和出资凭证，确保取得股东资格。作为投资方，在标的公司未配合办理完毕相应股权的工商变更登记之前，为了避免出现标的公司不认可投资人的股东资格的情形出现，投资方一定要在增资协议中进一步细化工商变更登记的相关约定，同时保留好增资过程中的全部证据，如出资凭证（银行转账流水等），以充分证明自己的出资已经到位，避免争议的发生。

3. 开设验资账户，确保出资到位。若投资人以货币出资的，应当要求标的公司开设验资专户，以验证公司注册资本的变更事宜是否符合法定程序，注册资本的增加是否真实，相关的会计处理是否正确。

三、典型案例（二）：《增资协议》中的"估值调整机制条款"即"对赌协议条款"的司法认定

（一）案情及裁判

励小伟等诉上海鑫坤投资管理有限公司等新增资本认购纠纷[1]

案件主要事实

1. 启鑫公司成立于2005年3月10日。2010年12月15日，鑫坤公司与启鑫公司、励小伟、励昌伟共同签署《关于A公司之增资合同》和《关于A公司增资合同之补充合同》。增资合同约定：鑫坤公司以2000万元投资启鑫公司，占启鑫公司本次增资后总注册资本的2%。

〔1〕 案号：（2015）沪一中民四（商）终字第79号；来源：中国裁判文书网。

2. 补充合同一约定励小伟和励昌伟作为启鑫公司的原股东向鑫坤公司作出承诺：启鑫公司2010年至2012年经会计师事务所审计后的净利润（剔除非经常性收益后）2010年不少于11000万元，2011年不少于17000万元，2012年不少于25000万元；如未达到启鑫公司承诺的净利润数额，励小伟、励昌伟可以现金补偿，也可以励小伟、励昌伟公司之股权作为补偿；如启鑫公司在补充合同一签署后36个月内未能实现在中国境内上市，鑫坤公司提出回购要求的30个工作日内，励小伟和励昌伟有义务回购鑫坤公司股份，并对回购鑫坤公司股份承担连带责任。

3.2012年7月9日，鑫坤公司与启鑫公司、励小伟、励昌伟签订一份《股权转让协议》，约定：励小伟和励昌伟依据该《股权转让协议》，将励小伟和励昌伟持有的启鑫公司2.5%股份计股3750000股及其依该股份享有的相应股东权益一并转让给鑫坤公司；共同签署了一份《补充合同》，再次向鑫坤公司承诺并签订对赌条款。

4.2013年7月31日，鑫坤公司与启鑫公司、励小伟、励昌伟、胡忠辉共同签订一份《担保合同》，约定：启鑫公司、励小伟、励昌伟将全面履行补充合同二约定的回购义务，并依据法律和约定承担责任，其中励小伟和励昌伟为不区分主次先后顺序的共同债务人等内容。

5. 鑫坤公司认为励小伟、励昌伟、胡忠辉违反了合同约定的对赌协议的回购和补偿义务，损害了鑫坤公司的合法权益，遂诉至原审法院。

法院认为

1. 系争增资合同、补充合同一、补充合同二、《股权转让协议》

《担保合同》均系各方当事人真实意思表示，其既不违反法律或行政法规的强制性规定，也未损害社会公共利益，应属合法有效，各方当事人均应恪守。

2. 根据《担保合同》的约定，如果启鑫公司净利润未达到励小伟、励昌伟、启鑫公司承诺的数值，鑫坤公司有权选择并决定要求励小伟、励昌伟按上述合同约定的计算标准无偿转让股权作为补偿，或者回购鑫坤公司全部股权。现鑫坤公司据此主张该励小伟、励昌伟回购鑫坤公司在启鑫公司处的2%股份符合补充合同二和《担保合同》的约定，该院予以支持。

裁判要旨

补充合同一、补充合同二中均包括融资方与投资者所共同约定设置的估值调整机制，即投资业内所述的对赌条款，综观该些条款的内容，该补充合同一、补充合同二的合同相对方系启鑫公司的控股股东，而该条款本身并不会对启鑫公司的利益及该公司债权人的利益造成损害，也不存在违反法律规定的禁止性规定之处，因此，对赌条款的协议合法有效。

(二)律师点评

本案中争议的焦点在于鑫坤公司与启鑫公司、励小伟、励昌伟共同签署的增资协议和后续签订的补充协议中关于估值调整机制条款的效力问题，即投资业内所述的对赌协议条款。从合同效力的角度来看，对赌协议条款系合同各方当事人真实意思的表示，并未违反法律、行政法规的强制性规定，且对赌条款也并未实质侵害启鑫公司的合法权益以及启鑫公司债权人的利益，故一审、二审法院在认定事实的基础上对增资协议以及补充协议的效力进行了有效的认定，支持了鑫坤公司的诉讼主张。

(三)法律实务研读

关于对赌协议条款,2012 年最高人民法院终审判决了海富投资和甘肃世恒的“对赌协议”纠纷案,此案最终认定投资者可以和股东进行对赌,但是不能与公司进行对赌,因为若允许投资者与所投资的公司进行对赌,则会不确定性地侵犯所投资公司的债权人的利益,因此作为投资者可以与所投资公司的股东进行对赌,从而保障所投资本金的利益。作为目标公司的股东,如果新增投资者在增资或者投资协议中约定了与股东的对赌条款,则股东在签字之前一定要考虑清楚对赌条款实现的可能性,切不可不切实际地与投资者对赌。针对对赌协议条款在最高人民法院没有出现海富判例之前,司法实践中对于对赌协议的效力观点不一。

实践中存在对赌协议条款大多是在企业融资过程中的增资协议中,所谓对赌协议即投资方为了保证能够顺利获得预期的收益,与标的公司、标的公司的创始股东、实际控制人等所签订的附条件的条款协议,在目前我国并无相应法律、法规禁止对赌协议的情况下,以企业财务指标作为对赌条件的对赌协议是具有法律约束力的。针对对赌协议中所存在的法律风险,笔者认为主要存在以下四个方面:

1. 合法性的法律风险。若对赌协议的设计一开始就违反了相关法律法规的规定,则会产生相应的行政法律责任,或者不能受到法律的支持,进而无法有效落地执行。

2. 效力的法律风险。目前投资方与股东或创始人进行对赌是合法有效的,但是若与公司进行对赌目前法律是不认可其效力的,因此,对赌协议目前还存在一定的效力上的法律风险。

3. 上市发行的法律风险。对于要上市的企业如果在融资过程中存在与投资方的对赌协议，则属于上市的障碍，会影响企业的发行上市。

4. 公司存续的法律风险。若公司融资过程中存在对赌协议，则若后续投资方在退出时处理不好与对赌股东或创始人的关系，很容易引发目标公司僵局、股东僵局的诉讼，进而影响公司的存续。

鉴于对赌协议可能存在的上述法律风险，笔者认为，应主要从以下两个方面进行风险的防控：

1. 投资方与融资的标的公司一方均应进行充分且审慎的尽职调查，以防止信息不对称。

2. 根据标的公司的实际情况约定合理的对赌条款。标的公司的估值要合理，切记过高的估值，对于投资方来说过高的估值有可能因标的公司无法实现而导致投资失败，而对于融资一方的股东来说，不切实际的估值有可能导致对赌的业绩过高而无法实现，进而导致触发对赌条件。

（四）类案检索精要

1. 案号：（2015）海民（商）初字第04230号

法院认为：韬盛公司作为目标公司，2011年度的净利润未达到承诺指标，盛桥投资企业于2013年9月3日向韬盛公司的两位创始股东郝海涛、鲁成胜提出了进行现金补偿的要求。郝海涛、鲁成胜收到《关于按协议支付补偿款的函》后，未在60日内支付补偿款，已构成违约。郝海涛和鲁成胜应按照《补充协议》设定的计算公式向盛桥投资企业进行现金补偿，直至盛桥投资企业收到补偿款之日。现金补偿计算公式：Y =（M－V × Z）×（1 + R%）T[Y为补偿金额、Z为投资人接受补偿前的持股比例5.73%，V为当期调整后的目标公司估值，V = E’ ×（P / E值），M为投资人的投资额，T 为自投资完成日至投资人执行选择权并且补偿金额全部支付之日的自然天数除以 365，R 为 12］。盛桥投资企业的诉讼请求，证据充分，本院予以支持。

2. 案号：（2016）京 0105 民初 53400 号

法院认为：《增资协议》第 30 条预设了股权回购的条件，即“自投资方持有目标公司之日起 3 年内（即 2016 年 6 月 30 日前），若目标公司未在投资方认可的证券交易市场提交上市申请，则投资方有权提前 90 天书面通知目标公司的控股股东、实际控制人要求其回购投资方所持有的目标公司的全部或部分股权”，现梁文立、陈皓认可截至 2016 年 6 月 30 日某公司不具备上市条件，亦未向相关机构提交上市申请，《增资协议》约定的股权回购条件已经成就，六禾之谦中心有权要求梁文立、陈皓回购其持有的全部或部分某公司股权。

3. 案号：（2016）苏 0116 民初 8380 号

法院认为：现南京泽宏公司已交付投资款，天津益博公司应协助办理工商信息变更登记手续，但其至今未办理，并表示客观上已无法办理。由于上述原因，南京泽宏公司投入款项后未能成为天津益博公司的股东，投资目的未能实现，而其本身并无过错，天津益博公司无故占用南京泽宏公司投资款 500 万元显属不当。现南京泽宏公司要求解除《增资合同》及《补充协议》，符合法律规定，依法应予支持。合同解除后，投资款 500 万元应予返还，保证人的保证责任并不免除，张益培、张芝凤仍应按约对上述债务承担连带保证责任。

4. 案号：（2015）张商初字第 01663 号

法院认为：首先，原告金茂公司与被告谭文杰、德一公司在

《关于〈德一公司增资协议〉之补充协议》《关于〈德一公司增资协议〉之补充协议的条款修改协议》中关于原告金茂公司履行增资义务后德一公司、谭建新作出的业绩保证及未达到保证业绩的情况下由被告谭建新进行补偿的条款是各方真实意思的表示，内容不违反法律规定，且未损害德一公司及其他股东、债权人的利益，不违反法律的禁止性规定，应属合法有效。其次，业绩保证及补偿条款促成了德一公司增资行为的顺利完成，最大限度地维护了原始股东、增资方及股东的利益。且补充协议中亦约定如果 2013 年度的净利润达到 6000 万元，被告谭建新有权要求原告金茂公司给予估价补偿。故对于原告金茂公司与被告谭建新双方而言，业绩保证及补偿条款并无不公平之处。最后，在 2013 年度的净利润未达到 4000 万元的情况下，原告金茂公司与被告谭建新签订了《关于〈德一公司增资协议〉之补充协议的条款修改协议》，对补偿条款的执行进行了修订，并继续给予了被告谭建新在支付补偿款 2848 万元或者按照一定比例按期支付收益款以换取原告金茂公司放弃业绩补偿的选择权，对于双方而言是公平合理的。但是被告谭建新未能履行给付按期给付收益款的义务。综上，原告金茂公司要求被告谭建新给付补偿款 2848 万元，于法有据，本院予以支持。

四、法律实务疑难问题简答

（一）对赌协议的概念及对赌的类型

司法实践中所俗称的“对赌协议”，又称估值调整协议，是指投资方与被投资的公司或原股东在达成股权性融资协议（如增资入股协议等）时，为解决交易各方对目标公司未来发展的不确定性、信息不对称以及代理成本等多种因素而设计的包含了股权回购、金钱补偿等对未来目标公司的估值进行调整的协议。“对赌”的概念在我国《公司法》上并无明确的规定，但我国《公司法》第74条和第142条对公司回购股东的股份作出了明确规定。

对对赌协议中的股权回购条款的法律效力，司法裁判观点经历了一个从否定到肯定，再到区别肯定的发展历程。其中，目前主流的司法观点和最高人民法院的“中国对赌第一案”判例均认可“对赌”协议中原股东和投资人之间的回购补偿条款有效。

在对赌失败即触发对赌条款生效情况下，最常见的对赌类型即股权回购和现金补偿两种类型。其中股权回购包括目标公司回购股权和原股东回购股权；而现金补偿则主要是由对赌的一方当事人通过支付现金方式弥补投资方的损失。

（二）对赌协议性质的法律效力——新规则的确立之《全国法院民商事审判工作会议纪要》

人民法院在审理“对赌协议”纠纷案件时，不仅应当适用《民法典》的相关规定，还应当适用《公司法》的相关规定；既要坚持鼓励投资方对实体企业特别是科技创新企业投资原则，从而在一定程度上缓解企业融资难问题，又要贯彻资本维持原则和保护债权人合法权益原则，依法平衡投资方、公司债权人、公司之间的利益。对于投资方与目标公司的股东或者实际控制人订立的“对赌协议”，如无其他无效事由，则应认定有效并支持实际履行，此观点在实践中并无争议。但投资方与目标公司订立的“对赌协议”是否有效以及能否实际履行，目前尚存在争议。对此，应当把握如下处理规则：

目标公司仅以存在股权回购或者金钱补偿约定为由，主张

“对赌协议”无效的，人民法院不予支持；但投资方主张实际履行的，人民法院应当审查是否符合《公司法》关于“股东不得抽逃出资”及股份回购的强制性规定，判决是否支持其诉讼请求。

投资方请求目标公司回购股权的，人民法院应当依据《公司法》第35条关于“股东不得抽逃出资”或者第142条关于股份回购的强制性规定进行审查。经审查，目标公司未完成减资程序的，人民法院应当驳回其诉讼请求。

投资方请求目标公司承担金钱补偿义务的，人民法院应当依据《公司法》第35条关于“股东不得抽逃出资”和第166条关于利润分配的强制性规定进行审查。经审查，目标公司没有利润或者虽有利润但不足以补偿投资方的，人民法院应当驳回或者部分支持其诉讼请求。今后目标公司有利润时，投资方还可以依据该事实另行提起诉讼。

五、核心法条

《中华人民共和国公司法》

第二十八条 股东应当按期足额缴纳公司章程中规定的各自所认缴的出资额。股东以货币出资的，应当将货币出资足额存入有限责任公司在银行开设的账户；以非货币财产出资的，应当依法办理其财产权的转移手续。

股东不按照前款规定缴纳出资的，除应当向公司足额缴纳外，还应当向已按期足额缴纳出资的股东承担违约责任。

第四十三条 股东会的议事方式和表决程序，除本法有规定的外，由公司章程规定。

股东会会议作出修改公司章程、增加或者减少注册资本的决议,以及公司合并、分立、解散或者变更公司形式的决议,必须经代表三分之二以上表决权的股东通过。

最高人民法院《关于适用〈中华人民共和国公司法〉若干问题的规定(三)》(法释〔2020〕18号修正)

第二十四条　当事人依法履行出资义务或者依法继受取得股权后,公司未根据公司法第三十一条、第三十二条的规定签发出资证明书、记载于股东名册并办理公司登记机关登记,当事人请求公司履行上述义务的,人民法院应予支持。

第十一章

新增资本认购纠纷类案精要与实务指引

一、新增资本认购纠纷概述

我国《公司法》第178条对有限责任公司和股份有限公司的新增资本认购进行了明文规定，即“有限责任公司增加注册资本时，股东认缴新增资本的出资，依照本法设立有限责任公司缴纳出资的有关规定执行。股份有限公司为增加注册资本发行新股时，股东认购新股，依照本法设立股份有限公司缴纳股款的有关规定执行”。

根据我国《公司法》的上述规定，实务中新增资本认购纠纷在有限责任公司中主要表现为公司的股东因增加认购公司注册资本金而与公司或股东产生的纠纷；而在股份有限公司中主要表现为公司的认购股东因认购股份有限公司新发行的股份而产生的纠纷，因此，新增资本认购纠纷的主体主要发生在新出资人与公司之间，或者原始股东与公司之间。司法实务中主要的纠纷类型为部分股东不知情时公司增资效力问题、股东优先认缴出资权利的行使，以及公司股东在增资扩股中承诺放弃认缴新增出资份额时其他股东有无优先认购权等。

二、典型案例：新增认购资本协议的附条件条款如何进行司法认定？

（一）案情及裁判

陈晖诉上海润跃精密机械有限公司新增资本认购纠纷[1]

案件主要事实

1. 润跃公司登记股东与认缴出资额为：李素芝36万元，毛建仁57万元，濮金云57万元。其中，李素芝将所有股东权利委托由赵峰行使；濮金云所登记享有的股权中60%由汪洪波享有，汪洪波为润跃公司隐名股东，其股权由濮金云代持。

2. 2012年，陈晖有意入股润跃公司。经协商，陈晖（甲方）与润跃公司（乙方）签订《入股协议书》，约定：(1)协议内容。经甲乙双方协商及主要股东决定，让甲方入股乙方公司，该股东享有和公司其他股东所具有的一切权利和义务，且自甲方前期入股资金200万元打入乙方公司专用指定法定代表人个人账户之日起，即可本人或指派专人参与公司经营和管理，并享有和公司其他股东所具有的一切权利和义务。(2)入股方式。甲方入股总金额：500万元，占公司总股本的38%。(3)入股步骤。甲方在一周内将先期投入资金200万元，付款到乙方公司专用指定法人个人账户，以利于乙方启动各项原有个别股东清退工作，该资金在甲方未得到正式法律程序结果和甲方个人同意的情况下，如在2012年年底未完成个别股东清退和股权变动事宜，乙方将该资金全部退还甲方。如乙方完成各项股权变动工作，甲方应在二至三个月内，将后续资金全部付到乙方公司账户，同时将前期打入的200万元

[1] 案号：(2014)沪一中民四（商）终字第1299号；来源：中国裁判文书网。

转到乙方公司账户中，以便公司统一管理等协议书落款处陈晖于2012年11月16日签字确认。原审审理中，陈晖明确协议书中第3条“个别股东清退”是指陈晖的股权实际从其他股东受让而来，故要求润跃公司协调好其他股东的股权转让工作；润跃公司对此予以认可，并明确其他股东即毛建仁，个别股东的清退工作是指毛建仁将股权转让给濮金云和李素芝，之后二人再转让给陈晖。

3. 2012年11月22日，陈晖按约将200万元付入濮金云个人账户。在陈晖与润跃公司签订《入股协议书》之前，润跃公司向陈晖提供《2011年度财务报告及分配方案》《2012年1~9月财务情况报告》等财务资料。上述财务资料中未提及润跃公司净资产情况。

4. 2012年11月22日，陈晖委托汪忠路到润跃公司处任职，先后担任会计、财务总监等职务。汪忠路入职润跃公司后，制作润跃公司资产负债表中，将陈晖所缴付的200万元计入润跃公司其他应付款中，之后又转入实收资本中。该200万元中的100万元由濮金云根据公司出纳电话从其个人账户转入润跃公司账户，其余资金的使用部分支付给股东李素芝、汪洪波及濮金云，部分为用于公司业务等。在润跃公司投资款支出明细中，濮金云、汪洪波、赵峰签字确认，陈晖未签字。2013年1月至6月期间，陈晖与汪洪波、赵峰、濮金云多次通过手机短信往来沟通投资入股事宜，主要为陈晖认为润跃公司资产不实，希望退还其200万元投资款，汪洪波则提出调整股权结构等方案，但均未协商达成一致。

5. 2013年6月24日，陈晖委托律师向润跃公司发函，称润跃公司提供给陈晖的财务信息与实际情况不符，按《入股协议书》，陈晖有权要求撤股，解除《入股协议书》，故要求润跃公司办理解除《入股协议书》及返还200万元入股金事宜。润跃公司收到该函件,未予答复。

6. 2013年1月23日,毛建仁与濮金云、李素芝签订《入股退出协议》,约定毛建仁于2012年12月31日退出润跃公司,协议同时对润跃公司部分债权债务关系、经营场地搬迁等事宜作出约定。2013年4月25日,毛建仁与濮金云、李素芝签订《关于股东毛建仁股份转让协议》与《关于股东毛建仁撤股资产清算结果协议》,约定毛建仁将所持润跃公司38%股权分别转让给濮金云与李素芝,从2013年1月1日起,润跃公司所发生的经济业务及债权债务关系与毛建仁无关;毛建仁原投资100万元,李素芝向毛建仁借款10万元,合计110万元,同2011年至2012年润跃公司为素朴公司加工产品的加工费约125万元相抵后,润跃公司另补偿毛建仁10万元,之后各不相欠等。

7. 2013年2月24日,润跃公司召开股东会,对2013年经营目标、准备工作及具体措施等经营方针议题进行讨论。濮金云、赵峰与陈晖出席,并在会议纪要中签字。2013年4月15日,润跃公司召开董事会会议,决议通过:濮金云退出润跃公司企业管理层,自2013年2月6日之后企业经营行为及亏损不承担责任;之后经营管理由赵峰承担,如造成亏损导致濮金云股份损失,赔偿责任由汪洪波和陈晖分担等。决议落款处“股东签名”有陈晖、濮金云、汪洪波、赵峰签字确认。

8. 原审审理中,陈晖另提供邮件记录、网络聊天记录及其他财务报表等证据,以证明润跃公司财务不实,在陈晖入股时未告知其真实财务状况;润跃公司与濮金云、李素芝、赵峰对上述证据均不予认可。陈晖还申请对润跃公司2012年11月16日之前资产负债等财务状况进行司法鉴定。因陈晖没有证据证明在其入股前，润跃公司曾作出过相关的财务状况承诺，其司法鉴定申请无参照、比对标准，该申请并无实际意义，故不予准许。

9. 陈晖提起诉讼，请求判令：(1)其与润跃公司之间签订的《入股协议书》于2013年8月26日解除；(2)润跃公司返还入股资金200万元；(3)润跃公司赔偿利息损失(以200万元为基数，自2012年11月23日起算至实际清偿之日止，按中国人民银行同期贷款利率计算)。

法院认为

1. 一审法院

系争《入股协议书》是陈晖和润跃公司真实意思表示，且作为与润跃公司利益相关的股东、隐名股东、股东代理人的原审第三人均对协议书认可，该《入股协议书》合法有效，陈晖和润跃公司应当按协议书的约定履行各自义务。针对陈晖是否取得润跃公司股东资格的争议焦点，原审法院认为，按《入股协议书》的约定，陈晖支付前期200万元入股资金后，即可本人或指派专人参与公司经营和管理，享有股东权利，而陈晖在支付200万元后，也确实委托财务人员汪忠路到润跃公司任职。可见陈晖已开始行使股东权利。此后，润跃公司于2013年召开的股东会、董事会中，陈晖均以股东身份参加会议，参与表决，润跃公司的其余股东对陈晖的股东资格均予认可。故原审法院认为，陈晖在《入股协议书》签订后已取得润跃公司股东资格。针对《入股协议书》是否有约定解除条件及解除条件是否成就的争议焦点，原审法院认为，综观《入股协议书》全文，双方之间并无明确的关于解除合同条件的约定，虽然协议书中第3条有载"如在2012年年底未完成个别股东清退和股权变动事宜，乙方将该资金全部退还甲方"，第4条有载

“如乙方的财务状况不真实和股权变动工作有困难，甲方可以考虑撤股”，两条款中均有约定条件，但对于条件成就的后果，并非“可以解除合同”。因此，该两条款仅可理解为双方对约定条件下权利义务的安排，而非约定解除条款。陈晖依该两条款主张解除协议书，依据不足，故不予支持。陈晖另主张依该两条款，要求润跃公司返还入股金200万元，则陈晖应举证证明该两条款所约定的条件成就。但陈晖并未完成该举证责任：首先，对于协议书第3条所载条件，润跃公司的举证可证明毛建仁已经“清退”，其股权由濮金云与李素芝受让，且毛建仁与濮金云与李素芝权利交割时间节点也为2012年12月31日，应认为该条款所约定的消极条件未成就。而在各方股东会纪要、董事会决议及短信记录等证据中均未涉及此条件，也可验证该条件未成就。其次，对于协议书第4条所载条件，陈晖并无证据证明润跃公司向其作出过财务承诺，也无直接证明润跃公司财务不真实。陈晖仅以其500万元投资占润跃公司38%股权就推定润跃公司在投资之前净资产应达800万元，显然不当。因股权价值不仅体现为净资产价值，还包括股权溢价部分。润跃公司在投资之前净资产是否达到800万元并不能作为润跃公司财务是否真实的判断标准。最后，润跃公司原股东毛建仁已经“清退”，其股权也由濮金云与李素芝受让，二者亦确认陈晖之股东资格，“股权变动工作有困难”之条件并未成就。因此，陈晖根据上述两条款，要求润跃公司返还入股资金200万元的主张，不予支持。相应地，陈晖主张润跃公司支付利息损失，亦不予支持。至于陈晖支付的入股资金200万元使用情况，其中100万元已转入润跃公司账户，用于润跃公司经营支出，对此陈晖委派的工作人员汪忠路予以确认，陈晖对此应当知情。其余资金的使用，润跃公司的其余股东虽予认可，但无证据证明陈晖对此知情并同意。该200万元作为入股资金，陈晖缴付后即属于润跃公司资产。如润跃公司股东不当使用公司资产，损害公司和其他股东权益，公司与其他股东可循其他法律途径予以救济，但这并不足以构成陈晖主张解除协议书的依据。

原审法院认为，陈晖与润跃公司签订《入股协议书》后，陈晖支付入股资金200万元，已取得股东资格。协议书中虽有约定润跃公司退还投资款的条件，按约定条件均未成就，故陈晖的诉讼请求无法予以支持。原审法院判决：驳回陈晖的全部诉讼请求。

2. 二审法院

法院认为：系争《入股协议书》业经陈晖、润跃公司、濮金云签章，系真实意思表示，其他股东虽未予以签字，但表示认可，故《入股协议书》合法有效。基于《入股协议书》的约定，陈晖履行支付入股资金的义务，并委派汪忠路到润跃公司任职。其间，委派人员汪忠路在润跃公司已在行使股东权利，故应当认定陈晖已经取得股东资格。

关于陈晖的退股条件是否已经成就。《入股协议书》第3条约定："如在今年年底未完成个别股东清退和股权变动事宜，乙方将该资金全部退还甲方。"第4条约定："如乙方的财务状况不真实和股权变动工作有困难，甲方可以考虑撤股。"至于润跃公司是否存在因财务状况不真实进而陈晖可以依据协议退股的问题，陈晖以协议约定的投资股本数额与推定的净资产额不符为由，认为润跃公司的财务状况不真实，故可以选择退股。对此，本院认为，协议股本数额与净资产额内涵不同，公司在实际运营中，公司资本、股权价值以及净资产额均处于不断变动之中，其所涵盖的资产数额不能完全等同。并且,系争《入股协议书》对于财务状况不真实是否即为拟投入股本数额与净资产额相符,未予以明确约定,法院亦难以对此作出判断。此外,陈晖亦未能提供其他有力证据证明润跃公司存在财务不真实的事实,故陈晖认为润跃财务状况不真实主张退股,缺乏事实及法律依据。至于是否符合未完成个别股东清退和股权变动事宜或股权变动困难的退股条件,从2013年1月与4月,毛建仁和濮金云、李素芝签订的《入股退出协议》《关于股东毛建仁股份转让协议》《关于股东毛建仁撤股资产清算结果协议》等证据来看,润跃公司及其他股东已经按照《入股协议书》履行了个别股东清退和股权变动等事宜,也不存在股权变动困难的事实,陈晖主张的该项退股条件,未能成就。据此,陈晖的退股条件成就的主张,缺乏事实及法律依据,原审未予认定陈晖退股条件成就,并无不当,应予维持。因此,陈晖的上诉理由缺乏依据,其上诉请求,本院不予支持。据此,驳回上诉,维持原判。

裁判要旨

公司股东对公司出资后不得抽逃出资。协议股本数额与净资产额内涵不同,公司在实际运营中,公司资本、股权价值以及净资产额均处于不断变动之中,其所涵盖的资产数额不能完全等同。并且,系争《入股协议书》对于财务状况不真实是否即为拟投入股本数额与净资产额相符,未予以明确约定,法院亦难以对此作出判断。此外,陈晖亦未能提供其他有力证据证明润跃公司存在财务不真实的事实,故陈晖认为润跃财务状况不真实主张退股,缺乏事实及法律依据。

(二)律师点评

本案中的主要争议焦点在于陈晖所认购新增资本金后是否已

经享有股东资格，以及当时所签订的《入股协议书》所约定的退股条件是否成就。根据一审、二审法院的庭审记录以及所认定的事实，陈晖自委派汪洪波开始在润跃公司任职之日起实际上就已经具有润跃公司的股东资格了。而陈晖在一审、二审中坚持认为入股协议所约定的退股条款的条件已经成就，但是原告陈晖并未提供充分的且有力的证据来证明条件已经成就，故一审、二审法院在认定事实的基础上结合证据的证明效力最终否决了陈晖的诉讼请求。

此外，从本案中我们可以得到的经验是，作为新增认购资本金一方，在签订入股协议或者增资协议的时候一定要对协议的内容进行具体明确的约定，且使得约定具有可操作性。尤其是在协议中约定附有条件条款的时候，更要对条件条款的成就与否进行明确的约定，否则在出现风险后法院将很难根据笼统、模糊的条款进行认定，法院也不会对笼统的条款进行推断认定。

（三）类案检索精要

1. 案号：（2019）沪 0104 民初 2699 号

法院认为：本案中虽然轻松公司未按时履行工商变更登记的义务，但常一公司已经实际享受股东权利，而轻松公司未按时变更工商登记的原因是出于希望所有投资到位后一次性进行工商变更登记从而节省经营成本的考虑，其过错程度属于轻微过失。从违约行为形态考虑，股东资格的取得和变更股东登记是两个不同概念，变更股东登记是涉案合同履行的问题，其功能是使股权的变动产生公示的效力，而不是涉案合同生效的构成要件，属于合同附随义务。从合同目的实现的可能性考虑，现各显名股东均认可常一公司的股东资格并认可其享有股东权利；同时轻松公司愿意继续履行变更工商登记义务，合同目的仍然可以实现。从诚信和公平原则考虑，常一公司投资后，轻松公司又进行了多次融资，在常一公司已经实际享受股东权利之后，而轻松公司又经营不善之际以此理由提出解除合同并要求返还投资款显然违背当初各方签订合同的初衷不符合诚信原则，亦对后续投资人的权利造成影响不符合公平原则。

2. 案号：(2019)京0106民初7058号

法院认为：第一，从蒋亦韦的举证情况上看，其与北京公司、广东公司既未签订过书面的增资协议，亦未证明双方之间就增资金额、增资方式、增资比例等主要事项达成合意，蒋亦韦本人也无法明确陈述其在两家公司中的具体增资数额和增资比例，故本院难以认定双方之间达成了新增资本认购的合意。第二，根据《公司法》第37条第1款第7项规定，公司增加注册资本应当由股东会作出决议；根据《公司法》第43条第2款的规定，股东会会议作出增加注册资本的决议，必须经代表2/3以上表决权的股东通过，否则增资行为无效。本案中，北京公司和广东公司并无相关增加注册资本的决议存在。第三，北京公司收取蒋亦韦投资款后，既未向其签发出资证明书或将其记载于股东名册，也未办理增资和新增股东的工商登记备案，蒋亦韦亦无法证明其支付的款项已经实际进入公司的注册资本。综上，结合本案案情，蒋亦韦与北京公司、广东公司之间并未建立新增资本认购关系。

3. 案号：(2019)浙0624民初3189号

法院认为：本案被告作为原告公司的两个自然人股东之一，在公司召开股东会，并就公司增加注册资本事项，全体股东一致通过并形成决议，被告作为股东注册资本由14.5万元增加到145

万元，占公司注册资本的29%，约定了出资时间为2014年8月30日前，并于同年8月28日在新昌县市场监督管理局办理了注册资本变更登记手续。此时在公司形成股东会决议并约定出资日期的情况下，被告应按股东决议规定的金额、时间履行出资义务。现被告至今未履行相应出资义务，应承担相应的民事责任。被告辩称未召开股东会、公司从未向其催讨和在认缴制情况下不存在履行出资义务的主张，因与事实和公司法的规定不符，本院难以支持。

4. 案号：(2018)浙0212民初19118号

法院认为：本院查明的上述事实足以认定包震具有佰林树公司的股东身份，其股东身份被佰林树公司及公司其他股东所承认，并实际在行使股东权利，其欲通过公司增资成为佰林树公司股东的目的已经实现。至于佰林树公司未依照法定程序完成新增资本，公司章程、工商登记均未变更公司注册资本、股东登记等事项，并不影响包震的股东身份。没有证据证明包震与佰林树公司之间新增资本认购协议已经解除，且该新增资本认购协议既未约定解除的条件，又不具备法定解除的条件。现包震以合同目的无法实现为由要求佰林树公司返还增资款并支付资金占用费，其诉请没有事实和法律依据，本院不予支持。包震既然认为佰林树公司未履行相关的工商登记等手续，其完全可以通过诉讼及按有关法律规定要求佰林树公司履行上述义务。

三、法律实务研读

新增资本认购纠纷作为并不常见的公司法纠纷案由，实务中经常会与股东出资纠纷、股东增资纠纷产生混淆，因此，本书笔者结合理论与实务中常见的新增资本认购纠纷的类型，以及与其他案由的区别进行简要分析：

(一)实务中新增资本认购纠纷常见的类型

司法实务中，新增资本认购纠纷主要发生在新出资认购的股东与公司之间，以及原始股东与公司之间，因此，主要的常见纠纷类型为以下两种类型：

1. 案外第三人起诉要求公司确认股权的纠纷

根据我国《公司法》的相关规定，对公司出资的投资人或已经认购公司新增资本的投资人在符合以下条件时可以向人民法院起诉要求确认其股东资格，并要求公司配合办理变更登记。其中所需满足的条件包括：

(1)公司的股东会或股东大会通过了合法有效的关于增加公司注册资本的决议。

(2)公司股东会或股东大会决议新增资本总额已经认缴。

(3)新增资本已经向公司缴纳并经依法设立的验资机构验资。

(4)有限责任公司原告股东主张认缴的份额符合《公司法》第35条的规定。

(5)股份有限公司增加注册资本依法需要报经国务院证券监督管理机构核准的，已经核准。

2. 因优先认购权而产生的纠纷

由于我国《公司法》仅明确规定了有限责任公司的优先购买权，而对股份有限公司的优先认购权并未明确规定，而仅规定了股份有限公司为增加注册资本发行新股时，股东认购新股，依照本法设立股份有限公司缴纳股款的有关规定执行。因此，实务中对股份有限公司股东优先认购权容易产生纠纷。之所以有限责任公司与股份有限公司有区别，主要是由于有限责任公司具有人合性，其股东比较固定，股东之间具有相互信赖、依赖的关系。

（二）新增资本认购纠纷与股东出资纠纷的区别

从适用情形角度看，新增资本认购纠纷主要针对的是公司新增注册资本的情形，而股东出资纠纷主要针对的是股东违反出资义务的各种情形。从定义角度看，新增资本认购纠纷主要是指有限责任公司因新增资本认购、股份有限公司因发行新股认购而产生的纠纷。而股东出资纠纷则主要是指因股东违反出资义务而导致公司或其他已经完成出资义务的股东损失而产生的纠纷。

四、法律实务疑难问题简答

（一）新增资本认购纠纷中，为何有限责任公司的股东有权主张新增股份的优先认购权，而股份有限公司的股东则无权主张？

从《公司法》理论角度来看，有限责任公司为人合性公司，股东之间具有很强的人合性质，有限责任公司能够正常运营的主要动力在于股东之间的互相信任，因此，新增资本认购中的优先认购权也主要保护有限责任公司的人合性。而股份有限公司的股东之间并无人合性的特征，其主体体现为资合性，因此也就没有适用优先认缴权以保护股东人合性的必要。

其中，在昆明市中级人民法院作出的（2015）昆民五终字第31号判决书中，法院认为："公司进行增资扩股系公司内部治理的经营决策行为，由公司的决策机构作出决议并遵照执行。《公司法》第34条规定的股东增资优先认购权，是《公司法》基于保护有限责任公司人和性的经营特征，对有限责任公司增资扩股行为发生时所做的强制性规范，目的在于保护有限责任公司基于人和基础搭建起来的经营运行稳定性，该规定仅适用于有限责任公司。对于股份有限公司，基于其资合性的组织形式与管理运行模式，公司法并未对其增资扩股行为设定优先认购权的强制性规范，股份有限公司的增资扩股行为系其内部经营决策合意的结果，在不违反相关强制性法律法规的前提下，公司具体的增资方式、增资对象、增资数额、增资价款等均由其股东会决议并遵照执行。”

（二）有限责任公司股东的新增资本优先认购权应如何在合理期间行使？

我国《公司法》并未对有限责任公司股东新增资本认购纠纷中优先认购权的期限进行明确的规定，因此，实务中对股东行使优先认购权的期限有较多争议，有的认为应当参照适用诉讼时效的规定，有的则认为应当尽快行使，总之对于优先认购权的期限并未有明确的期限规定。笔者认为，股东对新增资本的优先认购权属于形成权。虽然现行法律法规没有明确规定该项权利的行使期限，但为了维护交易安全，该权利应当在合理期间行使。同时股东可以参照适用《公司法》第 74 条关于异议股东的股权回购请求权之规定，其中第 74 条第 2 款规定：“自股东会会议决议通过之日起六十日内，股东与公司不能达成收购协议的，股东可以自股东会会议决议通过之日起九十日内向人民法院提起诉讼。”因此，实务中股东如果认为自身的优先优先认购权受到了侵犯，首先应当尽快向法院通过诉讼程序维护自身的合法权益。

（三）隐名股东是否享有对新增资本的优先认购权？

隐名股东作为公司背后的实际出资人并不在工商登记中显名，也不能对抗善意的第三人，因此，在其并未确认股东资格的情况下，并不享有优先认购权。其中，在广东省高级人民法院作出的(2016)粤民申4688号再审复查与审判监督民事裁定书中，法院认为："莲花山公司章程和工商部门登记显示，莲花山公司的股东为莲花山工会及何灼辉等。此外，莲花山公司的股东会议由工会代表参加。因此，本案双方对黄志刚是实际出资人没有争议，但黄志刚不是莲花山公司对外公示的股东，亦未作为股东参加莲花山公司的股东会议。根据《公司法》第32条第3款'公司应当将股东的姓名或者名称向公司登记机关登记；登记事项发生变更的，应当办理变更登记。未经登记或者变更登记的，不得对抗第三人'的规定，由于黄志刚不是工商部门登记公示的股东，故黄志刚以其是莲花山公司的股东为由起诉要求确认其对新增资本的优先认购权缺乏法律依据。"

五、核心法条

《中华人民共和国公司法》

第三十四条 股东按照实缴的出资比例分取红利；公司新增资本时，股东有权优先按照实缴的出资比例认缴出资。但是，全体股东约定不按照出资比例分取红利或者不按照出资比例优先认缴出资的除外。

第一百七十八条 有限责任公司增加注册资本时，股东认缴新增资本的出资，依照本法设立有限责任公司缴纳出资的有关规定执行。

股份有限公司为增加注册资本发行新股时，股东认购新股，依照本法设立股份有限公司缴纳股款的有关规定执行。

第十二章

公司减资纠纷类案精要与实务指引

一、公司减资纠纷概述

公司减资是指公司的股东根据公司和股东自身的实际情况或者其他原因，将原有注册资本通过法定的工商变更登记程序降低注册资本金的行为。司法实务中，公司减资纠纷主要是指基于公司股东减少注册资本而引发的纠纷。通常意义上来看，公司注册资本的增加或减少的变动，本是公司资本运营过程中的常态，但实际上一旦公司将注册资本降低或减少，则对公司外部债权人来讲，公司的偿债能力将会进一步降低，因此，根据我国《公司法》第 177 条关于减资的规定，为了保护公司债权人的利益，公司减资应当履行法定的程序，包括公司需要减少注册资本时，必须编制资产负债表及财产清单，并履行减资通知及公告义务等必要的程序。若公司减资过程中存在程序或者实体上的瑕疵，则很有可能被债权人抓住把柄，进而追究未履行法定减资程序股东的减资瑕疵责任。

二、典型案例：认缴制股东能否通过减资程序成功逃避或减轻债务？

（一）案情及裁判

郭宏涛与潘德友、上海锦朝企业投资管理有限公司公司减资纠纷[1]

案件主要事实

1. 潘德友、锦朝公司于2010年向法院提起诉讼，要求佰金瀚宫公司及其法定代表人刘阳支付拖欠的房屋租金及利息损失。胜诉后申请法院强制执行。2011年3月16日，一审法院作出了（2011）普执字第817号执行裁定书，裁定冻结、划拨佰金瀚宫公司、刘阳的银行存款8018054.8元，不足之数，查封、扣押相应价值财产。

2. 佰金瀚宫公司成立于2008年9月26日，注册资本200万元，实缴金额40万元。其中，股东刘阳、郭宏涛各认缴出资100万元（各占公司资本额的50%），实缴出资20万元，其余出资额应于2010年8月前缴足。

3. 佰金瀚宫公司通过的股东会决议及公司章程修正案载明：公司注册资本金由200万元减至40万元；公司注册资本减少后，股东刘阳、郭宏涛各自的认缴出资与实缴出资均为20万元。对应股东会决议及章程修正案上有公司两股东的签名，落款时间均为“2011年5月3日”。同年3月8日，佰金瀚宫公司在《新民晚报》刊登了相应的减资公告。佰金瀚宫公司现注册资本为40万元。

4. 潘德友、锦朝公司向法院起诉请求：（1）郭宏涛在减资80

---

〔1〕 案号：（2016）沪02民终6253号；来源：中国裁判文书网。

万元范围内对(2010)普民三(民)初字第615号民事判决确定的佰金瀚宫公司的付款义务承担补充赔偿责任;(2)本案诉讼费由佰金瀚宫公司、郭宏涛承担。

法院认为

1. 公司未对已知债权人进行减资通知,该情形与股东违法抽逃出资的实质以及对债权人利益受损的影响,在本质上并无不同,且损害公司债权人获偿债权的权利,故佰金瀚宫公司股东均应在减资数额范围内对公司债务不能清偿部分承担补充赔偿责任。

2. 作为佰金瀚宫公司股东之一的郭宏涛在明知公司对外负有债务未清偿的情形下,仍同意减少公司的注册资本,依法应认定存在过错。客观上,公司减资后其对公司所应履行的出资责任亦相应减少,从而获得了减资所带来的财产利益,并对应导致公司对外的偿债能力受到影响,故佰金瀚宫公司两名自然人股东的减资行为,对涉案潘德友、锦朝公司所享有的债权的清偿构成侵害。因此,作为佰金瀚宫公司股东之一的郭宏涛应依法在其80万元减资范围内,对佰金瀚宫公司对外债务的不能清偿部分承担补充赔偿责任。

裁判要旨

我国现行《公司法》对公司注册资本的要求已经从实缴登记制改为认缴登记制,但由此并未免除作出认缴意思表示的股东到期对公司所应履行的出资义务。公司减资必须经过合法的法律程序,包括注册资本采用认缴登记制的公司。本案郭宏涛作为佰金瀚宫公司的认缴股东之一,在明知佰金瀚宫公司对外有债务的情况下,故意减资属于减资程序瑕疵构成侵权,应当承担补充清偿责任。

（二）律师点评

本案主要的争议焦点在于佰金瀚宫公司的股东之一郭宏涛是否按照《公司法》的规定正确履行了减资程序。根据我国《公司法》的规定，减资属于公司的重大事项，理应由2/3以上股东表决通过，同时根据《公司法》的规定，减资也应当书面通知到公司的债权人，以维护债权人的合法权益。虽然佰金瀚宫公司股东之一郭宏涛认为公司已经登报进行通知，但是根据《公司法》的立法精神，对于公司的债权人应该通过合理的方式进行通知，即应当采取个别通知加公告通知的方式，对于已知的债权人，应当首先采取个别通知的方式告知，在无法告知或者不能个别通知的情况下，公告通知才是最后兜底的通知方式，但是不能在未尽合理个别通知的情况下直接公告通知。

从我国《公司法》的规定和立法本意上看，公告通知只是法律上拟制的通知方式，应该定性为直接通知的补充，不能适用于可以直接通知的债权人，故在没有直接证据证明公司债权人无法正常通知到的情况下理应采取直接通知的方式进行通知，但是佰金瀚宫公司并未直接通知，故减资程序存在重大瑕疵，一审、二审法院在充分认定事实和阐述说理的基础上进行了公平公正的判决。

（三）类案检索精要

1. 案号：鼓商初字第1921号

法院认为：在目标公司未对已知债权人就其减资行为进行进行减资通知时，该情形与股东违法抽逃出资的情形在本质上并无不同，该情形应视为股东抽逃出资的情形。公司减资在实质上系公司股东会决议的结果，且公司减资的受益人系股东，因此，在公司减资未履行通知已知债权人的义务时，公司股东就其减资部分不能免除责任。2008年4月28日，海伦公司作出股东会决议将注册资本减少到60万元，其中孙建云认缴出资额200万元减少到40万元，孙建梅认缴出资额50万元减少到10万元，孙建平认缴出资额50万元减少到10万元，因此，孙建云、孙建梅、孙建平应分别在其减资额160万元、40万元、40万元范围内对海伦公司不能清偿的债务承担补充赔偿责任。

2. 案号:(2014)石民初字第2366号

法院认为：本案中，吉九公司在减资过程中未能按照法定程序通知债权人今科达公司，以致今科达公司丧失了在吉九公司责任财产减少之前要求其清偿债务或者提供相应担保的机会，损害了债权人利益，破坏了交易安全。现由于吉九公司的减资程序存在瑕疵，致使减资前形成的债权在减资之后清偿不能，故吉九公司的股东应在减资范围内对吉九公司的债务向今科达公司承担补充赔偿责任。

3. 案号:(2017)苏0582民初12308号

法院认为：本案中，科鑫非融资性担保公司的减资行为发生在其为(2016)苏0582民初9753号、9756号、9758号、9760号、9761号生效民事判决书所认定的主债务人武祝苹、殷磊、龚春谷、倪海东、苏艳所作担保之后，原告应为其已知债权人，但现无证据证明科鑫非融资性担保公司作出减资时直接通知了原告，即使在当地的张家港日报上刊登减资公告，也无法认定原告已有效知晓，致使原告错失及时要求科鑫非融资性公司清偿债务或提供相应担保的权利；科鑫非融资性担保公司的减资行为已导致原来的注册资本与减资后的出资之间存在巨大差异，严重影响了履约能力，侵犯了原告的信赖利益，其行为等同于股东未全面履行出资义务。本院(2016)苏0582民初9753号、9756号、9758号、9760号、9761号生效民事判决书已对科鑫非融资性担保公司应承担的民事责任作出了认定,现原告要求被告许科、沈琳分别在科鑫非融资性担保公司减资8750.4万元和1237.6万元范围内对该公司不能履行部分承担补充赔偿责任,于法有据,本院予以支持。

4. 案号:(2016)浙0191民初3399号

法院认为:本案中,虽然原告的债权数额有待确定,但此前原告与聚则公司的纠纷已成讼,起诉的标的金额近4000万元,业已开庭审理,事实上此后经法院判决认定该债权确实存在,且数额巨大。显然,天星龙公司系聚则公司减资时已知的债权人。因此,根据上述《公司法》规定,聚则公司未严格履行法定程序,在没有通知作为债权人的原告的情况下进行减资,致使天星龙公司未能及时要求其清偿债务或者提供相应的担保,侵害了天星龙公司的利益。同时,由于公司减资系股东会决议的结果,减资的受益人系公司股东,故物美公司作为聚则公司唯一的股东,对聚则公司在减资时未严格履行通知等法定程序存在过错,应当承担相应的责任。又因本案情形与股东抽逃出资相类似,均系股东对公司资本维持原则的违反,可以类推适用公司债权人请求抽逃出资的股东承担补充赔偿责任的相关规定。

三、法律实务研读

近年来,随着僵尸企业的不断增多,一些债权人的呆账、烂账问题也越发严重,在债权人进入执行阶段或者执行阶段之前,某些债务人为了逃避法律的制裁,试图通过法律的漏洞来规避自身的债务,如认缴制股东通过减资程序减少注册认缴资本金来达到逃避债务的目的。实务中，为了规避债权人通过法律或者其他手段实现追究公司股东的目的，认缴制股东通过在债权已经形成之前的不正当减资方式能否逃脱法律的制裁呢？很显然，公司债权人的债权早于公司减资之前的减资行为，债务人仍恶意减资则严重损害了债权人的利益，属于股东损害公司债权人利益的行为，因此，作为受害方的债权人完全可以通过诉讼方式追究恶意减资股东的责任，要求减资股东在减资范围内承担补充赔偿责任。

因此，认缴制股东在减资的过程中一定要遵循法定的程序，一旦程序不合法，往往就会被债权人抓住把柄，进而被追究承担股东损害债权人利益的补充赔偿责任。

根据我国《公司法》以及《市场主体登记管理条例》的规定，公司股东若减资应当按照如下程序减资：

1. 按照法定程序召集股东会或股东大会，并作出股东会决议。

2. 在股东会决议中对于股东减资的数额、股东股份的变化、通知债权人的方式等进行决议。

3. 减资后编制资产负债表和财产清单。

4. 通知股东外部债权人，同时登报公告减资事宜，防止程序瑕疵。

5. 工商变更登记。

四、法律实务疑难问题简答

（一）注册资本认缴制下，认缴股东的出资期限届满前，违法减资的股东是否要承担法律责任？

我国《公司法》第 177 条规定："公司需要减少注册资本时，必须编制资产负债表及财产清单。公司应当自作出减少注册资本决议之日起十日内通知债权人，并于三十日内在报纸上公告。债权人自接到通知书之日起三十日内，未接到通知书的自公告之日起四十五日内，有权要求公司清偿债务或者提供相应的担保。”同时，《公司法解释（三）》第 13 条第 2 款规定：“公司债权人请求未履行或者未全面履行出资义务的股东在未出资本息范围内对公司债务不能清偿的部分承担补充赔偿责任的，人民法院应予支持。”由此可见，在出资期限届满前，认缴制的股东违反法定程序擅自作出减资决议而未依法通知债权人，损害了债权人利益。违法减资的股东应当在减资范围内对公司债权人承担补充赔偿责任。

（二）有限责任公司是否可以通过减资来回购股权？

我国《公司法》第 74 条第 1 款规定了有限责任公司的异议股东可以请求公司回购股权的三种情形，分别为：（1）公司连续五年不向股东分配利润，而公司该五年连续盈利，并且符合本法规定的分配利润条件的；（2）公司合并、分立、转让主要财产的；（3）公司章程规定的营业期限届满或者章程规定的其他解散事由出现，股东会会议通过决议修改章程使公司存续的。由此可见，《公司法》并未对有限责任公司能否通过减资回购股权进行明确规定，但这并不意味着法律禁止有限责任公司回购本公司的股权。从公司性质角度来讲，有限责任公司属于人合兼资合公司，而股权回购完全可以由公司与股东、股东之间自由协商确认，因此，在不侵害其他利害关系人权益的情况下，法律不应禁止有限责任公司通过减资来回购股权。

（三）有限责任公司主动减资的不当法律后果有哪些？

我国《公司法》明确规定了减资的法定程序和限制因素，因此公司股东在进行减资操作时应当对全部债权人履行应尽的通知义务，不能在未先行通知的情况下直接以登报公告形式代替通知义务，否则，当公司股东不能证明其在减资过程中对怠于通知的行为无过错时，公司减资后不能偿付减资前的债务的情况下，公司股东应就该债务对债权人承担补充赔偿责任。此外，股东违反《公司法》规定的减资程序，应认定为名为减资，实为抽逃出资性质，减资股东应在其出资范围内对公司债务承担连带责任。

五、核心法条

《中华人民共和国公司法》

第三十七条 股东会行使下列职权：（七）对公司增加或者减少注册资本作出决议。

第四十三条第二款 股东会会议作出修改公司章程、增加或者减少注册资本的决议，以及公司合并、分立、解散或者变更公司形式的决议，必须经代表三分之二以上表决权的股东通过。

第四十六条 董事会对股东会负责，行使下列职权：（六）制订公司增加或者减少注册资本以及发行公司债券的方案。

第六十六条第一款 国有独资公司不设股东会，由国有资产监督管理机构行使股东会职权。国有资产监督管理机构可以授权公司董事会行使股东会的部分职权，决定公司的重大事项，但公司的合并、分立、解散、增加或者减少注册资本和发行公司债券，必须由国有资产监督管理机构决定；其中，重要的国有独资公司合并、分立、解散、申请破产的，应当由国有资产监督管理机构审核后，报本级人民政府批准。

第一百零三条第二款 股东大会作出决议，必须经出席会议的股东所持表决权过半数通过。但是，股东大会作出修改公司章程、增加或者减少注册资本的决议，以及公司合并、分立、解散或者变更公司形式的决议，必须经出席会议的股东所持表决权的三分之二以上通过。

第一百七十七条 公司需要减少注册资本时，必须编制资产负债表及财产清单。

公司应当自作出减少注册资本决议之日起十日内通知债权人，并于三十日内在报纸上公告。债权人自接到通知书之日起三十日内，未接到通知书的自公告之日起四十五日内，有权要求公司清偿债务或者提供相应的担保。

第一百七十九条第二款 公司增加或者减少注册资本，应当依法向公司登记机关办理变更登记。

第二百零四条第一款 公司在合并、分立、减少注册资本或者进行清算时，不依照本法规定通知或者公告债权人的，由公司登记机关责令改正，对公司处以一万元以上十万元以下的罚款。

第十三章

公司合并纠纷类案精要与实务指引

一、公司合并纠纷概述

我国《公司法》第 172 条至第 174 条对公司合并的程序以及合并后的债权债务进行了明文规定。根据《公司法》第 172 条之规定，公司合并分为吸收合并和新设合并。吸收合并主要是指一个公司吸收其他公司，而被吸收的公司解散。两个以上公司合并设立一个新的公司为新设合并，合并各方解散。由此可见，司法实践中的公司合并是指两个或两个以上的公司通过订立合并协议，然后根据我国《公司法》及其有关法律、行政法规的规定，组建一个新公司的法律行为。

与此对应地，公司合并纠纷则是指公司合并过程中因合并当事人未能依法按照合并协议或公司章程的约定履行义务，以及严重违反我国法律法规的强制性规定所引发的诉讼或仲裁纠纷。

公司合并纠纷中比较常见的是公司合并无效纠纷，如公司股东认为公司合并决议未经股东大会通过，或者债权人认为公司合并过程中公司未履行通知义务，或者被合并的公司没有清偿债务或者提供相应的担保，或者有其他违反法律或行政法规之情形，而提起的公司合并无效之诉。常见的合并无效原因主要有合并协议无效、合并决议瑕疵、合并违反债权人保护程序等。近年来，公司合并频繁发生，因公司合并发生的纠纷也日益增多。

二、典型案例

（一）案情及裁判

上海瑞锋投资发展有限公司、上海瑞锋建设工程有限公司、上海门瑞建材有限公司与上海劳莱斯门业有限公司、神飞集团有限公司、第三人艾伦锋公司合并纠纷[1]

案件主要事实

2009年12月10日，上海瑞锋门业有限公司、上海瑞锋建筑装饰工程有限公司、门瑞建材公司作为转让方，艾伦锋作为转让方的股东，神飞公司作为投资方，共同签署《资产收购协议》。收购协议1.1条约定：投资方和转让方股东共同在上海市设立一家有限责任公司（以下简称收购方），用来收购并经营转让方名下的目标资产。本次资产收购的对价全部由收购方用其注册资本金支付给转让方。收购方的注册资本金应为人民币3000万元，其中投资方或其关联方（包括但不限于张旭东、黄晓军，具体以投资方届时的指定为准）现金注资2700万元，持有收购方90%的股权，转让方股东现金出资300万元，持有收购方10%的股权。收购协议的落款部分，在转让方一栏内，加盖瑞锋门业公司、上海瑞锋建筑装饰工程有限公司、上海门瑞建材有限公司公章；在投资方一栏内，加盖神飞公司公章。

〔1〕 案号：（2014）沪一中民四（商）终字第105号；来源：中国裁判文书网。

2009年12月16日，上海瑞锋门业有限公司、上海瑞锋建筑装饰工程有限公司、门瑞建材公司作为转让方，与神飞公司签署《补充协议》。补充协议仍然明确：(1)转让方和投资方就设立上海劳莱斯门业有限公司，并通过收购方收购转让方名下目标资产的事宜于2009年12月10日签署了资产收购协议；(2)根据框架协议第1.2条和第3.5条的约定，收购方将于转让方完成第一笔资产的交割后10个工作日内，以现金形式，向转让方或者转让方指定的第三方全额支付第一笔对价款，即300万元。2009年12月18日，神飞公司通过网银向上海瑞锋建筑装饰工程有限公司的账户汇入100万元，收购协议的转让方则共同向神飞公司出具收据一份，收据明确该款项为资产收购定金。

2010年4月26日，劳莱斯门业公司成立。公司的股东或发起人包括：黄晓军（认缴出资10500000元）、神飞公司（认缴出资19500000元）。

瑞锋投资公司、瑞锋建设公司、门瑞建材公司认为其交付转让资产后，神飞公司却以种种理由拒绝支付第一笔资产转让款300万元，亦拒绝艾伦锋担任劳莱斯门业公司总经理，神飞公司还拒绝履行按市场价50%的租金标准将其位于松江区的部分厂房租赁给新公司的义务，致使艾伦锋无法参与新公司的日常经营活动，亦无法取得新公司的经营权。2011年、2012年春节，其曾多次要求神飞公司、劳莱斯门业公司支付资产转让款1800万元，两公司则以有形资产不值300万元，新公司经营业绩未达到合同约定的支付无形资产的条件为由，拒绝支付上述转让款，侵害了其合法权益。故提起本案诉讼，请求判令神飞公司、劳莱斯门业公司共同偿付资产转让款1800万元，神飞公司、劳莱斯门业公司共同偿付逾期支付转让款的违约金360万元（其中300万元，按照日千分之三的标准，计算2年；另1500万元，按照日千分之三的标准计算6个月；两项之和仅主张360万元）。

劳莱斯门业公司提起反诉请求判令：（1）瑞锋投资公司、瑞锋建设公司、门瑞建材公司返还其转让款707907元；（2）瑞锋投资公司、瑞锋建设公司、门瑞建材公司偿付其逾期返还转让款的利息损失（以707907元为基数，自2010年5月25日始计算至实际清偿日止，按照中国人民银行同期贷款利率计算）；（3）瑞锋投资公司、瑞锋建设公司、门瑞建材公司赔偿其实际损失7269666.51元。

法院认为

1. 依据《收购协议》第1条的约定，就本案讼争的资产转让，收购方是劳莱斯门业公司，神飞公司仅是投资方，其承担的义务是与转让方股东共同设立一家有限责任公司，并向其进行注资。而实际承担目标资产的对价支付义务的应是收购方，即劳莱斯门业公司。故此，在本案中神飞公司仅作为劳莱斯门业公司的股东，不需要承担共同付款责任。

2. 关于协议项下有形资产转让价格的确定问题。

（1）收购协议和补充协议的签订时间仅相隔6日，在补充协议签订之时，实际尚未展开对目标资产的评估。在此前提下，补充协议第2条的内容又复述了收购协议第1.2条的相关约定，即“最终金额由转让方股东和投资方在投资方的财务顾问完成对转让方的财务尽职调查报告后予以调整和确定，多退少补”，该内容并未改变收购协议的约定。因此结合补充协议的上下文内容，有形资产的价格应当以第三方的审计报告作为计价依据，多退少补。

(2)上海社科远东资产评估有限公司的选定应是双方合意后的最终结果，故上述沪社远评字(2010)025号“拟收存货及二手设备评估报告”对本案的收购协议项下的双方具有约束力。

3. 关于协议项下无形资产的转让问题。

(1)本案所涉协议的签订存在其特定的交易背景。从本案的审理情况并结合双方当事人提供的证据，均能体现该交易背景的特殊性，即瑞锋投资公司、瑞锋建设公司、门瑞建材公司的经营状况不佳。因此，就有形资产部分双方约定暂定价，最终以评估报告予以多退少补。而无形资产部分，则约定了相应的转让款的支付条件，以充分体现收购方的资产收购目的。故双方所签之收购协议合法、有效，并未违反公平、公正之原则。

(2)从瑞锋投资公司、瑞锋建设公司、门瑞建材公司提供的证据分析，尚无法证明神飞公司存在阻碍条件成就的行为；反之，依神飞公司提供的证据，却能反映神飞集团公司为改善劳莱斯门业公司的经营状况，为劳莱斯门业公司的贷款提供帮助，并按照协议的约定为劳莱斯公司解决经营场所的租赁等问题。故瑞锋投资公司、瑞锋建设公司、门瑞建材公司认为神飞集团公司存在阻碍条件成就的行为，证据不足，难予支持。

因此，依据收购协议的相关约定，收购方支付无形资产的条件尚未成就，其无须支付转让方相应对价。

4. 虽然劳莱斯门业公司在其反诉中曾要求在有形资产的价款部分应减去部分实际被法院查封、扣押未交付的财产，但其在2013年10月21日代理意见中表示“考虑到反诉被告的履行能力及实际状况，反诉原告决定放弃对反诉被告关于退还该部分被查封扣押财产转让款的主张”，故相应款项不在953043元中再行扣除。

综上，原审法院判决：(1)驳回瑞锋投资公司、瑞锋建设公司、门瑞建材公司全部诉讼请求；(2)瑞锋投资公司、瑞锋建设公司、门瑞建材公司于判决生效之日起10日内返还劳莱斯门业公司转让款46957元；(3)驳回劳莱斯门业有限公司其余反诉请求。

二审法院：

系争资产收购协议第5条约定：收购方对目标资产的经营、运作将由转让方股东负责。转让方股东担任收购方的总经理一职，其职责、权限、薪酬待遇由双方另行协商确定。由此可见，转让方即三名上诉人不但出让资产，还负有对目标资产进行经营、运作的权利与责任。正如两被上诉人辩称的，艾伦锋及两上诉人向其承诺可以给劳莱斯门业公司创造业绩，以劳莱斯门业公司的经营业绩作为收购方的付款条件，并设定有形资产的价格以评估为准。故应当认定，出让方股东艾伦锋是否担任劳莱斯门业公司总经理并负责经营该公司是双方约定的实现公司业绩的前提。总经理是公司经营的实际运作人，对公司经营至关重要。如出让方股东担任了劳莱斯门业公司总经理，公司经营收益未达约定的，其后果理应由出让方即三名上诉人承担，两被上诉人可按协议约定拒付相应款项。本案中，两被上诉人未按约任命三名上诉人的股东担任总经理负责劳莱斯门业公司经营，直接影响到对劳莱斯门业公司能否达到约定的付款条件。现两被上诉人不能提供证据证明劳莱斯门业公司任命或通知过出让方股东艾伦锋担任该公司总经理并负责公司经营、运作，辩称是艾伦锋拒绝担任总经理，本院不予采信。

两被上诉人未按约任命三名上诉人的股东担任总经理负责劳

莱斯门业公司经营，应当为其行为承担违约赔偿责任。原审法院对此认定不当，本院予以纠正。考虑到本案中，即使出让方股东担任了劳莱斯门业公司总经理并负责公司经营，能否达到收益目标亦均有可能。如视为条件完全成就，有失双方利益平衡，故本院依据三名上诉人已转让资产（主要为生产许可证照）等实际损失为基础，酌定两被上诉人向三名上诉人赔偿损失300万元。两被上诉人辩称三名上诉人未向其交付全部人力资源及其他无形资产，对此本院认为，任何人无权强制劳动者与企业建立劳动关系，两被上诉人无证据证明三名上诉人具体存在何种拒不转让其他无形资产的情形，况且，在两被上诉人未任命出让方股东担任总经理负责劳莱斯门业公司经营，在此情形下，上述无形资产实际上无法以交付的方式转移，故两被上诉人上述辩称，不能成立，应不予采信。

系争资产收购协议的一方当事人是神飞公司，而非劳莱斯门业公司。协议写明购买转让方名下资产的是投资方神飞公司。系争协议虽约定收购对价全部由收购方劳莱斯门业公司支付，但并未约定神飞公司的合同义务转移给劳莱斯门业公司，及神飞公司因此不再负有支付对价的合同义务。并且，从实际履行情况来看，支付有形资产对价100万元的是神飞公司。两被上诉人辩称，神飞公司在系争资产收购中只是协助义务，款项应由劳莱斯门业公司归还给三名上诉人，缺乏事实和法律依据，应不予采纳。两被上诉人应当共同向三名上诉人承担违约赔偿责任。据此，判决如下：

1. 维持上海市松江区人民法院（2013）松民二（商）初字第261号民事判决第二、第三项；

2. 撤销上海市松江区人民法院(2013)松民二(商)初字第261号民事判决第一项;

3. 被上诉人上海劳莱斯门业有限公司、神飞集团有限公司应于本判决生效之日起10日内向上诉人上海瑞锋投资发展有限公司、上海瑞锋建设工程有限公司、上海门瑞建材有限公司支付违约赔偿金人民币300万元;

4. 驳回上诉人上海瑞锋投资发展有限公司、上海瑞锋建设工程有限公司、上海门瑞建材有限公司其余原审诉讼请求。

裁判要旨

本案中,艾伦锋及两上诉人向其承诺可以给劳莱斯门业公司创造业绩,以劳莱斯门业公司的经营业绩作为收购方的付款条件,并设定有形资产的价格以评估为准。故应当认定,出让方股东艾伦锋是否担任劳莱斯门业公司总经理并负责经营该公司是双方约定的实现公司业绩的前提。总经理是公司经营的实际运作人,对公司经营至关重要。如出让方股东担任了劳莱斯门业公司总经理,公司经营收益未达约定的,其后果理应由出让方承担,两被上诉人可按协议约定拒付相应款项。

(二)律师点评

本案一审法院对神飞公司作为劳莱斯门业公司的股东是否应当共同承担付款责任进行了认定,一审法院判决神飞公司无需承担共同付款责任。但二审法院却认为,系争协议虽约定收购对价全部由收购方劳莱斯门业公司支付,但并未约定神飞公司的合同义务转移给劳莱斯门业公司,及神飞公司因此不再负有支付对价的合同义务。并且,从实际履行情况来看,支付有形资产对价100万元的是神飞公司,故二审法院依法认定神飞公司、上海劳莱斯门业有限公司应当向瑞锋投资公司、瑞锋建设公司、门瑞建材公司支付违约赔偿金人民币300万元。

（三）类案检索精要

1. 案号：（2014）徐民二（商）初字第1813号

法院认为：本案中《公司合并协议》所约定的内容，系原告旋达公司与三信快递服务社的真实意思表示，各方均应恪守。但三信快递服务社目前已经到期注销，且被告陈毓铭也主张系争合同因三信快递服务社注销而终止，故该协议不具备继续履行的基础。现原告旋达公司若要依据该协议主张两第三人支付款项，应举证证明两个第三人与三信快递服务社之间存在权利义务的承继关系，但综合本案证据来看，原告并未完成该证明义务，故原告旋达公司对两个第三人的诉请无法得到支持。另外，原告旋达公司与被告陈毓铭之间亦无关于利润分配的书面约定，故其对被告陈毓铭的诉请缺乏事实及法律依据，本院不予采信。最后，原告张峥与三信快递服务社及被告陈毓铭、两个第三人之间不存在协议关系，故对其全部诉请本院均不予支持。

2. 案号：（2015）宿中民终字第01546号

法院认为：本案中，董迎苏、姜红霞将自己开办的幼儿园与史硕军、孙修波开办的幼儿园合并，董迎苏、姜红霞退出经营并约定在八集乡境内任何地方不得私自办园，由史硕军、孙修波支付115000元补偿费。双方签订的合同系当事人的真实意思表示，内容不违反法律、行政法规的强制性规定，合同应当认定有效。原审判决认定该协议未生效属适用法律错误，董迎苏关于合同有效的上诉理由成立，依法予以支持。法律规定当事人一方不履行合同义务或者履行合同义务不符合约定的，应当承担继续履行、采取补救措施或者赔偿损失等违约责任。根据合同约定，董迎苏、姜红霞不得在八集乡境内私自办园。本案查明的事实是董迎苏在当地另行办园，董迎苏辩称只是该幼儿园的员工，并未提供充分的证据证明，应当认定董迎苏存在违约行为。因双方在协议中未约定违约金的数额或违约金的计算方法，故违约金应当根据合同履行程度、违约方的过错、合同的预期利益等因素综合确定。根据本案的事实，董迎苏违反约定另行办园，对史硕军、孙修波的经营存在一定影响，可酌定董迎苏应赔偿史硕军、孙修波损失 25000 元。因姜红霞并未违约，其不应当承担违约责任。

3. 案号：(2018)京 0107 民初 27951 号

法院认为：依据《公司法》第 172 条第 2 款之规定，公司吸收合并指公司接纳其他公司加入本公司，接纳方继续存在，被吸收方解散。另根据三方协议安排，案涉企业吸收合并按完成时间节点顺序共包括以下步骤：(1)新设公司(2016 年 12 月 12 日前完成)；(2)股权转让(2016 年 12 月 27 日前完成)；(3)合同转移(2017 年 2 月 28 日前完成)；(4)资产合并(2017 年 6 月 30 日前完成)；(5)公司注销(2017 年 6 月 30 日前完成)；(6)新设公司股权转让(2017 年 7 月 31 日前完成)。因此无论从公司法规定还是从三方协议约定看，企业吸收合并应以加入方解散、注销为必要要件。经查，实圣达公司、泊尔公司均未完成企业解散且相关股东均未完成对新设企业的股权转让，故案涉协议并未履行完毕。

4. 案号：(2018)湘 0781 民初 252 号

法院认为，该协议签订程序虽有瑕疵，但至少该协议的对外效力应予确认。理由如下：(1)本案吸收合并协议的签订程序有瑕疵。对原告的知情权有侵犯。公司吸收合并依法应由股东会议决议之后以公司名义与重整出资人签订吸收合并协议。股东会议的股东邱新林有权事先知道并参与其中表达意见。虽然钟广新被授权处理重整与招商引资事宜，但并不意味着可以不让其他股东有知情和表达意见机会，更不意味着钟广新可以安排他人代替其他股东签署重大协议。本案钟的行为对邱构成侵权。(2)该协议的对外效力应予确认。不存在可以撤销的问题。

三、法律实务研读

我国《公司法》第172条至第174条对公司合并的内涵以及相关的程序等进行了法律规定，但实务中公司合并纠纷也经常面临一些棘手的法律风险问题，如果没有事先预防或处理不当，则将会遭受严重的经济损失。在公司合并中最主要的风险就是被合并的目标公司可能存在不确定性的对外隐性债务，如担保、诉讼、仲裁纠纷等，以及其他知识产权侵权、产品质量侵权责任、劳动纠纷等。因此，笔者建议在公司合并过程中应当从以下方面加强法律风险的防范：

1. 确定启动公司合并程序前，应当对合并公司进行充分的尽职调查。由于公司合并涉及合并公司的股东会决议、合并股东对外债务的清查以及其他需要审查的被合并公司的相关程序是否合法等，因此，在公司合并过程中，应当对合并各方进行细致的审查。

2. 合并公司应当充分履行合并的告知事项。根据我国《公司法》第173条、第175条规定，公司应当自作出合并或分立决议之日起10日内通知债权人，并于30日内在报纸上公告。因此，公司合并过程中应当特别注意告知程序，尤其是要特别注意保护债权人利益，启动债权人保护程序，即公司在作出合并决议后需在规范的时间内通过邮寄、公告等方式通知债权人。

3. 对公司合并相关的协议应当全面审核并细化风险条款内容。因公司合并协议是合并各方表达合并意愿并就相关事项予以约定的重要合意，是公司各方主张权利、履行义务的重要依据。协议的内容应该全面、翔实、具体，任何一方违背协议将承担相应责任。只有合并协议约定好了，后续合并实际操作过程才不会出现风险。

四、法律实务疑难问题简答

（一）公司合并纠纷案件的管辖法院选择

实务中，公司合并纠纷案件管辖一般情况下应当遵循我国《民事诉讼法》地域管辖的一般原则和具体规定，应由公司住所地人民法院管辖，即公司主要办事机构所在地。同时公司合并纠纷也应当遵循级别管辖、移送管辖、协议管辖的法律规定。因此，被告所在地、原告所在地、合同履行地、合同签订地、标的物所在地等与争议有关的地域法院也可能成为管辖法院。

（二）公司合并会产生的法律后果

根据我国《公司法》关于合并的规定以及实务操作经验，公司合并后一般会发生以下法律效果：(1)被合并公司终止其存在，丧失法人主体资格。(2)在吸收合并中，公司合并后原股东变成存续公司或新设公司股东。(3)因公司合并导致权力义务的概况转移，即因合并而消灭的各家公司项下的全部权利义务，包括资产和负债，一概由存续公司或新设公司继受。

（三）公司合并纠纷中如何选择诉讼请求？

实务中，根据我国《公司法》的规定和具体类型的不同，提起公司合并纠纷的诉讼请求主要有:(1)根据我国《公司法解释(四)》第5条列举的五种情形向法院请求确认公司合并的股东会决议无效或不成立。(2)根据我国《公司法》第22条之规定向法院提起请求撤销公司合并决议的诉讼。(3)请求公司因未尽法定通知、公告义务偿还债务或者提供担保。(4)请求公司因债权债务承继偿还债务。总之,不同的诉讼请求需要对应不同的证据和法律规定。

五、核心法条

《中华人民共和国公司法》

第一百七十二条 公司合并可以采取吸收合并或者新设合并。

一个公司吸收其他公司为吸收合并,被吸收的公司解散。两个以上公司合并设立一个新的公司为新设合并,合并各方解散。

第一百七十三条 公司合并,应当由合并各方签订合并协议,并编制资产负债表及财产清单。公司应当自作出合并决议之日起十日内通知债权人,并于三十日内在报纸上公告。债权人自接到通知书之日起三十日内,未接到通知书的自公告之日起四十五日内,可以要求公司清偿债务或者提供相应的担保。

第一百七十四条 公司合并时,合并各方的债权、债务,应当由合并后存续的公司或者新设的公司承继。

第一百七十九条 公司合并或者分立,登记事项发生变更的,应当依法向公司登记机关办理变更登记;公司解散的,应当依法办理公司注销登记;设立新公司的,应当依法办理公司设立登记。

公司增加或者减少注册资本,应当依法向公司登记机关办理变更登记。

第十四章 公司分立纠纷类案精要与实务指引

一、公司分立纠纷概述

司法实务中，公司分立存在两种公司分立的类型，一种为公司解散分立；另一种为公司存续分立。其中，解散分立主要是指将具有独立法人资格的原公司分割成为两个或两个以上的公司，原有公司的法人人格灭失，并依法办理公司注销登记手续，分割后的新公司具有独立的法人人格。所谓的公司存续分立，是指原有公司保持独立的法人资格不变，从原公司分离出一个独立的新公司的公司分立，但原公司在股东人数、注册资本金等方面可能发生变化。本章中的公司分立纠纷是指公司在解散分立或存续分立过程中因未能完成分立程序等原因导致的各类纠纷。司法实务中，因公司分立引发的纠纷并不鲜见，不论何种类型的公司分立，如果处理不当均会引发不良的法律后果，本章将结合典型案例，对公司分立的法律后果以及实务中关于公司分立的相关疑难问题进行简要分析。

二、典型案例

(一)案情及裁判

昆山市富明昊五金制品有限公司与昆山市晶良五金制品有限公司公司分立纠纷[1]

案件主要事实

2013年5月16日,晶良公司股东作出决议,晶良公司采用存续分立方式,晶良公司继续存续,新设富明昊公司、昆山市莉美雅五金制品有限公司(以下简称莉美雅公司)。财产分割条款中,原属晶良公司的土地使用权(地号1000603939)和房产分割方式为,位于昆山市××××栋(已取得昆房权证玉山字第××号)、×栋(已取得昆房权证玉山字第××号)厂房由分立后晶良公司所有,土地作相应分割;昆山市××××号×栋(已取得昆房权证玉山字第××号)、×栋(已取得昆房权证玉山字第××号)厂房由分立后富明昊公司所有,土地作相应分割;昆山市××××号×栋(已取得昆房权证玉山字第××号)厂房由分立后莉美雅公司所有,土地作相应分割。分立后的晶良公司、莉美雅公司、富明昊公司又共同签订公用宗地协议,确认昆山市××××号集体土地使用权宗地面积9333平方米、证号10××××39,其中4784.9平方米由原晶良公司流转给分立后晶良公司独用,1694.7平方米由原晶良公司流转给分立后莉美雅公司独用,2853.4平方米由原晶良公司流转给分立后富明昊公司独用,约定上述使用权再流转后,三方宗地间不进行实体分割,承诺按相关要求确保地块内建设符合原规划设计要求及消防要求;共用厂区内附属配套

〔1〕 案号:(2016)苏0583民初第11705号;来源:中国裁判文书网。

设施，包括但不限于厂区内道路、绿化等附属设施，确保原规划设计方案及消防规定；上述厂区内不建设围墙，确保消防通道公用及畅通。三方并签订协议，约定在昆山市××××号厂房中共同拥有土地，并相互分摊道路，道路不建围墙，保持永久性通畅。上述约定归分立后富明昊公司所有的5号、6号房至今未过户至富明昊公司名下，土地使用权亦未办理分割过户。原告遂向本院提起诉讼。

另查明：2015年9月20日，晶良公司、富明昊公司、莉美雅公司向“昆山高新区规建局”“昆山高新区管委会”申请将土地以共用宗方式分割过户。内容包括，因公司分立，按“共用宗”方式分割处置，晶良公司将位于昆山市玉山镇××路××号地块集体土地使用权，总面积9333平方米的土地使用权中的2853.4平方米转让给富明昊公司，1694.7平方米转给莉美雅公司。其中富明昊公司独用面积1900.8平方米，莉美雅公司独用面积1000.5平方米，晶良公司独用面积2840.6平方米，三方共用3591.1平方米，富明昊公司分摊952.6平方米，莉美雅公司分摊694.2平方米，晶良公司分摊1944.3平方米。

再查明：本院于2017年1月20日出具（2016）苏0583执5021号之二执行裁定书，裁定内容包括，晶良公司名下位于昆山市××××号×号、×号房地产（集体土地使用权尚未分割，本次拍卖成交的为其中的4785.1平方米）以4423000元的价格归买受人昆山世纪风礼品有限公司所有；对上述房地产的查封效力消灭，之后的轮候查封亦不能生效；涤除上述房地产的相关抵押权。

审理过程中，本院对昆山市××××号进行了勘查，并向被告法定代表人俞永良进行了调查询问。俞永良确认公司分立属实，愿意配合办理分立后财产过户的相关手续，但是土地使用权一直无法办理分割过户不是自己的责任。本院为此向昆山市国土资源局函询涉案土地使用权能否按分立协议约定的面积分割并转移使用权及相应政策或法律依据，该局未予答复。

原告富明昊公司提出诉讼请求：(1)请求判令被告履行公司分立协议，协助将昆山市玉山镇××路××号××#厂房(1398.01平方米)、××#厂房(767.62平方米)及相应的2853.4平方米的土地使用权过户至原告名下；(2)本案诉讼费用由被告负担。审理过程中，原告确认诉讼请求第1项旨在要求被告协助办理相关手续，如因其他客观原因无法过户产生新的纠纷，不在本案中一并处理。

法院认为

原晶良公司决议分立为晶良公司、富明昊公司、莉美雅公司，并对财产作相应分割，分立后的晶良公司、富明昊公司、莉美雅公司又签订协议，进一步明确晶良公司名下房产、土地的分配方案，事实清楚，故被告晶良公司应按约履行，协助办理相关手续。现三方约定归富明昊公司所有的昆山市××××号×号、×号厂房至今仍登记在晶良公司名下，相应土地使用权亦未办理分割过户，故原告诉请本院判令被告履行协议，协助办理过户手续，应予支持。根据2015年9月20日三方共同提出的申请，土地使用权的分割过户尚需额外办理相关手续，但原告已确认如无法办理过户导致新的纠纷不在本案中一并处理，故本案对此不再理涉。晶良公司以尚未完成分割的土地使用权一并设定抵押，对该土地使用权的分割过户构成实质妨碍，违反协议约定，应负担本案诉讼费用。据此，判决：被告昆山市晶良五金制品有限公司应于本判决发生法律效力之日起10日内协助原告昆山市富明昊五金制品有限公司办理昆山市玉山镇城北××路××号×号、×号厂房及相应土地使用权的过户手续。

裁判要旨

本案中，原晶良公司决议分立为晶良公司、富明昊公司、莉美雅公司，并对财产作相应分割，分立后的晶良公司、富明昊公司、莉美雅公司又签订协议，进一步明确晶良公司名下房产、土地的分配方案，事实清楚，故被告晶良公司应按约履行，协助办理相关手续。

（二）律师点评

本案的案由为公司分立纠纷，根据我国《公司法》第175条之规定，公司分立，其财产作相应的分割。公司分立，应当编制资产负债表及财产清单。公司应当自作出分立决议之日起10日内通知债权人，并于30日内在报纸上公告。故本案中，一审法院对原晶良公司的关于公司分立的股东会决议，以及公司分立后的晶良公司、富明昊公司、莉美雅公司又签订的协议效力予以依法认定并确认合法效力，判决被告晶良公司应按约履行，协助办理相关手续，于法有据。

（三）类案检索精要

1. 案号：（2013）浙温商终字第397号

法院认为：虽然双方签订的协议没有存续分立的字样，但是从双方签订的协议和股东会决议内容看，对上海伦特公司的协议分立属于公司存续分立。公司分立必然引起股东、房地产权属、资产总额、公司章程等内容的变化，所以在办理公司分立登记手续中，许多事项均需双方共同配合。双方从2003年2月20日订立分书后，先后签订了补充分书、股东会决议、补充协议、分书补充承诺书、又一次的股东会决议，到最后一份行政调解书均是双方真实意思表示。该份行政调解书内容合法，没有违反法律、行政法规禁止性规定，应为有效。双方应按约履行。

2. 案号：(2018)沪 01 民终 303 号

法院认为：土地使用权的分割必须依法进行。本案顺协盈公司、吴加特要求分割的沪房地浦字(2004)第 ×××××× 号房地产权证的厂房、土地位于城市规划区内，必须符合土地利用总体规划和城市规划。鉴于现该厂房、土地尚未取得土地行政管理部门的规划审批，故依法不具备分割条件。一审据此驳回顺协盈公司、吴加特的诉讼请求，于法有据。对于顺协盈公司、吴加特超出一审诉讼请求部分的上诉请求，不属本案二审审理范围。同时，本院注意到，沪房地浦字(2004)第 ×××××× 号房产证的厂房实际已由吴加特及顺协盈公司使用，伦特公司及吴加伦对公司分立不持异议，并明确表示愿意配合顺协盈公司、吴加伦办理公司分立手续。本案一审认定事实清楚，适用法律正确，应予维持。顺协盈公司、吴加特的上诉理由，不能成立，应予驳回。

3. 案号：(2016)粤 1971 民初 267 号

法院认为：天勤公司在没有经过公司决议的情况下即进行公司分立，没有按照《公司法》的规定编制资产负债表并将公司分立事宜限期内通知债权人或者在报纸上公告，且天勤公司的分立也没有经过工商行政部门的批准，故天勤公司的分立不符合《公司法》的规定。而案涉《公司分立协议》为无效合同，理由具体如下：(1)天勤公司与原告、被告个人均是相互独立的民事主体，但案涉《公司分立协议》约定天勤公司所有的企业名称、版权及源代码、商标、专利、硬件图纸等无形资产直接约定归原、被告个人所有，以及天勤公司所有的原材料、半成品、成品、公司现金、账户资金以及应收账款直接约定分配至原、被告个人所有，滥用股东权利损害了天勤公司的合法权益。(2)案涉《公司分立协议》中虽然记载原告、被告之间已经签订《股权转让协议》，洪金龙将天勤公司45%的股权以450000元的价格转让给徐华斌，但同时该协议也载明洪金龙已经按照股权比例分配了公司财产，徐华斌、徐美红无需个人支付股权转让款给洪金龙。该协议条款约定股权转让款由天勤公司承担，而非由受让股东个人支付，存在抽逃资金的行为。

4. 案号：(2010)金民二(商)初字第2175号

法院认为：依据原告的举证，原告、被告均系依法注册登记设立的独立法人，双方只是有部分股东是一致的，并非所有股东都是一致的，原告、被告各自单独建立财务账册，并非建立单一财务账册，只是双方股东共同选举一个董事会，作为管理机构；因此，原告主张原告、被告虽名为两个独立公司，但实质为一个公司，与事实不符，不能成立，原告、被告之间只是分开独立经营，并非《公司法》规定的公司分立，原告、被告之间并不存在共同财产分割，只是存在各自财产按权属关系理顺，重新明确的问题。

三、法律实务研读

虽然我国《公司法》第175条、第176条对公司分立进行了法律层面的明文规定，但是具体到司法实务中，存在大量不规范的公司分立，对利害关系人的利益造成了严重的损害，进一步说明了我国关于公司分立制度的规定并不是非常完善，并且对公司的分立制度的基础，即如何界定公司的分立行为也缺乏相应的明确规定。笔者认为，无论作为利害关系人还是审理公司分立纠纷案件的司法裁判者，应当从以下方面加强注意：

1. 公司分立属于公司经营过程中的重大事项，因此应当召开股东会进行决议，也就是公司分立须由公司股东大会决议通过，而不能由董事会决议通过。

2. 应当严格按照《公司法》规定履行告知义务，避免程序瑕疵。即公司应当在作出分立决议之日起 10 日内通知债权人，并于 30 日内在报纸上公告。

3. 公司分立过程中对财产进行分割的同时，也应对公司的债务进行分割。因此，在公司分立后，无论是新设分立还是存续分立，公司分立后的公司均应当对债权人承担连带责任，也即债权人可以向任意一家公司请求债权。偿还债务的公司可以向其他公司追偿。

四、法律实务疑难问题简答

（一）公司分立纠纷案件的管辖法院选择

根据我国《公司法》和《民事诉讼法》关于管辖的规定，一般情况下，公司分立纠纷案件应当由公司住所地人民法院管辖，即公司主要办事机构所在地。同时公司合并纠纷也应当遵循级别管辖、移送管辖、协议管辖的法律规定。因此，被告所在地、原告所在地、合同履行地、合同签订地、标的物所在地等与争议有关的地域法院均可能成为管辖法院，但是若分立合同对管辖存在特殊约定的，则根据约定管辖优先于特殊地域管辖的规则，应适用约定管辖。

（二）公司分立的债务如何处理？

根据我国《公司法》的规定以及实务操作经验，被分立公司的权利义务由分立后的存续公司或新设公司概括继受。同样，就公司分立后的债务而言，公司分立之前的债务一般应当由分立后的公司承担连带责任，但公司分立之前与债权人就债务清偿有书面约定的除外。与此同时，根据公司分立的类型不同，存续分立或新设分立公司一般会根据其接受资产的比例确定债务承担比例。

（三）若公司分立无效，则公司分立中的一方当事人和利害关系人如何处理公司分立无效纠纷？

公司分立过程中，如果一方当事人或者利害关系人对公司分立行为提出异议，且事实上公司的分立股东会决议内容不符合法律、行政法规的规定，则公司股东、董事、监事均有权请求人民法院确认分立决议无效。人民法院在受理并确认公司分立无效时也应当严格按照《公司法》所规定的程序和实体条款内容依法进行审理，对公司分立可确认有效也可确认无效的模糊地带，要尽量确认有效。对可以补救的法律瑕疵，法院应责令有关公司在一定期限内予以改正。

五、核心法条

《中华人民共和国公司法》

第一百七十五条 公司分立，其财产作相应的分割。

公司分立，应当编制资产负债表及财产清单。公司应当自作出分立决议之日起十日内通知债权人，并于三十日内在报纸上公告。

第一百七十六条 公司分立前的债务由分立后的公司承担连带责任。但是，公司在分立前与债权人就债务清偿达成的书面协议另有约定的除外。

第十五章

上市公司收购纠纷类案精要与实务指引

一、上市公司收购纠纷概述

上市公司收购主要是指投资者为了取得或强化获得上市公司的控制权进而达到控股的目的，而在证券资本市场上公开收购已上市公司股权的法律行为。上市公司收购是一种重大的证券交易活动，在一定情况下极有可能会导致控制权转移、董事会重组、股票价格波动，从而影响上市公司、股东、投资者的利益。所以，对上市公司收购须进行监管，确保规范运作。而上市公司在被收购过程中所产生的收购方与被收购方因购买上市公司的控股权所产生的纠纷即是上市公司收购纠纷。实务中，按照收购方式的不同，上市公司收购主要分为要约收购、协议收购以及其他方式的收购等。笔者拟就上市公司收购的主要类型进行简要介绍如下。

（一）要约收购

所谓要约收购是指收购人向被收购的公司发出收购的公告，待被收购上市公司确认后，方可实行收购行为。要约收购是上市公司收购的一种传统方式，各国的上市公司收购立法均将其作为规范的基本内容，要约收购的内容包括收购期限、收购价格、收购数量等。这种收购主要发生在目标公司股权较为分散、公司的控制权与股东分离的情况。要约收购作为上市公司收购的一种最常见、最典型的方式。

（二）协议收购

协议收购是指投资者在证券交易场所之外与目标公司的股东就股票价格、数量等方面进行私下协商，购买目标公司的股票，以期达到对目标公司的控股或兼并目的。采取协议收购的一般发生在目标公司的股权较为集中、尤其是目标公司存在控股股东的情况下。以协议方式收购上市公司时，达成协议后，收购人必须在 3 日内将该收购协议向国务院证券监督管理机构及证券交易所作出书面报告，并予公告。在未作出公告前不得履行收购协议。

（三）其他方式收购

除了上述按照收购方式不同划分的要约收购和协议收购之外，理论和实务中根据上市公司的态度不同，上市公司收购还可以分为友好收购和敌意收购。根据支付方式不同分类，上市公司收购可分为现金收购、换股收购和混合收购。根据收购是否成为收购人的法定义务，上市公司收购可分为自愿收购和强制收购。根据预定收购的数量，上市公司收购可分为全面收购和部分收购。总之，实务中根据不同的方式可以划分多种不同的收购，每种不同的收购方式又有其特殊之处。

二、典型案例

(一)案情及裁判

兴业全球基金管理有限公司与江苏熔盛重工有限公司缔约过失责任纠纷申请再审案[1]

案件主要事实

兴业基金申请再审称:(1)二审判决将熔盛重工的先合同义务仅归纳为告知义务,并认定其适当履行了先合同义务,不违背诚实信用原则,证据不足,适用法律错误。熔盛重工于2011年6月29日发布一份《关于延期上报有关补正材料的公告》,承诺待取得国资委、商务部相关批复文件后立即将有关补正材料上报中国证监会。但熔盛重工取得国资委、商务部相关批复文件后,直至取消要约收购之日,未将补正材料上报中国证监会。据此,应认定熔盛重工严重违反先合同义务,违背诚实信用原则,应承担缔约过失责任。(2)二审判决认定熔盛重工于2012年8月17日向中国证监会撤回要约收购申请,自行取消全面要约收购安徽全柴动力股份有限公司(以下简称全柴动力)股份计划,不违背诚实信用原则,适用法律错误。熔盛重工与安徽省全椒县人民政府于2011年4月26日签订一份《产权交易合同》,约定安徽省全椒县人民政府所持安徽全柴集团有限公司(以下简称全柴集团)100%的股权转让给熔盛重工。而全柴集团持有全柴动力44.39%的股权。可见,熔盛重工通过《产权交易合同》,间接持有全柴动力44.39%的股份,超过该公司已发行股份的30%。依照《证券法》第88条规定,应当强制熔盛重工向兴业基金发出全面收购全柴动力股份要约。因此,

[1] 案号:(2013)民申字第1881号;来源:中国裁判文书网。

熔盛重工向中国证监会撤回要约收购申请，自行取消收购计划，违背诚实信用原则，应承担缔约过失责任。综上，兴业基金依据《民事诉讼法》第200条第2项、第6项之规定，申请再审。

法院认为

本案为缔约过失责任纠纷。《合同法》第42条规定，当事人在订立合同过程中有下列情形之一，给对方造成损失的，应当承担损害赔偿责任：假借订立合同，恶意进行磋商；故意隐瞒与订立合同有关的重要事实或者提供虚假情况；有其他违背诚实信用原则的行为。据此，针对兴业基金的申请再审理由，本案着重审查以下问题：

1. 关于熔盛重工在订立合同过程中履行先合同义务是否违背诚实信用原则的问题。

根据《合同法》第42条规定，当事人在订立合同过程中，不得故意隐瞒与订立合同有关的重要事实或者提供虚假情况。否则，给对方造成损失的，应当承担缔约过失责任。这就要求当事人在订立合同过程中，应履行通知、说明、保密等义务，亦即通常所说的先合同义务。本案中：

首先，熔盛重工主要履行的先合同义务，应结合案中拟订合同的性质、目的和交易习惯进行认定。从二审查明的案件事实来看，熔盛重工于2011年4月28日发布公告，提示其计划全面要约收购全柴动力股份，实际系向全柴动力的股东表达缔约意向。此后，兴业基金从证券交易市场买进全柴动力股票，从而持有全柴动力股份，成为全柴动力的股东，一定程度上系向熔盛重工传递缔约意向。自此，双方实际已进入接触、磋商阶段，构成缔约关系，具有信赖利益。因此，遵循诚实信用原则，双方均应履行通知、说明、保密等先合同义务，不得故意隐瞒与订立合同有关的重要事实或者提供虚假情况。由于兴业基金在订立合同过程中是否继续持有全柴动力股票，以维系自己的缔约意向，很大程度上要依赖与熔盛重工收购全柴动力股份有关的重大信息。因此，对熔盛重工而言，二审判决认定其应履行的先合同义务主要为通知义务，即告知与收购全柴动力股份有关的重要信息，并无不当。至于熔盛重工于2011年6月29日发布一份《关于延期上报有关补正材料的公告》，称待取得国资委、商务部相关批复文件后立即将补正材料上报等，系其在订立合同过程中，与兴业基金进行磋商的行为，并非熔盛重工应予履行的先合同义务。对此，兴业基金申请再审提出的理由，缺乏法律依据，不能成立。

其次，熔盛重工履行上述先合同义务是否违背诚实信用原则，应根据相关法律规定进行判断。从二审查明的案件事实来看，熔盛重工自己或通过全柴动力先后于2011年4月28日、6月29日、8月9日、8月30日、8月31日、10月29日、12月27日及2012年3月29日、4月28日、7月17日、7月30日、8月7日、8月10日、8月13日、8月18日、8月22日以公告、报告的形式，真实、准确、完整地披露了与收购全柴动力股份有关的重要信息，符合《上市公司收购管理办法》第3条第2款、第3款关于“上市公司的收购及相关股份权益变动活动，必须遵循公开、公平、公正的原则；上市公司的收购及相关股份权益变动活动中的信息披露义务人，应当充分披露其在上市公司中的权益及变动情况，依法严格履行报告、公告和其他法定义务；在相关信息披露前，负有保密义务；信息披露义务人报告、公告的信息必须真实、准确、完整，不得有虚假记载、误导性陈述或者重大遗漏”之规定。本案中，并无直接有效的证据证明熔盛重工披露的信息有虚假记载、误导性陈述、重大遗漏，或违反公开、公平、公正原则，二审判决认定熔盛重工适当履行了告知与收购全柴动力股份有关重要信息的先合同义务，不违背诚实信用原则，并无不当。兴业基金申请再审提出熔盛重工履行先合同义务违背诚实信用原则的理由，缺乏事实根据，不能成立。

2. 关于熔盛重工在订立合同过程中是否有其他违背诚实信用原则行为的问题。

根据《合同法》第 42 条的规定，当事人在订立合同过程中不得有其他违背诚实信用原则的行为。否则，给对方造成损失的，应当承担缔约过失责任。对此，主要系规定当事人在订立合同过程中，行使权利不得违背诚实信用原则。本案中：

首先，根据《合同法》第 4 条的规定，熔盛重工依法享有自愿订立合同的权利。从二审查明的案件事实来看，安徽省全椒县人民政府持有全柴集团 100% 的股权，全柴集团持有全柴动力 44.39% 的股权。2011 年 4 月 26 日，熔盛重工与安徽省全椒县人民政府签订一份《产权交易合同》，约定安徽省全椒县人民政府所持全柴集团 100% 股权转让给熔盛重工。如果该份《产权交易合同》最终得以履行，则熔盛重工间接持有全柴动力 44.39% 权益，超过该公司已发行股份的 30%，依照《上市公司收购管理办法》第 56 条有关收购人虽不是上市公司的股东，但通过投资关系、协议、其他安排导致其拥有权益的股份超过该公司已发行股份的 30% 的，应当向该公司所有股东发出全面要约之规定，熔盛重工在中国证监会行政许可后，应当向全柴动力所有股东发出全面收购股份要约。对此，即系所谓的强制要约收购。但是，从全柴动力公开发布的公告来看，上述《产权交易合同》在国资委、商务部相关批准文件有效期内并未实施，至今亦无直接有效的证据显示熔盛重工通过其他投资关系、协议、安排，间接拥有全柴动力权益的股份超过该公司已发行股份的30%。这种情况下，强制熔盛重工发出全面收购要约的条件尚不具备，依法其仍享有自愿订立合同的权利。因此，二审判决认定熔盛重工向中国证监会撤回行政许可申请材料，取消全面要约收购全柴动力股份计划，不违背诚实信用原则正确。兴业基金申请再审提出熔盛重工违背诚实信用原则的理由，缺乏法律依据，不能成立。

其次，根据《上市公司收购管理办法》(2012年版)第31条关于"收购人向中国证监会报送要约收购报告书后，在公告要约收购报告书之前，拟自行取消收购计划的，应当向中国证监会提出取消收购计划的申请及原因说明，并予公告；自公告之日起12个月内，该收购人不得再次对同一上市公司进行收购"之规定，熔盛重工于2012年8月17日向中国证监会撤回行政许可申请材料，自行取消全面要约收购全柴动力股份计划，也就没有必要再依2011年6月29日发布的《关于延期上报有关补正材料的公告》所称，立即向中国证监会补正上报国资委、商务部相关批复文件等材料。兴业基金申请再审提出熔盛重工至今未向中国证监会补正上报国资委、商务部相关批复文件等材料，违背诚实信用原则的理由，缺乏法律依据，不能成立。

综上，兴业基金的再审申请不符合《民事诉讼法》第200条第2项、第6项规定的情形。依照《民事诉讼法》第204条第1款之规定，裁定如下：

驳回兴业全球基金管理有限公司的再审申请。

裁判要旨

熔盛重工在订立合同过程中履行先合同义务是否违背诚实信用原则是本案的争议焦点之一。本案中，并无直接有效的证据证明熔盛重工披露的信息有虚假记载、误导性陈述、重大遗漏，或违反公开、公平、公正原则，二审判决认定熔盛重工适当履行了告知与收购全柴动力股份有关重要信息的先合同义务，不违背诚实信用原则，并无不当。

（二）律师点评

缔约过失责任的认定应当结合案件的实际情况依法认定缔约双方在订立合同的过程中是否存在法律规定的违反缔约过失的规定，以及是否存在其他违背法律原则的事实。本案为再审案件，兴业全球基金管理有限公司在再审的审理过程中，并未提供直接证据证明熔盛重工在订立合同的过程中存在严重的违背诚实信用原则的事实，故法院以缺乏事实和法律依据为由裁定驳回了再审申请。

（三）类案检索精要

1. 案号：(2019) 最高法民终 345 号

法院认为：瑞尔德嘉公司认为顾国平应当根据《备忘录》的约定向其支付非公开发行 2000 万股股份的补偿款。经审查：(1) 案涉《备忘录》约定，在签署 20 日均价及股价承诺的前提下，于北生药业本次发行新股时拟向瑞尔德嘉公司或其指定第三方非公开发行股份合计 2000 万股股份；顾国平承诺确保该股份于非公开发行完成 1 年后的 20 个交易日加权平均价不低于 8 元 / 股（一年股价承诺）、确保补偿股份于 3 年锁定期结束后的 20 个交易日加权平均价不低于 10 元 / 股（3 年股价承诺）。瑞尔德嘉公司据此认为，顾国平在《备忘录》中对拟向瑞尔德嘉公司发行的2000万股股份的股价作出了承诺，顾国平应向瑞尔德嘉公司支付2000万股股份补偿款。本院经审理认为，顾国平虽然在《备忘录》中对拟向瑞尔德嘉公司发行的2000万股股份的股价作出了承诺，但该承诺兑现的前提条件是本次非公开发行成功，瑞尔德嘉公司实际取得该2000万股股份。但中国证监会于2015年8月28日否决了本次非公开发行，本次非公开发行并未成功，顾国平对2000万股股份的股价所作承诺的前提条件没有成就。（2）案涉《协议书》明确约定非公开发行失败时，顾国平应当以现金方式向瑞尔德嘉公司补偿10700万元。瑞尔德嘉公司已通过另案诉讼方式向顾国平主张了该部分补偿款并得到生效判决的支持。在此情况下，瑞尔德嘉公司在本案中又主张非公开发行成功情况下的股价补偿，明显与《备忘录》及《协议书》约定不符，本院不予支持。

2. 案号：（2019）浙01民初2404号

法院认为：首先，从合同文义看，案涉协议第7.3.4项约定，如补偿义务人即18名被告需根据第7.5款进行减值补偿的，2018年对应股份数的解禁及保证金的退还仍需遵守本协议第7.5款的约定。而第7.5款则明确约定，补偿义务人以2018年对应的股份数18514628股为限对远方信息进行股份补偿。据此，根据第7.3.4项的约定，2018年度业绩补偿应以当年对应的解禁股份为限。其次，从业绩补偿和减值补偿的关系看，案涉协议第7条确定了业绩补偿和减值补偿两种补偿方式，前者是指在盈利承诺期内，维尔公司业绩未达当年承诺净利润时，补偿义务人应进行的补偿方式；而后者是指在盈利承诺期届满，资产减值达到一定比例时，补偿义务人应进行的补偿方式。减值补偿需现扣除已进行的业绩补偿。减值补偿是在业绩补偿尚不足以弥补收购方损失的基础上设置的补偿方式，具有补充性和终局性。因此，在减值补偿尚需以2018年对应未解禁股份数为限的情况下，2018年度业绩补偿以当年对应未解禁股份数为限应是双方协议中的应有之义。最后，综观双方协议订立过程中形成的合同文本，初稿中，双方约定业绩补偿、减值补偿均不以未解禁股份为限；第二稿中，双方约定变更为业绩补偿需以未解禁股份为限，但减值补偿仍保留了不设限的约定；至第三稿，双方明确减值补偿也需以未解禁股份为限，同时，删除了业绩补偿以未解禁股份为限的条款，取而代之的是增加了“2018年对应股份数的解禁及保证金的退还仍需遵守本协议第7.5条的约定”。据此，从双方协商修改相关条款的过程来看，2018年度业绩补偿应与减值补偿一致，均应以2018年度未解禁股份数为限。综上，18名被告上述抗辩理由成立，本院予以采信。

3. 案号：(2016)粤0304民初22334号

法院认为：证券交易属于特殊买卖行为，不仅具有电子化交易的特征，而且是通过证券交易系统以集合竞价、自动撮合方式进行的交易，涉及众多不特定的证券投资者。正是基于这样的交易特征，为维护证券交易的稳定性，我国法律对证券交易行为的效力采取了更加严格的保护标准。根据《证券法》第120条第1款规定，“按照依法制定的交易规则进行的交易，不得改变其交易结果。对交易中违规交易者应负的民事责任不得免除，在违规交易中所获利益，依照有关规定处理”。因此，只要是按照交易规则完成的证券交易，即便投资者在交易中存在违规行为，但其交易结果也并不因此改变，其持股行为的效力仍得以确认。本诉被告及其一致行动人通过集中竞价、协议转让、资本公积转增股本等方式持有第三人新都酒店股票，其持股行为效力依法应予维护。本诉原告主张本诉被告因存在证券违法行为而导致持股无效，缺乏事实和法律依据，本院不予支持。

4. 案号：(2017)沪02民初5号

法院认为：北生药业于2014年11月5日发布的《广西北生药业股份有限公司关于公司股东权益变动的提示性公告》中载明了上述股权转让的情况，明确瑞尔德嘉公司2014年1月4日大宗交易的受让方为中信证券，中信证券与和熙2号基金签署了收益互换交易协议，该基金的实际控制人为顾国平，交易完成后，顾国平间接控制公司1500万股股份，故瑞尔德嘉公司实际已按约将1500万股北生药业股票转让给顾国平。2016年1月9日，慧球科技在发布的《广西慧球科技股份有限公司关于股东权益变动暨公司控股股东、实际控制人变更的提示性公告》中载明，截至目前，顾国平及其一致行动人和熙2号基金等合计持有公司股份34716875股，占公司总股本的8.79%；本次权益变动完成后，根据《公司法》、《上市公司收购管理办法》及《上海证券交易所股票上市规则》等相关法律法规对控股股东、实际控制人的定义，公司经研究讨论，认为根据慧球科技目前股东情况以及治理情况，顾国平先生为公司控股股东、实际控制人。

因此，现有证据可以证明瑞尔德嘉公司已按照《协议书》的约定，将1500万股北生药业股票转给顾国平或其指定第三方，并对公司董事会成员进行改选，顾国平当选为北生药业董事长及实际控制人。2015年8月28日，慧球科技关于非公开发行股票的申请未获得中国证券监督管理委员会发行审核委员会审核通过，故顾国平应依约向瑞尔德嘉公司支付补偿款10700万元。

三、法律实务研读

上市公司收购纠纷为上市公司并购重组过程中常见的纠纷之一，同时也是有关公司纠纷的 25 个案由之一。实务中，因购买上市公司控股权而产生的纠纷并不鲜见，笔者就上市公司收购过程中常见的法律问题进行总结梳理，发现目前实务中所存在的主要问题如下：

1. 因资产评估方式不规范、转让价格不合理导致国有资产价格被低估进而致使国有资产流失的问题。

在上市公司股权收购中，往往存在资产评估不规范，转让价格不合理的情况，此种情况下就会造成国有资产价值的低估和流失。而实务操作过程中，由于股权转让一般情况下处于非公开状态导致以低于市场价格幅度成交的现象也成为常态。

2. 信息披露义务和收购要约义务豁免的公开性和透明度缺乏，导致收购方和被收购方之间的信息沟通不通畅。

3. 协议收购中关联交易现象严重，却缺乏监管措施。

4. 政府职能定位不明确导致干预因素影响过大，影响市场机制的正常运转。在上市公司收购过程中，往往会受到上市公司所在地政府部门的过度介入，导致政府以股东身份充当决策人，进而引发本位主义和地方或行业保护主义。

四、法律实务疑难问题简答

（一）收购人在何种情况下，可以向中国证监会提出豁免申请？

实务操作过程中，收购人在下列情况下，可以向证监会提出豁免申请，具体如下：

1. 上市公司股份转让在受同一实际控制人控制的不同主体之间进行，股份转让完成后上市公司实际控制人未发生变化，且受让人承诺履行发起人义务的。

2. 上市公司面临严重财务困难，收购人为挽救该公司而进行收购，且提出切实可行的重组方案的。

3. 上市公司根据股东大会决议发行新股，导致收购人持有、控制该公司股份比例超过 30% 的。

4. 于法院裁决申请办理股份转让手续，导致收购人持有、控制一个上市公司已发行股份超过 30% 的。

5. 中国证监会为适应证券市场发展变化和保护投资者合法权益的需要而认定的其他情形。

（二）如何理解上市公司收购纠纷中的控制权？

由于监管规则的变动和调整，实务中对控制权出现了不同的观点和理解。根据目前主流的观点，证监会和证券交易所均认为，所谓控制权，即根据新《上市公司收购管理办法》第 84 条的规定，是指：（1）成为公司持股 50% 以上的控股股东；（2）可支配的公司股份表决权超过 30%；（3）能够决定公司董事会半数以上成员选任；（4）足以对公司股东大会的决议产生重大影响；等等。

（三）上市公司收购资产盈利业绩补偿纠纷中被收购标的公司原股东签署的《责任补偿及免除协议》的效力如何？

实务中，由于被收购标的公司原有股东既有个人也有法人股东，同时还区分大股东和小股东，因此，为了推动收购的进展，标的公司原有股东之前所签订的约定“由标的公司的小股东向上市公司在补偿协议项下对标的公司的盈利补偿和减值补偿而导致的小股东所遭受的任何损失，原大股东均同意由其承担并在小股东损失实际发生之日之起30天内向乙方全额赔偿”的《责任补偿及免除协议》一般情况下是有效的，因为其是基于标的公司原有股东自愿协商基础上所签订的，且并未违反相关法律规定，也未给上市公司造成损害。

五、核心法条

《中华人民共和国民法典》

第五百条 当事人在订立合同过程中有下列情形之一，造成对方损失的，应当承担赔偿责任：

（一）假借订立合同，恶意进行磋商；

（二）故意隐瞒与订立合同有关的重要事实或者提供虚假情况；

（三）有其他违背诚信原则的行为。

《上市公司收购管理办法》

第三条 上市公司的收购及相关股份权益变动活动，必须遵循公开、公平、公正的原则。

上市公司的收购及相关股份权益变动活动中的信息披露义务人，应当充分披露其在上市公司中的权益及变动情况，依法严格履行报告、公告和其他法定义务。在相关信息披露前，负有保密义务。

信息披露义务人报告、公告的信息必须真实、准确、完整，不得有虚假记载、误导性陈述或者重大遗漏。

第三十五条 收购人按照本办法规定进行要约收购的，对同一种类股票的要约价格，不得低于要约收购提示性公告日前6个月内收购人取得该种股票所支付的最高价格。

要约价格低于提示性公告日前30个交易日该种股票的每日加权平均价格的算术平均值的，收购人聘请的财务顾问应当就该种股票前6个月的交易情况进行分析，说明是否存在股价被操纵、收购人是否有未披露的一致行动人、收购人前6个月取得公司股份是否存在其他支付安排、要约价格的合理性等。

第十六章

公司盈余分配纠纷类案精要与实务指引

一、公司盈余分配纠纷概述

我国《公司法》在第 4 条、第 34 条和第 166 条明文规定了股东依法享有获得资产收益和分红的权利，其中《公司法》第 34 条规定，股东按照实缴的出资比例分取红利，但是，全体股东约定不按照出资比例分取红利或者不按照出资比例认缴出资的除外。实务中，盈余分配纠纷即股东分红权纠纷，是指股东根据《公司法》的规定依法向公司请求给自己分配股份分红的权利，但是大多数公司都会在公司章程中对股东的分红权规定前置程序，因此，这就导致了股东在依法行使盈余利润分配请求权时需要满足一定的条件，并非任何股东在任何情况下都可以行使。根据我国《公司法》和公司法司法解释的规定，股东行使盈余分配请求权需要满足以下三方面的条件：(1)主体应为公司股东；(2)实体上，公司需要有可供分配的利润；(3)程序上，要由董事会、执行董事制订公司的利润分配方案并经股东会审议批准。只有同时满足并符合上述条件，股东才可以行使并有可能获得股份分红，否则即使取得股东资格也无法通过正常途径获得公司的利润分配。

二、典型案例(一):股东行使"盈余分配请求权"的条件

(一)案情及裁判

上海壳瑞微材料科技有限公司诉魏俊荣公司盈余分配纠纷[1]

案件主要事实

1. 壳瑞微公司成立于2008年11月7日,注册资本100万元。魏俊荣持股比例为10%。2014年1月11日,壳瑞微公司登记股分别签订《分红协议》,约定按股东所持股份比例进行分红。

2. 壳瑞微公司曾于2013年支付魏俊荣款项380310元,其中2013年3月20日付21962元,5月2日付300000元、8848元,5月22日付49500元。

3.2014年3月11日,魏俊荣向壳瑞微公司的原法定代表人黄某(邮箱地址s @ crewell-material.com)发送邮件(该邮件显示为"已读")记载"请查阅附件,附件为之前没有报销的报销单",附件为三个费用报销单,合计46384元。2014年4月30日,壳瑞微公司转账支付魏俊荣分红款17.60万元。

4.2014年5月19日,李某、陈某、魏俊荣与曹尉华签订股权转让协议,约定李某、陈某、魏俊荣将其分别持有的壳瑞微公司10%(合计30%)股权转让给曹尉华,并由曹尉华支付相应股权转让款。壳瑞微公司现登记股东为曹尉华一人。

5. 魏俊荣向一审法院起诉请求:(1)壳瑞微公司偿付分红款44.40万元;(2)壳瑞微公司支付逾期付款的利息损失(以13.40万元为基数,自2014年2月1日起算至实际清偿之日止;以31万元为基数,自2014年5月1日起算至实际清偿之日止,均按照中

〔1〕 案号:(2016)沪01民终10817号;来源:中国裁判文书网。

国人民银行同期贷款利率计算)。

法院认为

1. 当事人对自己提出的主张所依据的事实应当提供证据加以证明。现壳瑞微公司主张380310元是借款,但其不能提供充分证据予以证明。而且,壳瑞微公司未能提供证据证明双方曾就该380310元款项在分红款中予以抵销达成合意。因此,壳瑞微公司认为该款项系借款且在分红款中应予抵销的主张不能成立。

2. 壳瑞微公司虽然主张46384元的性质是分红款,但其并未提供任何证据予以佐证,且对电子邮箱s@crewell-material.com是否属于黄某仅为消极否认。因此,法院认为,虽然壳瑞微公司对魏俊荣提供的上述证据不予认可,且壳瑞微公司的上述网站首页网址现已不存在,但这些证据已经形成证据链条,能够证明魏俊荣的主张具有高度可能性和合理性。相反,壳瑞微公司的主张则无法成立。

裁判要旨

公司在股东主张分红的过程中将已经分红给股东的款项以股东借款且与股东达成抵销合意为由否认公司分红款,需要公司提供充分、直接性的证据或者间接性的证据,否则应承担举证不能的法律后果。同样,对于股东以报销款项向公司申请的报销款,公司若抗辩系公司的分红,则也需要有足够的直接或间接证据。

(二)律师点评

本案主要的争议焦点在于壳瑞微公司借款给魏俊荣的款项能否作为壳瑞微公司的分红款予以抵销,以及魏俊荣当时发给壳瑞微公司法定代表人的报销款是否能认定为分红款。一审、二审法院在充分认定事实和证据的基础上，根据证据规则最终部分支持了原告魏俊荣的诉讼请求。

三、典型案例（二）：隐名股东是否有权直接行使盈余分配请求权？

（一）案情及裁判

郭永胜诉上海永良实业有限公司公司盈余分配纠纷[1]

案件主要事实

1. 永良公司设立于2012年，注册资本为100万元，工商部门备案的股东为屠志良和陈某。根据永良公司的章程，陈某实缴出资5万元，屠志良实缴出资95万元；章程第8条约定，公司股东会审议批准公司的利润分配方案；章程第28条约定，股东按照实缴的出资比例分取红利。2016年2月27日，郭永胜和屠志良形成书面文件一份，载明郭永胜合计投入1450万元，屠志良注明“以上款项为郭永胜投资散堆箱股份款”。

2.2016年3月1日，郭永胜和屠志良签署《上海永良实业有限公司原始股份划分》，载明：郭永胜原始股投资1450万元，应得股份45.66%，屠志良原始股投资17255901.97元，应得股份54.34%。同日，郭永胜和屠志良又签署《上海永良实业有限公司账面利润、借款、应得利润欠款确认》一份，载明：截至2015年12月30日，郭永胜应得利润6741918.99元，实际分配利润4961195.50元，屠志良应得利润8023562.81元，实际分配利润

〔1〕 案号：（2017）沪01民终7021号；来源：中国裁判文书网。

10104286.30 元，屠志良欠郭永胜 1849213.49 元，以上款项待公司有利润后先前期还上，上述款项待屠志良阅陈账后，经屠志良、郭永胜确认后可调整，暂按此落实。

3. 郭永胜向一审法院起诉请求：(1) 永良公司、屠志良共同支付公司利润分配款人民币 1849213.49 元（以下币种同）；(2) 永良公司、屠志良支付逾期付款利息；(3) 诉讼费由永良公司、屠志良承担。

法院认为

1. 从永良公司章程以及工商备案信息来看，郭永胜并非永良公司的股东。郭永胜虽称其股权由屠志良代持，但屠志良并不认可该观点，郭永胜诉称的代持股权一节事实并无代持协议予以证明，郭永胜虽然提供了《上海永良实业有限公司原始股份划分》，但其中的投资情况显然与永良公司的注册资本情况不一致，亦未直接明确代持协议；况且，即使存在代持情况，郭永胜在显名之前也无权直接行使股东权利，而仅能依据其与代持方的协议向代持方主张相关权利。因此，一审法院认为，郭永胜在目前无权提起公司盈余分配之诉。

2. 郭永胜提起本案公司盈余分配的请求权基础应当是郭永胜为永良公司的合法股东且永良公司依法作出盈余分配的股东会决议。就郭永胜的举证而言，仅能证明郭永胜与屠志良个人之间针对投资散堆箱事宜存在共同投资、共享收益的关系，而无法证实郭永胜诉称的其与屠志良之间就永良公司的股份存在代持关系或郭永胜系永良公司的隐名股东。即便上述事实成立，郭永胜亦应当通过合法途径据此实现显名确权。目前，尚无任何法律文件确认郭永胜为永良公司的合法股东。同时，公司盈余分配依法属于公司的重大事项，不是公司内部股东分钱的简单事宜，而是涉及公司经营、决算、税收、计提、会计等各项制度，故必须经股东会决议才能有效实行。

裁判要旨

郭永胜提起本案公司盈余分配的请求权基础应当是郭永胜为永良公司的合法股东且永良公司依法作出盈余分配的股东会决议。本案中尚无任何法律文件确认郭永胜为永良公司的合法股东，且即使郭永胜有证据证明其为隐名股东，按照法律程序其也要先通过合法途径显名，然后再根据盈余分配请求权的规定主张分红权。

（二）律师点评

本案争议的焦点在于郭永胜是否可以以股东的名义单独提起盈余分配请求权，根据我国《公司法》的规定，盈余分配请求权的基础必须是公司的合法股东才可以提起，而根据郭永胜目前提供给法院的证据尚不能证明其是公司的股东，虽然郭永胜自称为隐名股东，与屠某之间存在代持协议，但是其也无权直接提起盈余分配请求权。

（三）类案检索精要

1. 案号：(2016)沪 0115 民初 19759 号

法院认为：公司股东依法享有资产收益、参与重大决策和选择管理者等权利。股东盈余分配请求权分为抽象的请求权和具体的请求权，两者之间的界限在于公司是否作出分配利润的决议。公司未作出决议之前，股东享有的盈余分配请求权包括提请股东会决议分配利润，按投资比例分取利润，是一种概括的、抽象的权利，尚未确定是否给付、更未确定给付金额。公司作出决议之后，股东就享有要求公司支付一定金额红利的权利。就本案而言，被告提供的两份股东领款清单及庭审陈述，说明2011年被告进行过两次公司盈余分配，原告作为股东应获得的红利金额共计43400元，但被告实际未向原告交付。虽然被告称原告在担任董事长期间，在经营管理方面存在违法、违规等行为，但被告不得以此为由而拒绝向原告支付其作为股东应获得的、公司已作出分配决议的红利。被告认为原告任被告董事长期间的行为损害了公司利益，可另行向原告主张。除了上述两次盈余分配外，原告未能提供被告其他已经形成具体利润分配的决议，被告亦称自2012年起被告董事会作出决议，不再分配。综上，被告应支付原告2011年已经通过决议的两次公司盈余分配相应的红利。

2. 案号：(2015)榕民终字第2950号

法院认为：上诉人诉请宏鑫公司偿还2013年6月至12月期间的分红款，但其没有证据证明宏鑫公司曾就上述期间的股东收益进行过分红，而宏鑫公司提交的证据可以证明公司在上述期间经营亏损，没有利润可供分配，公司股东会也作出2013年下半年不分红的决议，故上诉人诉请宏鑫公司偿还2013年6月至12月期间的分红款明显缺乏事实依据，本院对其诉请不予支持。

3. 案号：(2009)宣民初字第09271号

法院认为：公司章程是公司内部契约，是对公司、股东、董事、监事及其他高级管理人员具有约束力的调整公司内部组织关系和经营行为的自治规则，对所有股东和公司都具有拘束力。纪小菊于2007年1月因个人原因离开兴国公司，未办理其股权转让手续。按照公司章程的规定，公司员工股东因个人原因离开本公司，应办理股权转让手续，未按照章程规定进行相应股权的转让，从次年起停止分红。兴国公司2008年未向纪小菊分配红利，符合兴国公司章程的规定，也不违反国家法律及行政法规的强制性规定，故对纪小菊要求兴国公司给付2008年分红款3600元的诉讼请求，本院不予支持。

4. 案号：(2018)京03民终6673号

法院认为：根据《公司法解释(四)》第15条的规定，股东未提交载明具体分配方案的股东会或者股东大会决议，请求公司分配利润的，人民法院应当驳回其诉讼请求，但违反法律规定滥用股东权利导致公司不分配利润，给其他股东造成损失的除外。根据上述规定，股东请求公司分配利润，应提交载明具体分配方案的股东会或者股东大会决议。具体分配方案应当包括待分配利润数额、分配政策、分配范围以及分配时间等具体分配事项内容。本案中，燕文物流公司第二届第七次股东会决议作出时对于公司税后可分配利润、损失、公积金等均未予以明确，因此一审法院依据股权变更的股东会议题，结合周大任、梅素华与周文兴之间关系以及决议作出后燕文物流公司、周文兴向周大任、梅素华支付生活费、房租、医疗费等事实，认定决议所谓拨付1000万元购房款系周文兴对周大任、梅素华退休后生活所作安排，而非燕文物流公司股东会形成的具体利润分配方案，并据此判决驳回周大任、梅素华要求燕文物流公司支付购房款1000万元的诉请，并无不当，本院予以维持。

四、法律实务研读

根据我国《公司法》及其司法解释的规定，股东依法行使利润分配请求权需要具备一定的前提条件：首先请求分配利润股东要依法享有股东资格；其次公司税后利润在弥补亏损和提取公积金后仍有所余；最后请求股东要在股东大会或股东会通过决议形成利润分配方案之后才可以享有股东利润分配请求权，但公司或其他股东违反法律规定滥用股东权利导致公司不分配利润，给其他股东造成损失的除外。因此，关于股东的利润分配请求权，并非简单的就可以请求公司分配利润，我国《公司法》和公司法司法解释对股东行使盈余分配请求权进行了诸多条件的限制。笔者以下从股东请求利润分配所需条件的角度逐一解析：

1. 股东资格问题。众所周知，只有依法享有股东资格才能依法享有《公司法》所规定的股东应该享有的各项权益，包括利润分配请求权。若股东在转让股权之前，公司已经通过股东会决议形成利润分配方案，而股权依法转让后，就不能依据股东资格享有利润分配请求权，而转变成为分红请求权，如果诉讼的话相应的诉讼请求需要依法进行变更，因此，要行使利润分配请求权，必须依法享有股东资格才可以。

2. 公司税后利润在弥补亏损和提取公积金后仍有所余。我国《公司法》第 166 条规定，公司享有利润分配权的前提为公司税后利润在弥补亏损和提取公积金后仍有所余。

3. 股东会或股东大会对利润分配作出有效决议，且形成利润分配方案。

我国《公司法解释（四）》第 15 条规定："股东未提交载明具体分配方案的股东会或者股东大会决议，请求公司分配利润的，人民法院应当驳回其诉讼请求，但违反法律规定滥用股东权利导致公司不分配利润，给其他股东造成损失的除外。”因此，合法有效的利润分配方案已经成为股东依法行使利润分配请求权的前提条件之一。

五、法律实务疑难问题简答

（一）公司章程已经就利润分配方案有明确规定的前提下，法院如何介入？

“司法不轻易干预公司自治”的司法理念应当适用并贯穿于公司治理的全过程，实务中，不论公司是否已经进行利润分配，只有在公司自治机制失灵时，司法才可以审慎介入。同理，在公司盈余分配纠纷中盈余分配方案已经在公司章程中进行了明确规定的情况下，首先应当按照公司章程约定的内容进行，在公司章程关于盈余分配方案并未违反法律法规的强制性规定的前提下，应当尊重公司股东在公司章程中的意思自治。

（二）公司未形成股东分红决议情形下，股东能否要求强制分红？

一般情况下，公司是否针对利润进行盈余分配，应当属于公司内部自治事项。在公司的董事会、股东会并未就公司利润分配作出董事会决议或股东会决议之前，股东直接起诉请求分配公司利润的诉讼请求法院一般不予支持。但实务中，也并非绝对，具体到案件中，法院也会根据个案的事实和证据综合考量，作出例外的判决，即使公司尚未形成分红决议，股东仍能要求强制分红。此种例外的情形就是公司股东滥用股东权利导致公司不分配利润给其他股东造成损失，但是实践中满足例外情形的不多，主要有以下几种情形:(1)公司实际控制人利用关联交易或其他方式转移公司资产。(2)公司绝对控股股东强行不通过分红决议(需要提供充分证据证明)。(3)股东滥用权利私自变相分配利润。如部分股东滥用股东权利以发奖金、发福利的名义私自、变相为自己分配利润等。

(三)已经转让股权的当事人能否提起诉讼要求利润分配?

根据《公司法解释(四)》第14条之规定,“股东提交载明具体分配方案的股东会或者股东大会的有效决议,请求公司分配利润,公司拒绝分配利润且其关于无法执行决议的抗辩理由不成立的,人民法院应当判决公司按照决议载明的具体分配方案向股东分配利润”,此处的提起利润分配之诉的原告在诉讼时不一定就具有股东身份,只要其所主张的权利属于在股权转让时保留在公司的股东权利即可。因此,在起诉时即使已经转让了股权,只要其主张的诉讼请求的利润分配属于其具有股东身份时的利润分配请求范围即可。

六、核心法条

《中华人民共和国公司法》

第四条 公司股东依法享有资产收益、参与重大决策和选择管理者等权利。

第三十四条 股东按照实缴的出资比例分取红利;公司新增资本时,股东有权优先按照实缴的出资比例认缴出资。但是,全体股东约定不按照出资比例分取红利或者不按照出资比例优先认缴出资的除外。

第一百六十六条第四款 公司弥补亏损和提取公积金后所余

税后利润，有限责任公司依照本法第三十四条的规定分配；股份有限公司按照股东持有的股份比例分配，但股份有限公司章程规定不按持股比例分配的除外。

最高人民法院《关于适用〈中华人民共和国公司法〉若干问题的规定（四）》（法释〔2020〕18号修正）

第十五条 股东未提交载明具体分配方案的股东会或者股东大会决议，请求公司分配利润的，人民法院应当驳回其诉讼请求，但违反法律规定滥用股东权利导致公司不分配利润，给其他股东造成损失的除外。

第十七章

公司证照返还纠纷类案精要与实务指引

一、公司证照返还纠纷概述

在公司的日常运营过程中，通常意义上的公司证照包括公司的公章、财务章、发票专用章等印章，同时也包括公司营业执照等证件。公司证照返还纠纷在实践中较为常见，通常发生在公司股东之间、管理层之间出现重大变动或者出现矛盾之时，各方为了能够单独或强力控制公司而私自霸占或者藏匿公司的上述一种或者多种证照，因此，当出现公司证照被某个股东或者实际控制人单独藏匿或者霸占的时候，如果公司或者其他股东不采取进一步措施，往往会给公司或者其他股东的利益造成严重的损失，进而导致公司不能正常运转。司法实践中，公司证照返还纠纷的常见情形主要表现为以下五种情形：

1. 公司向原法定代表人主张返还公司证照。公司在通过股东会决议将原法定代表人变更后，原法定代表人通常会对公司决议提出异议，并否认股东会决议的法律效力，后续也不会配合公司向新的法定代表人移交相关的公司证照，因此，新法定代表人完全可以代表公司起诉并要求原法定代表人返还公司证照。

2. 公司向股东主张返还公司证照。实践中很多公司的股东为了互相制衡，通常会将不同的公司证照交由不同的股东保管，在股东之间出现矛盾或者产生信任危机后，担任法定代表人的股东往往以公司名义起诉要求保管公司证照的其他股东返还公司证照。

3. 公司实际出资人向法定代表人主张移交公司证照。有的公司实际出资人作为隐名股东一般不实际参与公司经营管理，而是交由法定代表人担任显名股东，在隐名股东和显名的法定代表人股东出现矛盾后，隐名股东通过股权确认显名后，向原显名的法定代表人股东主张要求移交公司证照，而显名股东拒绝交出公司证照导致引发诉讼的纠纷。

4. 显名股东以公司名义向隐名股东主张返还公司证照。与第三种情况恰恰相反，在个别案件中，由于显名股东将公司的实际经营权交还给隐名股东，同时也将公司证照返还给了隐名股东，在尚未进行工商变更登记前，显名股东反悔，后续以公司名义向隐名股东诉讼要求返还公司证照。

5. 股东之间要求移交公司证照。部分公司股东会由两个股东组成，并由其中一方担任法定代表人。公司实际停业后，一方股东召开股东会撤销原法定代表人，任命自己为新法定代表人，并要求原法定代表人移交公司证照。原法定代表人表示愿向真正出资人移交公司证照，但不愿向另一方显名股东移交，双方为此涉诉。

二、典型案例：公司公章、营业执照等公司证照在被其他股东或高管人员私自占有的情况下如何起诉要求返还？

（一）案情及裁判

杨敏捷诉上海若来网络科技有限公司公司证照返还纠纷[1]

案件主要事实

1. 若来公司成立于2009年2月3日；法定代表人为杨敏捷。若来公司的股东为杨敏捷和案外人王某某、张春峰、朱某某。2014年10月27日，若来公司的法定代表人变更登记为张春峰。

2.2014年2月8日，若来公司的股东王某某在《上海商报》刊登《遗失声明》，声明若来公司的营业执照正副本（注册号：×××××××××××0063）、税务登记证正副本（税号：×××××××××××4821）、组织机构代码证正副本（代码：68406482-1）、公章、财务章作废。同年3月6日，杨敏捷以若来公司的执行董事名义出具一份《声明》，称若来公司自2009年成立至今，公司公章、营业执照均保存于杨敏捷处，从未丢失，公司也从未刊登过任何公章和证照丢失的公告。《声明》除杨敏捷签字外，还加盖了若来公司的公章。

3.2014年10月14日，若来公司为办理变更登记，向金山工商局出具一份《指定代表或者共同委托代理人授权委托书》。该委托书显示委托代理人为张春峰，若来公司在该委托书上加盖了“上海若来网络科技有限公司”字样的公章。若来公司称该枚公章系其另行刻制，未向工商行政管理部门备案。

4. 若来公司向一审法院起诉请求：(1)杨敏捷归还若来公司原

[1] 案号：(2016)沪01民终6434号；来源：中国裁判文书网。

以杨敏捷为法定代表人的营业执照（正本、副本）、税务登记证（正本、副本）;（2）杨敏捷归还若来公司原使用的公司公章、财务专用章;（3）杨敏捷归还若来公司 2009 年 8 月至 2014 年 10 月的财务账簿和会计凭证（含杨敏捷代表若来公司对外签署的合同文本），并要求杨敏捷承担本案诉讼费用。

法院认为

1. 杨敏捷主张若来公司现法定代表人张春峰等人于 2012 年 9 月 27 日窃取了系争证照、公章及财务账册等公司材料，但公安机关对此并未予以立案，且杨敏捷未能提交其他证据对此事实予以证明；反之，杨敏捷于其后曾多次陈述系争证照及公司公章仍由其掌控，故法院对杨敏捷所提起的张春峰等人盗窃了前述公司材料的主张不予支持；杨敏捷主张其已于若来公司法定代表人变更前将系争公司营业执照及公章移交给了案外人张春峰，但杨敏捷对其该主张未能提交任何证据予以证明，故法院认定杨敏捷对其该项主张应承担举证不能的后果，故对杨敏捷的该项主张亦不予支持。

2. 杨敏捷现已不再担任若来公司的法定代表人，其占有系争公司营业执照、税务登记证、公司公章、财务专用章、财务账簿及会计凭证并不具有合法依据，其理应向若来公司返还系争公司营业执照、税务登记证、公司公章、财务专用章、财务账簿及会计凭证。

裁判要旨

本案中，杨敏捷现已不再担任若来公司的法定代表人，其占有系争公司营业执照、税务登记证、公司公章、财务专用章、财务账簿及会计凭证并不具有合法依据，其理应向若来公司返还系争公司营业执照、税务登记证、公司公章、财务专用章、财务账簿及会计凭证。

(二)律师点评

本案中作为原法定代表人的杨敏捷实际上一直掌管着公司的营业执照和公章等证照材料,但是根据庭审中的证据材料以及其自身的陈述情况却前后自相矛盾,故一审、二审法院在认定事实的基础上,从证据规则的角度有逻辑性地分析了杨敏捷实际掌管公司证照的理由,在杨敏捷并无相关书面证据证明的情况下,根据举证不能的证据规则最终法院支持了公司的诉讼主张。

(三)类案检索精要

1. 案号:(2014)闵民二(商)初字第1266号

法院认为:根据我国《公司法》规定,公司法定代表人依照公司章程的规定,由董事长、执行董事或者经理担任。可见,我国仅赋予了公司对担任法定代表人人选的有限选择权,原告公司的法定代表人应在董事长或者总经理中产生。由于原告已不再担任公司总经理、董事长,因此被告目前仅是工商登记的法定代表人,应当根据公司的意思,将属于公司的财物返还公司。庭审中,被告确认原告的工商营业执照正副本、组织机构代码证、税务登记证、公章、合同章、海关证、新刻制的财务章在被告处,故对于原告请求被告归还上述证照财物的请求,本院予以支持。

2. 案号:(2013)通民初字第13584号

法院认为:公司印章及相关证照应属公司所有,公司有权要求占有人返还上述物品。根据被告王平与李怀军签署的《北京兴业源人防工程科技有限公司交接清单》,兴业源公司公章、合同专用章、税务登记证正副本、营业执照副本均为被告王平持有,其应当承担返还义务。根据被告王平与邓磊的短信信息，财务专用章亦由被告王平控制，其亦应承担返还义务。故对于兴业源公司要求被告王平返还兴业源公司公章、财务专用章、合同专用章、税务登记证正副本、营业执照副本的诉讼请求，本院予以支持。

3. 案号：(2017)沪01民终10893号

法院认为：公司证照具有对外代表公司的表象，系公司经营之必需，其所有权属于公司。当公司法定代表人等相关人员发生变化后，原实际占有、控制证照的人员有义务将其返还给公司。李一男在二审中陈述，杨鸣是上海讯奇公司的实际运营者，当时公章等系由杨鸣保管。在李一男一审及二审中均认为系由杨鸣保管公司相应证照、文件的情形下，杨鸣作为上海讯奇公司的总经理及董事，虽否认由其保管但未能陈述相应证照、文件的保管制度及保管人员。一审法院根据杨鸣与B公司的关系、在上海讯奇公司所任职务以及李一男、杨鸣所作陈述，结合在案证据，认定杨鸣负有返还上海讯奇公司部分证照、文件的义务，并无不当，本院予以支持。

4. 案号：(2014)门民初字第1496号

法院认为：本案争议焦点为该公司章证照应由法定代表人陈若斐亦或由监事唐巍掌握，实际上系该公司两个股东对公司实际控制权的争夺。从该公司成立时的意思表示来看，陈若斐为该公司法定代表人，代表公司行使权利，且该公司章程并未约定持有公司章证照系监事职权范围，故风云魁洲公司要求唐巍返还该公司公章、财务章、营业执照正副本、税务登记证及组织机构代码证原件至公司法定代表人陈若斐名下，于法有据，本院予以支持，对于风云魁洲公司要求唐巍返还法定代表人人名章及网银支付密匙的诉讼请求，因唐巍否认上述物品由其控制，且风云魁洲公司对上述物品在唐巍控制之下亦未提交相应证据予以证明，故对该公司此项诉讼请求，本院不予支持。

三、法律实务研读

公司的证照包括公司公章、财务章和营业执照等公章和证件，一般情况下公司的上述证照会由公司的法定代表人、董事长、总经理、大股东、指定的员工甚至可能是实际控制人本人掌管，因此，实践中最为常见的就是在股东或管理层之间出现纠纷或者矛盾的时候，最易引发证照纠纷。除此之外，以下情况也是导致证照纠纷频发的原因：

1. 公司基于对某个高管或者财务人员的信任，将公司证照交由其保管，但后续因离职或者其他原因，高管或财务人员为报复或者刁难公司而将证照拒不返还公司，进行私自藏匿。

2. 公司通过召开股东会作出股东决议方式免除保管公司证照股东的职务，然后被免除职务的股东离职后拒不返还。

3. 公司陷入僵局，证照持有者拒不返还。

4. 公司清算时，证照持有者不转移给清算人等。

基于公司证照返还纠纷所经常出现的上述原因，为了避免公司运营过程中出现不必要的证照纠纷，笔者认为在公司日常运营过程中，应从以下两个方面进行完善和加强公司治理：

1. 通过公司章程明确约定公司证照的管理人，避免证照管理人的混乱。公司证照管理人的约定属于公司自治的范畴，因此公司有权通过公司章程规定公司证照的管理人，如在公司章程中可以规定管理人的姓名或管理人的选举产生办法、管理人的权限范围等。

2. 建立规范严谨的公司证照管理制度。除了可以在公司章程中对公司证照管理人进行明确约定外，还可以通过董事会决议、股东会决议以及签订其他合作协议等方式对公司证照进行管理。

四、法律实务疑难问题简答

（一）在公司已办理新证照的情形下，公司是否可以通过诉讼的方式要求相关责任人返还作废的证照？

缺失公司证照的公司虽然通过刊登遗失公告的方式办理了新的证章，但这并不妨碍公司向占有公司证照的主体主张返还原来的证章，否则将使公司的民事行为能力受到限制，公司的财产安全也完全处于风险之中。从物权请求返还角度分析，公司的章证照为公司的财产，部分股东、高管等人员违反公司章程的规定持有公章的行为属于侵占公司财产，公司也完全有权要求侵占公司证照的人返还。

（二）公司证照返还纠纷应当在哪里起诉？

根据我国《民事诉讼法》的规定，公司证照返还纠纷属于侵权纠纷，应当由侵权行为地人民法院管辖或被告住所地人民法院管辖。通常情况下，公司证照返还纠纷的侵权行为地即为公司住所地，公司住所地一般以公司营业地或主要办事机构所在地为准。

（三）证照返还诉讼如何启动？

在公司证照返还纠纷中，如果以公司名义起诉，则有可能会面临着公司的公章不在其手中或者无法在起诉状上加盖公章的情形，进而导致无法启动诉讼。此种情况下，如果公司通过股东会决议选举出了新的法定代表人，则完全可以由信任的法定代表人签字，并附上变更法定代表人的股东会决议等文件，则可以解决在公司盖章缺失情形下的立案主体问题。同时，对于公司营业执照问题，则可以通过市场监督管理局调取公司内档的基本信息予以解决。实践中有的裁判也支持这一做法，如在（2015）淮中商终字第00322号判决书中，法院认为“公司公章被侵占，公司以公司执行董事兼法定代表人签名的诉状提起诉讼并无不当，上诉人主张原审判决将法定代表人个人意志与公司意志混同的上诉理由不成立”。

除了上述以公司名义起诉外，在公司证照返还纠纷中，公司的股东也完全可以根据我国《公司法》关于股东代表诉讼的规定向法院提起股东代表诉讼。

五、核心法条

《中华人民共和国公司法》

第三条第一款　公司是企业法人，有独立的法人财产，享有法人财产权。

第一百四十九条　董事、监事、高级管理人员执行公司职务时违反法律、行政法规或者公司章程的规定，给公司造成损失的，应当承担赔偿责任。

第十八章

损害公司利益责任纠纷类案精要与实务指引

一、损害公司利益责任纠纷概述

损害公司利益责任纠纷是指公司股东违反法律规定，滥用股东权利或者公司的董事、监事、高级管理人员违反法定义务，损害公司利益而引发的纠纷。司法实践中，损害公司利益纠纷的表现形式多种多样，主要表现为公司的董事、监事、高级管理人员违法占有公司证照而拒不归还或者用于其他非法用途；董事、监事、高级管理人员利用职务便利私自侵占公司财产；董事、监事、高级管理人员执行公司职务时违反法律、行政法规或者公司章程的规定，给公司造成严重损失等。笔者根据司法实践中常见的损害公司利益纠纷的案例总结了以下五种主要情形：

1. 公司法定代表人或实际控制人利用职务便利侵占公司财产

随着公司注册门槛的降低，司法实践中，同一个人同时兼任多家公司的法定代表人或股东已经司空见惯，进而滋生了在不同公司的法定代表人和股东均为同一人的情况下，利用职务便利将该公司的应收账款汇入其担任股东的公司账户，为此，受害公司可以以该法定代表人或实际控制人占用公司款项、损害公司利益为由提起诉讼。

2. 公司高管人员利用职务便利成立营业范围相同的同业竞争公司

公司日常经营过程中，有些高级管理人员故意成立与其所任职公司有竞争关系的新公司，同时利用其职务便利掌控任职公司的印章等，将任职公司作为新公司股东之一予以登记，以便利用任职公司商誉等开展业务。任职公司则可以以高管侵害公司权益并违反竞业禁止规定为由提起诉讼。

3. 董事、监事、高级管理人员未尽到合理的审慎义务，给公司造成损失

董事、监事、高级管理人员在对外履行职务时要秉承认真负责的态度，根据工作经验、技术规范要求合理地分析工作对象的风险，并采取必要的措施，以避免给公司造成损失。

4. 公司控股股东或者董事、监事、高级管理人员未经公司合法程序，擅自出借公司资金或者对外进行担保，给公司造成损失

司法实践中，很多公司均是由控股股东或者一两个股东实际控制的，拥有公司控制权的大股东或者实际控制人往往利用其职务的便利，在为了个人利益的情况下，未经股东会或者董事会同意，自行将公司的资金出借给他人，或者以公司财产为他人提供担保，给公司造成了严重的财产损失。

5. 董事、监事、高级管理人员未经公司同意，擅自泄露公司的商业秘密，给公司造成严重损失

商业秘密，主要是指不为公众所知悉、能为权利人带来经济利益，具有实用性并经权利人采取保密措施的技术信息和经营信息，包括设计资料、程序、产品配方、制作工艺、制作方法、管理诀

窍、客户名单、货源情报、产销策略等。

商业秘密是企业的财产权利，它关乎企业的竞争力，对企业的发展至关重要，有的甚至直接影响到企业的生存。董事、监事、高级管理人员擅自披露公司商业秘密，损害公司利益，也应当承担损害赔偿责任。

二、典型案例：公司"董事、监事、高级管理人员"未尽"勤勉义务"的构成要件和司法认定

（一）案情及裁判

上海福米文化传播有限公司诉左春举损害公司利益责任纠纷[1]

案件主要事实

1. 福米公司于2013年7月15日成立，股东有陈某、左春举、黄峰三人；公司的法定代表人由执行董事担任，法定代表人为左春举；2014年8月19日，增加黄明新为股东；2015年8月3日，法定代表人由左春举变更为黄明新；陈某担任监事。

2. 赵娜等39人分别起诉福米公司服务合同纠纷，福米公司委托代理人为黄峰，上海市长宁区人民法院于2015年7月10日作出民事调解书，案号分别为（2015）长民一（民）初字第4845号、（2015）长民一（民）初字第4847号等39件案件，诉讼费用合计3322.78元，执行费用合计4469.80元，共计7792.58元。

3. 福米公司于2017年4月向一审法院起诉请求判决：左春举、黄峰按照过错比例按份向福米公司承担赔偿责任共计7792.58元，其中左春举承担90%，黄峰承担10%。

---

〔1〕 案号：（2017）沪01民终10301号；来源：中国裁判文书网。

法院认为

1. 在福米公司与涉案39名债权人纠纷期间，左春举担任福米公司执行董事，持有公司U盾，其代表公司对外支付款项之前负有审查核实的义务，虽然之后其中一位债权人向其出示了合同，但是左春举并未参与系争39名债权人相关业务，对合同签订、履行均不知情，在与经办人黄峰核实未果的情况下，而拒绝支付相应款项，并无明显不当，难以认定其违反了董事的勤勉义务。福米公司要求左春举承担赔偿责任的主张，于法无据。

2. 黄峰虽为福米公司股东，但福米公司既未举证黄峰担任公司董事、监事或者高级管理人员，也未举证其具体违反法律、行政法规或者公司章程的何项规定，福米公司要求黄峰承担赔偿责任的主张，于法无据。

裁判要旨

我国《公司法》规定，董事、监事、高级管理人员应当遵守法律、行政法规和公司章程，对公司负有忠实义务和勤勉义务；董事、监事、高级管理人员执行公司职务时违反法律、行政法规或者公司章程的规定，给公司造成损失的，应当承担赔偿责任。

(二)律师点评

本案事实较为清晰，法律关系明确，所争议的焦点主要在于作为法定代表人(股东之一)的左春举是否违反了《公司法》所规定的董事应尽的忠实勤勉的法定义务。一审法院通过对双方提供的微信聊天记录证据的审查，认为福米公司所提供的证据尚不足以证明左春举存在违反勤勉义务的行为，且二审中福米公司试图从程序上进行辩驳，认为左春举当庭提供的证据已经超过了法律规定的举证期限，对此，二审法院也予以了回应，认为当事人逾期提供的证据并不当然发生证据失权的法律后果，即便是当事人因故意或者重大过失逾期提供的证据，如该证据与案件基本事实有关，仍应予以采纳。

（三）类案检索精要

1. 案号：（2015）三中民（商）终字第 11116 号

法院认为：本案中，高尔夫公司主张庞万涛在任职期间严重违反公司的规章制度，对其负责的草坪部过量采购予以包庇、纵容，因肥料积压、过期致使高尔夫公司受损 48844 元。对此，高尔夫公司应举证证明：（1）公司受到损害的事实；（2）庞万涛在执行公司职务时存在违反法律、行政法规或者公司章程的行为；（3）违法行为与损害事实之间存在因果关系；（4）庞万涛存在过错。但是，在本案中，高尔夫公司所提供的过期肥料统计清单系其自行制作，仅凭该证据不足以证明庞万涛在职期间存在违反法律、行政法规或公司章程的行为，也不足以证明庞万涛违反了其对公司的忠实义务，亦不足以证明公司受到损害的事实。因此，高尔夫公司提交的证据不足以证明其上诉主张，其应当承担举证不能的不利后果。

2. 案号：（2014）海民（商）初字第 29230 号

法院认为：王桂水在本案中向王俊华提出赔偿请求，是认为王俊华存在拒绝履行人才引进、拒绝返还代持股份、加入其他公司等行为，给公司造成了重大损害。本院认为，华博科讯公司在 2013 年期间均由王桂水和王升平负责经营活动，王桂水未举证证明华博科讯公司的亏损情况与王俊华的怠于履行协议的行为之间存在因果关系，公司的亏损应与经营活动有关，故本院对王桂水要求王俊华赔偿损失200万元的诉讼请求，不予支持。

3. 案号：(2016)苏04民终2892号

法院认为：企业在经营活动中，必然会发生多种经济往来关系，如果对公司高管限制权利过多，追究责任范围太滥，则必然导致公司高管人心惟危，无法从事正常的经营管理活动。公司高管在公司法、公司章程没有禁止性规定的情况下，代表公司从事对其他企业借款提供担保行为，也属于企业之间正常的经营活动范畴。上诉人泰瑞公司认为江艳、陆秋枚违反《公司法》规定的忠实、勤勉义务及损害公司利益，要求江艳、陆秋枚承担赔偿损失责任的上诉请求不能成立，应予驳回；一审判决认定事实清楚，适用法律正确，应予维持。

4. 案号：(2014)江宁商初字第41号

法院认为，被告王晓明作为原告江天盛德公司原大股东江天公司的法定代表人、原股份转让前的大股东，是原告江天盛德公司的实际控制人，股份转让后的监事，应当遵守法律、行政法规和公司章程，对公司负有忠实义务和勤勉义务，不得利用在公司的地位和职权为自己谋取私利。法律规定，董事、监事、高级管理人员执行公司职务时违反法律、行政法规或者公司章程的规定，给公司造成损失的，应当承担赔偿责任。被告王晓明配偶张爱萍购买江天公司所开发的房产，应当支付购房款并支付相应的税费。原告江天盛德公司提供的证据首付款发票，证明原告江天盛德公司所开具的首付款发票未交付给张爱萍，仍在原告江天盛德公司保留，能够证明张爱萍未支付首付款2271600元的事实，原告主张的该项损失具有事实依据，本院予以支持。

三、法律实务研读

司法实践中，若董监高未尽勤勉义务，给公司造成损失的，公司完全可以依据我国《公司法》第 147 条之规定追究董监高的赔偿责任，但是鉴于我国《公司法》对勤勉义务的具体表现形式和构成要件均未能明确规定，因此，实践中对于董监高是否违反了勤勉义务，以及未尽勤勉义务造成公司损害赔偿的认定仍旧无法明晰。笔者认为，认定董监高的勤勉义务和未尽勤勉情形下对公司的损害赔偿，应主要从以下三方面依法认定：

1. 董监高所在公司有客观损失存在。只有因董监高未尽勤勉义务造成了公司损失，才能构成对公司承担赔偿责任的前提，否则公司无法向未尽勤勉义务的董监高主张赔偿责任。

2. 董监高未尽勤勉义务。所谓勤勉义务系董监高在执行职务、作出决策或者任职期间应当从有利于公司利益最大化的角度，严格履行自身工作职责，不得出现疏忽大意或者重大过失，且应当以适当方式尽合理的谨慎和注意义务。

3. 董监高因违反勤勉义务的行为与公司受到损失之间存在直接因果关系。只有存在上述因果关系，公司才可以启动对未尽勤勉义务董监高的诉讼。

综上所述，以上三个构成要件是董监高未尽勤勉义务，且应当是对公司承担责任的必需构成要件，也是司法实践中法院认定的核心要件。

四、法律实务疑难问题简答

(一)损害公司利益责任纠纷案件应由哪个法院管辖？

司法实务中，关于损害公司利益责任纠纷的管辖法院有两种观点，其中一种观点认为，根据我国《民事诉讼法》之规定，损害公司利益责任纠纷为公司的股东代表公司提起的侵权诉讼，不属于公司组织诉讼，应当按照侵权诉讼的管辖原则，由侵权行为地或被告所在地法院管辖。持相反观点的则认为，股东代表诉讼应当为公司组织诉讼，应当由公司住所地法院管辖。虽然存在上述两种不同的实务观点，但是实务中有的法院采纳后一种观点，认为股东代表诉讼应当由公司住所地法院管辖，这样才能最大限度地便利各方诉讼参与人参与诉讼，同时也便于法院庭审材料的送达和后续的强制执行。

（二）监事是否负有竞业禁止义务？

《公司法》第 148 条第 1 款第 5 项规定，“董事、高级管理人员不得有下列行为：……（五）未经股东会或者股东大会同意，利用职务便利为自己或者他人谋取属于公司的商业机会，自营或者为他人经营与所任职公司同类的业务”。故监事并不属于严格意义上的董事和高级管理人员履行竞业禁止义务的范围，但《公司法》第 147 条第 1 款规定：“董事、监事、高级管理人员应当遵守法律、行政法规和公司章程，对公司负有忠实义务和勤勉义务。”因此，实务中就出现了，监事在从事与其所任职公司同类业务时是否违反了《公司法》第 147 条的忠实义务？

笔者认为，应当根据忠实义务的内涵和实际情况判断监事的竞业禁止义务是否违反忠实义务。《公司法》上的忠实义务的核心主要是要求董事、监事、高级管理人员避免个人利益和公司利益冲突，不得利用职务之便谋取私利，因此，在监事从事与其所任职公司同类业务时，如果和公司利益发生了冲突，且利用自身职务的便利谋取利益，则应当属于违反竞业禁止义务和忠实义务的行为。

（三）如何理解和判断董监高的“勤勉义务”？

我国《公司法》对董监高的勤勉义务并未有明确的定义，实务中对勤勉义务的判断和界定一般从以下三个方面进行判断和辨识：(1)主观上应当具有善意，即应当尽善意的义务。(2)客观上在履行职责和处理具体事务时应当负有和处理自身事务相当的谨慎注意义务。(3)为了公司利益尽最大能力履行职责，恪尽职守，敬业精进地完成职责。

五、核心法条

《中华人民共和国公司法》

第一百四十七条第一款 董事、监事、高级管理人员应当遵守法律、行政法规和公司章程，对公司负有忠实义务和勤勉义务。

第一百四十九条 董事、监事、高级管理人员执行公司职务时违反法律、行政法规或者公司章程的规定，给公司造成损失的，应当承担赔偿责任。

第二百一十六条第一款第一项 本法下列用语的含义：

（一）高级管理人员，是指公司的经理、副经理、财务负责人，上市公司董事会秘书和公司章程规定的其他人员。

第十九章

损害股东利益责任纠纷类案精要与实务指引

一、损害股东利益责任纠纷概述

我国《公司法》第 20 条第 1 款、第 2 款规定，公司股东应当遵守法律、行政法规规定和公司章程的约定，依法行使股东权利，不得滥用股东权利损害公司或者其他股东的利益；不得滥用公司法人独立地位和股东有限责任损害公司债权人的利益。公司股东滥用股东权利给公司或者其他股东造成损失的，应当依法承担赔偿责任。与此同时，《公司法》第 152 条规定，董事、高级管理人员违反法律、行政法规或者公司章程的规定，损害股东利益的，股东可以向人民法院提起诉讼，上述两条即是现行我国法律对损害股东利益责任纠纷的规定。

司法实践中常见的损害股东利益的情形主要有两种，一种是在公司股东滥用股东权利的情况下损害公司其他股东利益的情形；另一种则是发生在公司的董事、高级管理人员违反法律、行政法规或者公司章程的规定，损害股东利益的情形。实务中，无论哪一种情形出现，受害股东都可以根据我国《公司法》及其司法解释的规定起诉至法院，并要求侵权股东承担相应的赔偿责任。

二、典型案例

（一）案情及裁判

王文清诉万里达损害股东利益责任纠纷[1]

案件主要事实

1.B 公司于 2005 年 10 月 12 日设立，股东为万里达和王文清。2015 年 1 月 10 日 B 公司召开临时股东会，并形成解散公司的股东会决议，成立清算组，清算组成员由王文清、万里达组成，王文清为清算组负责人。

2.2015 年 3 月 10 日，B 公司制作了清算报告，并于 2015 年 1 月 21 日在《上海法治报》上刊登了注销公告。万里达、王文清以清算组成员和股东身份，在清算报告上签名确认。2015 年 3 月 12 日，B 公司经工商机关核准注销。

3.2015 年，A 公司向万里达、王文清提起（2015）普民二（商）初字第 786 号案件诉讼。要求法院判令王文清、万里达支付 A 公司货款 36550 元等诉求。法院最终判决支持 A 公司请求，其中万里达经法院合法传唤无正当理由拒不到庭。之后，A 公司向法院申请对万里达和王文清强制执行。万里达和王文清各向法院缴纳执行款项 17700.37 元，其中万里达于 2016 年 3 月 18 日向法院缴纳 7400.37 元；于 2016 年 3 月 25 日向法院缴纳 10300 元。

4. 庭审中，万里达称，其在 A 公司起诉后才知道 B 公司被清算；万里达要求退股时，并未要求王文清对 B 公司进行清算和结算，因为公司比较困难，王文清对万里达的态度较好，所以没好意思提。王文清称，万里达参与了清算的整个过程。

---

〔1〕 案号：（2017）沪 01 民终 5568 号；来源：中国裁判文书网。

5. 万里达向一审法院起诉请求：(1)判令王文清赔偿万里达损失17700.37元；(2)判令王文清赔偿万里达以17700.37元为本金，自2016年3月18日起至判决生效之日止，按照同期银行贷款利率的利息。

法院认为

1. 万里达、王文清均在解散公司的股东会决议和清算报告中签字，可见，对于公司的解散和清算事宜由万里达、王文清共同决定和参与，二人对清算报告上记载的事实亦均予以认可。万里达对此主张对B公司注销事宜并不知情，但万里达对此未能提供确实证据予以证明，法院对万里达陈述不予采信。

2. 在清算过程中通知债权人的义务主体是清算组，而非清算组负责人。本案中，王文清确实在B公司清算过程中未履行向A公司通知的义务和主观过错，但万里达作为股东和清算组成员，亦负有对清算事务的勤勉义务。

3. 由于法律要求清算组对已知债权人进行“书面”通知，而王文清作为清算组负责人，对于清算中通知事务的组织和实施占主导作用。综上，王文清在清算中怠于履行通知的过错大于万里达，故万里达应承担30%的责任，王文清应承担70%的责任。

裁判要旨

在公司清算过程中通知债权人的义务主体是清算组，而非清算组负责人。本案中，王文清确实在B公司清算过程中未履行向A公司通知的义务和主观过错，但万里达作为股东和清算组成员，亦负有对清算事务的勤勉义务。生效判决之所以要求万里达、王文清对A公司承担侵权责任，意在追究二人在清算过程中怠于向A公司履行通知义务的责任。万里达和王文清之间内部的责任划分应该根据各自的职责和过错程度来承担。

（二）律师点评

本案是典型的损害股东利益责任纠纷，一审、二审法院在审理过程中所归纳的争议焦点在于原被告对于所承担的侵权赔偿比例如何划分问题。由于原告万里达在一审中所述对注销公司事宜并不知情，但是从清算和注销过程中万里达的签字可以得出其结论根本无法成立，故具体的争议就是如何对A公司（债权人）的侵权的过错程度进行内部划分。一审法院根据清算组的身份对侵权责任进行了认定，认为王文清作为清算组的负责人理应当承担主要的过错责任，故万里达在案外执行案件中所承担的50%的责任过高，而应当承担30%的责任。二审法院对此进行了事实认定和法律确认。

（三）类案检索精要

1. 案号：(2014)松民二（商）初字第955号

法院认为：公司的清算、注销等事宜应当由股东负责处理，而生效判决已经认定胡俊并非承程某某的股东，因此，胡俊虽然是承程某某的总经理，但无法因此推断是胡俊注销了承程某某，四原告提供的证据亦无法证明该主张。原告在本案的审理过程中否认清算报告中张四芳、沈雪芳、沈引娟的签字为其本人所签，但本院注意到，在1372号案件中，上述三人并未对签字的真实性提出异议，甚至在案件的上诉过程中亦从未提及，故本院有理由相信张四芳、沈雪芳、沈引娟对清算报告中的签字是确认的或者说是予以追认的。故四原告的该理由，本院不予采信。

2. 案号：(2015)沪一中民四（商）终字第198号

法院认为：雅荣公司以浦雅茜作为公司董事、监事、高级管理人员的身份侵害公司利益而提出赔偿之诉依法不成立，理由如下：首先，浦雅茜自2012年7月2日起已不再是雅荣公司的股东、法定代表人，其与骆××之间的股权转让届时依法成立并生效；其次，浦雅茜在雅荣公司筹备期间收取的××美食坊商户租金已经在其与骆××之间的转让股权中一并进行了交接，对此受让人骆××在相关诉讼调解中并无异议，故不存在浦雅茜侵占上述款项的事实；再次，现在的雅荣公司属于经二次转让后而变更登记的主体，金××、袁××系从骆××处受让股权后实际控制雅荣公司，与浦雅茜并无任何关联；最后，承租××美食坊的诸商户起诉雅荣公司返还租金、赔偿损失等，皆因雅荣公司未向××联华按期缴纳租金导致商户无法经营所致，亦与浦雅茜无关。

3. 案号：(2016)沪0116民初4267号

法院认为：董事、高级管理人员违反法律、行政法规或者公司章程的规定，损害股东利益的，股东可以向人民法院提起诉讼。原告作为保冠公司的股东，程序上可以此为由起诉被告，要求赔偿损失，但该请求得到支持，应当符合法定的构成要件，其中原告因被告的行为而受到实际损失就是条件之一，现原告未能提供证据证明其已受到相应的实际损失，故原告的上述诉讼请求，缺乏基础的事实要件，本院难以支持。

4. 案号：(2017)京0115民初17510号

法院认为：根据《公司法》的规定，公司为企业法人，有独立的法人财产，公司以其全部财产对公司债务承担责任；公司股东依法享有资产收益权利。股权虽系股东基于向公司出资而享有的权利，但公司的法人财产与股东财产明显有别，分属不同法律范畴。故即便秦富增主张的东赵公司财产受到损害能够成立，但并不等于秦富增作为东赵公司股东利益受到直接损害，亦不能将东赵公司的财产损害直接等同于公司股东的利益损失。

三、法律实务研读

实务中，当股东的利益受到侵害的时候，受侵害的股东完全可以向侵权人提起诉讼。我国《公司法》第 20 条和第 152 条分别规定了损害股东利益的责任承担。司法实践中，关于损害股东利益纠纷的类型包括直接损害股东利益，直接损害公司利益、间接损害股东利益以及与违约股东共同侵害其他股东权益三种类型。在上述三种类型下的股东权益受到侵害的时候，作为受害股东如何进行救济呢？笔者结合理论和实务，就三种类型下股东权益受到侵害的救济方式进行简要的分析：

(一) 直接侵害股东权益类型

所谓直接侵害股东权益包括受害股东以外的其他人（如公司董监高等人员）的侵害和公司通过某些措施对股东的侵害。其中，受害股东以外的其他的侵害主要表现在公司董监高严重违反忠实勤勉义务导致公司股东的权益受到直接侵害，此种情况下股东可以采取直接起诉的方式进行救济。而公司对股东的侵害则表现为多种方式，具体表现为拒绝股东依法行使知情权、限制或者剥夺股东的选举权、优先认购权、侵犯股东的盈余分配请求权等，此种情况下，受侵害股东完全可以通过股东知情权诉讼、公司决议或无效撤销之诉、盈余分配请求权之诉，以及直接提起侵权之诉等方式来维护股东自身的合法权益。

(二) 直接损害公司利益，而间接损害股东利益类型

直接损害公司利益、间接损害股东利益类型的间接侵害股东

权益类型主要表现为其他股东挪用公司资金、违规以公司名义对外进行担保、泄露公司商业机密等等。司法实践中，针对间接损害股东利益的行为，根据我国《公司法》的规定，一般不得直接提起诉讼，而是应该按照《公司法》第151条的规定，首先书面请求监事（监事会）向法院提起诉讼；在书面请求被拒绝或监事（监事会）收到书面申请之日起30日内未提起诉讼的情形下，受侵害股东则可以提起诉讼。

（三）与违约股东共同侵害其他股东权益类型

与违约股东共同侵害其他股东权益类型的侵害股东权益具体表现为：公司增资时未尽忠实勤勉义务督促股东出资、协助其他股东抽逃出资、拒不配合受让股东办理工商变更登记等。此种方式的侵害股东权益类型，受侵害股东完全可以根据我国《公司法》及其司法解释的规定直接提起诉讼。

四、法律实务疑难问题简答

（一）如何判断公司股东滥用股东权利？

所谓股东滥用股东权利主要是指公司股东未能按照法律规定和公司章程的约定履行和行使股东权利，不正当地行使股东权利。实务中，股东滥用股东权利的表现形式主要有：股东滥用表决权、滥用查阅权、滥用利润分配权以及控股股东利用优势地位进行关联交易损害公司及其他股东利益、控股股东利用优势地位要求公司为其个人债权提供担保或者代为偿还个人债务等。

（二）损害股东利益诉讼与股东代表诉讼有何区别？

损害股东利益诉讼是由股东直接发起的诉讼，目的是维护股东个人的利益，通过诉讼获取的利益也完全归属于股东个人；而股东代表诉讼则是由股东代表公司发起的派生诉讼，目的是维护公司利益，通过诉讼获取的利益也应当归属于公司。此外，股东代表诉讼需要满足一定的前置程序，而股东直接诉讼则无此要求。

（三）公司高管在履职期间的决策失误或过失能否认定为损害股东利益的行为？

实务中，针对公司高管人员在履行职责期间的决策实务或过失，不能简单推定为损害股东利益的行为，其尽职义务与勤勉义务的认定需要结合公司章程、主观想法、客观损害、因果关系等因素综合予以认定。在（2017）吉01民终3193号判决书中，人民法院认为："即使王宪生在履职期间存在决策判断失误或其他履职过失，也不能简单认定为负有损害股东利益的责任，否则将导致所有公司损失均由失职企业董事、监事、高管承担，既不利于企业正常健康发展，亦有悖于公司法的立法精神。关于王宪生是否尽到勤勉义务，导致案涉专利技术流失的问题。万国机械公司主张王宪生疏于管理，未正常缴纳专利年费，导致专利技术提前终止。根据公司章程的规定，总经理负责日常生产、技术和经营管理工作，而王宪生担任公司董事长，其并不负责公司的日常经营管理，而缴纳专利年费亦不属于董事会决定的重大事宜，而是属于公司经营管理范畴。因此，万国机械公司以此作为王宪生存在违反忠实、勤勉义务的恶意行为缺乏依据。"

五、核心法条

《中华人民共和国公司法》

第二十条 公司股东应当遵守法律、行政法规和公司章程，依法行使股东权利，不得滥用股东权利损害公司或者其他股东的利益；不得滥用公司法人独立地位和股东有限责任损害公司债权人的利益。

公司股东滥用股东权利给公司或者其他股东造成损失的，应当依法承担赔偿责任。

公司股东滥用公司法人独立地位和股东有限责任，逃避债务，严重损害公司债权人利益的，应当对公司债务承担连带责任。

第一百五十二条 董事、高级管理人员违反法律、行政法规或者公司章程的规定，损害股东利益的，股东可以向人民法院提起诉讼。

第二十章

关联交易损害责任纠纷类案精要与实务指引

一、关联交易损害责任纠纷概述

我国《公司法》第21条规定："公司的控股股东、实际控制人、董事、监事、高级管理人员不得利用其关联关系损害公司利益。违反前款规定，给公司造成损失的，应当承担赔偿责任。"《公司法》的上述规定是目前我国现行法律关于关联交易的原则性和总括性的基本规定，从《公司法》第21条规定也可以看出，我国《公司法》对实务中存在的关联交易并非完全禁止，而是对利用关联交易损害公司利益的行为进行严格禁止。司法实践中，证明关联关系和关联交易一般情况下较为简单，但是要证明关联交易损害了公司利益却很难。

公司日常经营过程中难免会存在关联交易，尤其是在公司各项规章制度不是很健全的中小公司中，关联交易现象的存在已经是司空见惯，但也经常会出现一些大股东、实际控制人、董监高等高管人员通过关联交易实施损害公司利益的行为，比如任意挪用公司资金、转移利润至关联方、为关联方提供担保等。我国《公司法》除了第21条规定了关联交易之外，第148条、第216条和

《民法典》第84条也对关联交易行为进行了规定。

二、典型案例：如何认定《公司法》第148条所规定的“自我交易”的主体？

（一）案情及裁判

上海垭哲软件开发有限公司、上海环基数码科技有限公司等与上海浩铭物业管理有限公司、倪建琪等公司关联交易损害责任纠纷[1]

案件主要事实

1. 上海浩铭物业管理有限公司成立于2010年5月20日。倪建琪、谭莹曾为该公司股东。

2.2005年3月，倪建琪被任命为上海虹桥临空科技发展有限公司、环基公司、中拜公司、上海顺润纳米科技有限公司四家公司的董事、总经理、董事长及法定代表人。

3.2010年6月1日，浩铭公司与临空公司等四公司签订《物业委托管理合同》及相应《补充协议》，约定临空公司等四公司委托浩铭公司对虹桥国际科技广场进行物业管理。

4.2011年10月，浩铭公司诉至上海市长宁区人民法院，要求临空公司、环基公司、顺润公司、中拜公司支付解除物业管理合同的违约金、未支付的管理费等费用，四被告抗辩认为系争物业合同无论从关联交易角度，还是从合同法角度，均系无效。该案经一审、二审作出如下认定：基于浩铭公司的控股股东倪建琪在签订系争物业合同当时系临空公司等四公司共同法定代表人等事实，系争物业合同符合《公司法》上关联交易的相关特征，但因该

---

〔1〕 案号：（2016）沪02民终21号；来源：中国裁判文书网。

案情形并不属于该条所述的“自我交易”情形，故对该案并不适用。据此，该院认为系争物业合同并没有法律、行政法规规定的无效情形，故应属合法有效。

5. 后本案三原告以三被告浩铭公司和其股东行为违反《公司法》关于公司高级管理人员不得未经股东会同意与本公司进行交易，否则所得收入归公司所有为由，诉至原审法院，请求判令：(1)浩铭公司赔偿三原告物业费收入13046046.04元；(2)倪建琪、谭莹对浩铭公司的上述赔偿义务承担连带清偿责任。

法院认为

1. 根据《公司法》第148条第1款第4项的规定，自我交易的主体应仅限于董事、高管本人违反公司章程或未经股东会同意与本公司进行交易的行为，司法审判不宜扩张解释至董事、高管投资设立的其他公司与本公司进行交易的行为。况且，自我交易返还的收入系指董事、高管本人因自我交易而获得的实际收入，而董事、高管另设公司与本公司交易获得的收入并非董事、高管本人的收入。

2. 本案倪建琪投资设立的浩铭公司与原告签订物业管理合同的行为难以认定为自我交易；浩铭公司不符合自我交易的主体，其获得的物业费收入也并非倪建琪、谭莹的收入；依现有证据难以认定谭莹曾系三原告的高级管理人员，故谭莹亦不是自我交易的主体。因此，三原告以构成自我交易为由要求三被告返还物业费的诉请，法院实难支持。

裁判要旨

自我交易的主体仅限于公司董事、高级管理人员，强调的是董事、高级管理人员与本公司交易行为发生在违反章程规定或者未经股东会同意的前提下。且董事、高管因自我交易而获得收入的情形，有别于《公司法》第 21 条关于关联交易的规定，本案中，倪建琪、谭莹作为公司高级管理人员，未直接与三原告公司交易，亦未直接从涉案交易中获利，其行为结果也未发生致使三原告利益受损的情况，故主客观要件上并不符合自我交易的构成条件。

（二）律师点评

本案争议的焦点在于三原告与三被告之间关于物业合同的签订是否构成自我交易？同时为了让法院重点关注自我交易，三原告在一审中还明确表示应当主要围绕是否是自我交易进行审查。实际上三原告也自知只有让法院认定了构成自我交易，本案的诉求才有可能被支持，否则在没有明确的法律依据且请求权基础也并不明确的情况下，三原告的诉请根本无法得到有效支持。在一审、二审法院均认可并同意围绕“是否构成自我交易”进行争议焦点辩论的基础上，法院最终认定《公司法》第 148 条所规定的公司董事、高级管理人员的自我交易的范围应且仅限于个人，而不应当进行扩大化解释。至于三原告所主张的三被告利用在三原告担任公司董事、高级管理人员的便利另行投资设立浩铭物业的情况应属于关联交易，二审法院对此也进行了释明，三原告可以另案主张。

（三）类案检索精要

1. 案号：(2016) 苏 0508 民初 6003 号

法院认为：根据我国《公司法》规定，公司的控股股东、实际控制人、董事、监事、高级管理人员不得利用其关联关系损害公司利益。违反前款规定，给公司造成损失的，应当承担赔偿责任。关联关系，是指公司的控股股东、实际控制人、董事、监事、高级管理人员与其直接或间接控制的企业之间的关系，以及可能导致公司利益转移的其他关系。本案中，原告并未有充分、有效的证据证明李福康直接或间接控制了全景公司，也未有证据证明李福康有权直接或间接控制全景公司与智成公司进行涉案交易或谋取私利。因此，智成公司与全景公司之间不构成关联交易。

2. 案号：(2014)通民初字第10141号

法院认为：群英公司提交的证据不足以证明被告薛桂强存在关联交易的行为，亦无法证明被告薛桂强利用关联交易损害了群英公司的利益。在群英公司与万名公司签订《网络推广服务合同》时均由群英公司法定代表人胡井负责，没有证据显示该合同系被告薛桂强利用关联关系进行操纵所形成的。且群英公司支付的款项系支付给了万名公司，而万名公司的股东除了被告薛桂强还有案外人薛松，群英公司与万名公司签订《网络推广服务合同》进行网络推广，而万名公司和被告薛桂强到庭向本院提交了其进行网络推广所完成的工作量并当庭向本院出示了在网络仍尚存的对群英公司法定代表人胡井(网络名称：克克朗琴)进行网络宣传的稿件、帖子等，群英公司法定代表人胡井亦到庭查看。群英公司没有证据证明其因该合同受到了损失，其支付的335000元系按照合同约定支付的合同款项，不能说群英公司支付的合同款就是其遭受的损失，群英公司的该主张不能成立。

3. 案号：(2015)青民二初字第0738号

法院认为：被告作为高级管理人员担任原告总经理要职，在被告任职期间其批准刘斌担任原告市场开发部课长，而刘斌与被告之父滕正官合伙成立天津永春大药房，鉴于双方特殊的关系，原告与天津永春大药房当属关联关系，所产生的交易属关联交易。

原告与天津永春大药房之间涉及货物买卖的关联交易，无论是否由被告利用职权促成，被告作为公司的总经理，同时又分管公司的市场开发部，当然负有将此项关联关系向公司股东会报告的义务。然而，本案尚无证据证明被告履行了报告义务，因此，被告的行为构成对公司忠实义务的违反。

4. 案号：(2017)苏1291民初288号

法院认为：从原告所举证据及被告当庭陈述来看，案涉合同签订时，徐琪为美思达公司、戴格诺思公司及中肽公司三个公司的股东，其同时亦为戴格诺思公司的法定代表人和中肽公司的董事，庭审时并陈述其为戴格诺思公司控制人。美思达公司持有戴格诺思公司90%的股份，其股东分别为徐琪和李湘莉，而李湘与李湘莉又系兄妹关系。李湘在2010年2月25日至11月28日期间，为戴格诺思公司的法定代表人，其同时又是中肽公司的法定代表人。戴格诺思公司与中肽公司之间的法定代表人、董事交叉任职。案涉合同签订时，基于徐琪对中肽公司的重大影响力，而可能导致戴格诺思公司利益转移至中肽公司。而美思达公司为戴格诺思公司的控股股东，其同时又是徐琪与李湘莉设立的公司。因此，案涉合同签订时，徐琪、美思达公司与中肽公司构成关联关系。

三、法律实务研读

我国现行《公司法》第148条第1款第4项和第2款规定，董事、高级管理人员不得“违反公司章程的规定或者未经股东会、股东大会同意，与本公司订立合同或者进行交易……董事、高级管理人员违反前款规定所得的收入应当归公司所有”。因此，从我国《公司法》的规定可以看出，公司法禁止董事、高管人员自我交易的行为，同时对于自我交易主体也仅限于董事、高管。

但是实践中，有的案件并非董事、高管人员与公司直接订立合同或者交易，而是通过非常隐蔽的手段，或者通过其他利益关系成立第三方公司或者以第三人名义与本公司进行交易，此种交易被有的法院认定为间接交易的自我交易，也即从形式上该交易发生在公司与第三人之间，与高级管理人员或董事没有直接的法律关系，但实质上董事、高级管理人员与该交易具有实质性的利害关系。此种间接交易的自我交易若没有确实、充分的证据，则大多数法院会做限缩性的解释，而不认定为自我交易，但若因董事、高管人员行为给公司造成损失的，则可以直接根据我国《公司法》第 21 条之规定从关联交易角度，要求关联人承担赔偿责任。

四、法律实务疑难问题简答

（一）法院在认定关联交易损害公司利益的纠纷中主要考量因素有哪些？

实务中，法院在认定关联交易是否损害公司利益的时候主要的考量因素有：关联交易的程序，是否符合《公司法》及公司章程的规定；关联交易的行为，是否违反法律法规禁止性或强制性规定；关联交易的价格，是否符合市场公允价格，是否充分披露；关联交易活动，是否符合一般商业习惯，是否违背常理等。如果一方的证据能够证明存在上述因素，则法院一般就会认定为关联交易。

（二）公司或股东如何对关联交易给公司造成的损害进行救济？

在出现关联交易损害公司利益的情形下，公司或者股东可以通过公司直接诉讼和股东代表诉讼方式来维护公司的合法权益。

所谓公司直接诉讼是指股东基于股权，对关联方所造成的公司损失要求公司的董事会/执行董事、监事会/监事对以公司的名义直接向法院提起诉讼。而股东代表诉讼又称派生诉讼、股东代位诉讼，是指当公司的合法权益受到不法侵害而公司怠于起诉时，股东以自己的名义起诉，所获赔偿归于公司的诉讼制度。

（三）关联企业人格混同而严重损害债权人利益时，能否将关联企业视为同一主体，向关联企业主张承担连带责任？

我国《公司法》第20条规定了公司法人人格否认制度，对公司股东滥用公司法人独立地位和股东有限责任，逃避债务，严重损害公司债权人利益的，应当对公司债务承担连带责任。实务中很多关联公司在财务、人员等方面高度混同，并在关联公司之间随意转移、处置财产，此种情况下，完全可以将关联公司视为同一主体。与此同时，最高人民法院指导案例15号（徐工集团工程机械股份有限公司诉成都川交工贸有限责任公司等买卖合同纠纷案）也以指导案例的方式支持了涉及关联公司人格混同及法律责任承担问题，即关联公司人格混同，严重损害债权人利益的，关联公司相互之间对外部债务应当承担连带责任。

五、核心法条

《中华人民共和国民法典》

第八十四条　营利法人的控股出资人、实际控制人、董事、监事、高级管理人员不得利用其关联关系损害法人的利益。利用关联关系给法人造成损失的，应当承担赔偿责任。

《中华人民共和国公司法》

第二十一条　公司的控股股东、实际控制人、董事、监事、高级管理人员不得利用其关联关系损害公司利益。

违反前款规定，给公司造成损失的，应当承担赔偿责任。

第一百四十八条 董事、高级管理人员不得有下列行为：

（一）挪用公司资金；

（二）将公司资金以其个人名义或者以其他个人名义开立账户存储；

（三）违反公司章程的规定，未经股东会、股东大会或者董事会同意，将公司资金借贷给他人或者以公司财产为他人提供担保；

（四）违反公司章程的规定或者未经股东会、股东大会同意，与本公司订立合同或者进行交易；

（五）未经股东会或者股东大会同意，利用职务便利为自己或者他人谋取属于公司的商业机会，自营或者为他人经营与所任职公司同类的业务；

（六）接受他人与公司交易的佣金归为己有；

（七）擅自披露公司秘密；

（八）违反对公司忠实义务的其他行为。

董事、高级管理人员违反前款规定所得的收入应当归公司所有。

第二百一十六条 本法下列用语的含义：

（一）高级管理人员是指公司的经理、副经理、财务负责人，上市公司董事会秘书和公司章程规定的其他人员。

……

（四）关联关系是指公司控股股东、实际控制人、董事、监事、高级管理人员与其直接或者间接控制的企业之间的关系，以及可能导致公司利益转移的其他关系。但是，国家控股的企业之间不仅因为同受国家控股而具有关联关系。

第二十一章

股东损害公司债权人利益责任纠纷类案精要与实务指引

一、股东损害公司债权人利益责任纠纷概述

根据我国《公司法》第20条第3款之规定，股东损害公司债权人利益责任纠纷是指公司股东因滥用公司法人独立地位和股东有限责任，逃避债务，严重损害公司债权人利益，对公司债务承担责任的民事纠纷。与此同时，对于股东严重违反法律法规或者公司章程的规定，瑕疵出资（包括未出资或未全面履行出资、抽逃出资等）也应当属于股东损害公司债权人利益的行为。根据上述股东损害公司债权人利益责任纠纷的定义，结合实务中常见的纠纷，笔者总结了以下两种股东损害公司债权人利益的类型：

1. 公司股东滥用公司法人独立地位和股东有限责任损害债权人利益

我国《公司法》对公司股东滥用法人独立地位和股东有限责任的情形，确立了公司人格否认制度。所谓公司人格否认制度是指在承认公司具有独立法人人格的前提下，在特定的法律关系中对公司的法人格及股东有限责任加以否定，以制止股东滥用公司

法人格及有限责任，保护公司债权人的利益。对此，我国《公司法》第 20 条第 3 款明确规定了正向地“刺破公司面纱”，即公司股东滥用公司法人独立地位和股东有限责任，逃避债务，严重损害公司债权人利益的，应当对公司债务承担连带责任。

2. 股东因瑕疵出资（包括未出资或未全面履行出资、抽逃出资）损害公司债权人利益

股东因瑕疵出资损害公司债权人利益的类型在司法实践中也逐年呈高发态势，在股东未出资或未全面履行出资义务的情形下，公司债权人完全可以要求其在未出资的本息范围内，对公司债务不能清偿部分承担补充赔偿责任。而对于抽逃出资的股东，公司债权人也可以要求抽逃出资股东在抽逃出资的本息范围内对公司债务不能清偿部分承担补充赔偿责任。

二、典型案例：债权人如何要求“存在抽逃出资的债务人股东”承担补充赔偿责任？

（一）案情及裁判

谈建民与上海秉宏模具有限公司股东损害公司债权人利益责任纠纷[1]

案件主要事实

1. 上海赛孚锚栓制造有限公司于 2000 年 12 月 21 日成立，股东包括廖淑媛、陆德发、谈建民、张经源、瞿伟忠。2001 年 1 月 18 日，赛孚公司名称变更为上海渊人科技有限公司。

2.2003 年 5 月 7 日，渊人公司形成《股东会决议》，一致同意将原注册资本由 1500000 元增资至 4800000 元，股东谈建民增加

〔1〕 案号：（2015）沪二中民四（商）终字第 575 号；来源：中国裁判文书网。

出资 3300000 元(共计出资 4131000 元),其持股比例由 55.4% 变更为 86.06%。

3. 渊人公司及上海恒辰科技有限公司系上海渊元不锈钢制品有限公司的设立股东,认缴股权分别为 90%、10%。2006 年 12 月 28 日,秉宏公司与渊人公司、恒辰公司签订《股权转让合同书》,约定由渊人公司、恒辰公司将持有的渊元公司 100% 股权作价 5300000 元转让给秉宏公司。后因股权转让款的退还发生纠纷,秉宏公司向法院提起诉讼,法院判决渊人公司、恒辰公司承担返还秉宏公司股权转让款的责任。

4. 秉宏公司向上海市嘉定区人民法院申请执行。因渊人公司、恒辰公司无其他财产可供执行,法院于 2010 年 3 月 26 日作出(2009)嘉执字第 3447 号执行裁定,终结本次执行程序。

5. 秉宏公司认为,谈建民对前述出资款项存在抽逃行为,损害了渊人公司及债权人的利益,故根据我国《公司法》及相关司法解释的规定,向原审法院提起诉讼,请求判令:谈建民在对渊人公司未出资本息范围内对渊人公司不能返还的 2236470.75 元及利息(以 2236470.75 元为本金,以中国人民银行同期贷款利率为标准,自 2009 年 1 月 22 日起算至实际清偿日止)承担补充赔偿责任。

法院认为

对于股东出资义务,谈建民自认其对于渊人公司 4131000 元的出资并未以实际货币出资,相关手续均由闸北区有关开发区一条龙服务。因此,秉宏公司要求其在未出资本息范围内对渊人公司债务不能清偿的部分承担补充赔偿责任,于法有据。

裁判要旨

股东应当按期足额缴纳公司章程中规定的各自所认缴的出资额。股东以货币出资的，应当将货币出资足额存入有限责任公司在银行开设的账户。公司债权人请求未履行或者未全面履行出资义务的股东在未出资本息范围内对公司债务不能清偿的部分承担补充赔偿责任的，人民法院应予支持。

（二）律师点评

本案核心的争议焦点在于作为股东的谈建民是否已经履行了出资义务，这也是庭审中法院认定其是否构成抽逃出资的核心争议点所在。一审庭审中，谈建民并未出庭，而是委托两位非律师作为代理人，并且在庭审中对于法官所询问的是否实际缴纳了出资进行了“从来没有缴纳出资”的回复，由于庭后两位代理人并未出具合法的代理人身份材料，故一审法院按照缺席判决进行了审理。二审中，虽然谈建民提供了大量证据证明其后已经履行了出资义务，但是二审法院从证据的真实性以及庭审记录的角度并未采纳为新证据，以及谈建民的上诉理由，最终认定谈建民存在抽逃出资的情况。

（三）类案检索精要

1. 案号：（2016）沪02民终6449号

法院认为：虽然修订后的《公司法解释（三）》删除了他人代垫资金协助设立公司需承担连带责任的相关条文，但最高人民法院《关于对帮助他人设立注册资金虚假的公司应当如何承担民事责任的请示的答复》（以下简称《答复》）尚未被废止。参照《答复》的意见，腾溪公司协助佳泰公司虚假出资的行为，虽没有直接给潘进喜等他人造成损害结果，但由于其行为，使佳泰公司得以成立，并从事与之实际履行能力不相适应的交易活动，给潘进喜等他人造成不应有的损害后果。因此，腾溪公司具有过错，应在佳泰公司注册资金不实的范围内承担补充赔偿责任。《公司法解释（一）》第1条规定，《公司法》实施后，人民法院尚未审结的和新受理的民事案件，其民事行为或事件发生在公司法实施以前的，适用当时的法律法规和司法解释。因此，本案可参考《答复》的意见对腾溪公司协助他人虚假出资的行为进行处理，腾溪公司应承担相应的法律责任。

2. 案号：(2016)沪0115民初24127号

法院认为，公司资本应当保持充实。被告在2007年8月17日抽逃488万元出资的事实已被生效判决确认，其应依法承担责任。原告主张被告在抽逃出资的本息范围之内对美车饰公司的债务承担补充赔偿责任，该主张于法有据，本院予以支持。被告辩称的验资报告和在美车饰公司运营中通过他人投入资金的意见，已被(2015)沪一中民四(商)终字第1317号民事判决书否定，本院不再赘述。被告另辩称其已在其他案件的履行中为美车饰公司支付了577万余元，本院认为，根据已生效的法律文书，被告承担补充责任的范围是其抽逃的488万元及自2007年8月17日起的利息之和，该金额至2015年已远远超过577万元，因此，被告仍需承担补充赔偿责任，但其在其他案件包括(2014)浦民二(商)初字第1720号案件中已实际履行应承担补充赔偿责任的部分，不再承担。

3. 案号：(2018)京01民终9175号

法院认为：股东损害公司债权人利益责任纠纷，系股东滥用股东权利，不履行公司章程及法律规定的义务，损害了债权人的利益，应对公司债务承担相应责任的民事纠纷，规制的是股东滥用股东权利、不履行义务的行为。本案系华农公司债权人鹰潭合伙企业起诉主张华农公司股东战井春、刘兆君、战大力、王羲元、王临红、王忠厚不履行清算义务，导致公司财产、账册、重要文件灭失，无法清算，应对华农公司债务承担连带清偿责任而引发的纠纷，符合股东损害公司债权人利益责任纠纷的规定。华农公司尚未依法进行清算，不存在对清算组成员在清算期间行为进行认定的问题，不符合清算责任纠纷的规定。

4. 案号：(2016)京0105民初22210号

法院认为：本案中，×公司于2012年11月12日被依法吊销营业执照，已经出现解散事由，应当在15日内依法组成清算组自行清算，但是，崔祥宇作为唯一股东，并未在法定期间内成立清算组对×公司进行清算。崔祥宇作为负有清算义务的股东，应当举证证明×公司可以进行清算。同时，崔祥宇也是×公司的唯一股东，亦应当举证证明其财产与×公司的财产相互独立，没有混同的现象；但是，崔祥宇并未出庭应诉也未提交任何证据，故崔祥宇应当承担举证不能的后果。基于上述理由，崔祥宇应当对×公司在(2011)昌民初字第10474号民事判决书应承担的债务承担连带清偿责任。

三、法律实务研读

(一)股东抽逃出资的举证责任

我国《公司法解释三》第13条明确规定，若股东未履行或者未全面履行出资义务，则债权人有权要求未尽义务的股东在其出资范围内承担补充责任；若股东出资后抽逃出资的，则债权人应当在其抽逃的范围承担补充赔偿责任，上述司法解释对股东抽逃出资所应当承担的法律责任进行了明确的界定，但是司法实践中对债权人来说，要想让抽逃出资的股东承担补充清偿责任，往往在举证责任方面面临着很大的困难和障碍。

依照我国《公司法解释三》第 20 条的规定，“当事人之间对是否已履行出资义务发生争议，原告提供对股东履行出资义务产生合理怀疑证据的，被告股东应当就其已履行出资义务承担举证责任”。该规定是关于股东瑕疵出资的举证责任分配的明确规定，根据该规定，只有在债权人初步提供了对股东未履行出资义务产生合理怀疑的证据时，则举证责任才要倒置给股东，由股东就其已履行出资义务承担举证责任。因此，债权人要追究抽逃出资股东的责任，最基本就是要提供相应的股东未能履行出资的书面证据。

（二）实践中对股东抽逃出资的司法认定

笔者通过检索法院的已判决司法案例，总结并整理了以下五种具有典型代表性的抽逃出资的司法认定，具体类型如下：

1. 股权收购中出资人在不能证明其除注册资金之外还有其他形式资金投入的情况下，收回在公司债权的行为属于抽逃出资。〔1〕

2. 公司未经法定程序在其他股东未分红的情况下，单独给某一股东预期分红，作为买断其股权的对价，存在损害其他股东和公司债权人合法利益的可能性，属于“其他未经法定程序将出资

〔1〕 长春市商业银行北国支行与新产业投资股份有限公司、吉林省商务厅以及吉林新产业投资有限责任公司借款合同纠纷案［最高人民法院（2007）民二终字第 215 号民事判决书］。

抽回的行为”,应认定为抽逃出资。[1]

3. 未履行法定减资程序,减少被开办企业的资金属于变相抽逃资金,应在所抽逃资金范围内承担责任。[2]

4. 未履行法定程序并经工商变更登记的股权转让协议,应认定为名为减资,实为抽逃出资。[3]

5. 公司有权要求抽逃出资的股东补缴出资本息,该抽逃出资的民事责任不因承担行政与刑事责任而免除。[4]

四、法律实务疑难问题简答

(一)股东损害公司债权人利益纠纷案件中,作为债权人的原告所在地人民法院是否具有管辖权?

根据《民事诉讼法》第28条和最高人民法院《关于适用〈中华人民共和国民事诉讼法〉的解释》第24条的规定,侵权行为实施地、侵权结果发生地及被告住所地人民法院对案件均有管辖权。而股东损害债权人利益责任纠纷应当属于侵权案件类型,因此,在债权人通过损害公司债权人利益责任纠纷追究公司或股东的责任时,在债权人所在地法院同样可以提起诉讼,债权人可以在自身所在地法院诉讼。

---

〔1〕 赵长勋与被申请人辽宁中智房屋开发有限公司股权确认纠纷再审审查案[最高人民法院(2013)民申字第286号民事裁定书]。

〔2〕 中国三江航天工业集团公司与中国汽车工业进出口厦门公司、湖北航天汽车工业公司购销合同纠纷申请再审案[最高人民法院(2001)民二监字第152号驳回申请再审通知书]。

〔3〕 安徽新集煤电(集团)有限公司与如东县农村信用合作联社、上海恒德置地有限公司借款合同纠纷案[最高人民法院(2010)民提字第79号民事判决书]。

〔4〕 新疆创世纪转基因技术有限公司与新疆新建投资管理(集团)有限公司借款纠纷抗诉案[最高人民法院(2011)民抗字第28号民事判决书]。

(二)股东损害公司债权人利益责任纠纷案件中的诉讼时效应当从何时起算?

根据我国《公司法解释(二)》的规定,股东损害公司债权人利益责任纠纷中的股东清算赔偿责任实质上为清算义务人对公司债权人的侵权责任,诉讼时效的计算起点应当以权利人知道或应当知道权利遭受损害时为准。具体而言,应当由清算义务人承担举证责任倒置,证明债权人知道或应当知道股东怠于履行清算义务,导致公司财产毁灭、灭失,无法清算的时间节点。

(三)股东对公司债务承担连带责任情形下的公司人格否认的认定和适用条件?

我国《公司法》第 20 条第 3 款规定了公司人格否认制度,即"公司股东滥用公司法人独立地位和股东有限责任,逃避债务,严重损害公司债权人利益的,应当对公司债务承担连带责任"。虽然我国《公司法》规定了上述股东在特定情形下的连带责任承担,但是实务中对公司人格否认制度的认定还是较为谨慎和严格的,只有在公司股东存在严重的滥用公司独立法人地位和股东有限责任,且主观上存在明显的逃避债务的过错的情况下,才能适用公司法人人格否认制度追究股东的连带责任。

司法实践中,对是否构成公司人格否认,应当主要从以下三个方面考虑:(1)公司是否合法地取得了独立法人资格;(2)公司股东具体滥用公司人格的情形,如公司资本显著不足、过度控制、人格混同、公司人格形骸化等;(3)公司股东对公司人格的滥用,且严重侵害了债权人的合法利益。

五、核心法条

《中华人民共和国公司法》

第二十条第三款 公司股东滥用公司法人独立地位和股东有限责任，逃避债务，严重损害公司债权人利益的，应当对公司债务承担连带责任。

最高人民法院《关于适用〈中华人民共和国公司法〉若干问题的规定(二)》(法释〔2020〕18号修正)

第十九条 有限责任公司的股东、股份有限公司的董事和控股股东，以及公司的实际控制人在公司解散后，恶意处置公司财产给债权人造成损失，或者未经依法清算，以虚假的清算报告骗取公司登记机关办理法人注销登记，债权人主张其对公司债务承担相应赔偿责任的，人民法院应依法予以支持。

最高人民法院《关于适用〈中华人民共和国公司法〉若干问题的规定(三)》(法释〔2020〕18号修正)

第十二条 公司成立后，公司、股东或者公司债权人以相关股东的行为符合下列情形之一且损害公司权益为由，请求认定该股东抽逃出资的，人民法院应予支持：

(一)制作虚假财务会计报表虚增利润进行分配；

(二)通过虚构债权债务关系将其出资转出；

(三)利用关联交易将出资转出；

(四)其他未经法定程序将出资抽回的行为。

第二十二章

请求公司收购股份纠纷类案精要与实务指引

一、请求公司收购股份纠纷概述

我国《公司法》第 74 条和第 142 条分别对有限责任公司和股份有限公司的股东请求公司收购股份进行了明确的规定。公司股权回购制度又称异议股东股份收购请求权制度，是维护公司稳定，平衡公司股东之间权益的重要制度，此制度的核心价值在于保护公司中小股东的利益，使异议股东能够以合理而公平的股份补偿方式退出公司，进而使公司的中小股东不再受“多数决”形成决议的约束。法学理论上，所谓异议股东股份收购请求权是指经 2/3 以上表决权的股东在股东会上就公司的重大事项进行决议时，少数持有异议的股东因不同意公司的重大事项而要求公司对其所持有的股权进行评估，并要求公司以公平的价格予以购买的权利。

二、典型案例(一):什么情况下才可以实质性触发《增资协议》中的“股权回购条款”?

(一)案情及裁判

南京源达投资中心(有限合伙)诉张建国请求公司收购股份纠纷[1]

案件主要事实

1. 2015年8月24日,源达投资与视畅公司及视畅公司全体原股东,包括张建国(丙方、实际控制人王守军)、A公司(丁方、Pre-A和A轮投资人,以下简称A公司)、郑某与张某(戊方、天使投资人)签订《投资协议书》。

2.《投资协议书》载明:第4条投资后资本结构:源达投资出资37.125万元出资比例5.4%;第9条完成投资:甲方应自收到上述材料后10个工作日内或第5条约定的交割条件全部满足之日向公司支付剩余投资款5808750元,剩余投资款付款完成视为本轮投资完成;第19条回购权:如遇有以下情形之一的,投资者在不违反中国法律法规的前提下,有权要求公司及丙方回购其持有公司的全部或部分股权。(1)丙方或实际控制人出现重大诚信问题,尤其是公司出现投资者不知情的重大账外现金销售收入时;……(4)由于丙方或实际控制人或公司管理层提供虚假信息或有意隐瞒信息而误导投资者的投资决策;(5)丙方或实际控制人或公司实质性地违反其于本协议中作出的陈述与保证,或违反其在本协议下的主要义务,或丙方、实际控制人、公司因违反法律法规而遭受重大行政处罚或刑罚。

3. 2015年9月24日,源达投资支付视畅公司371250元。

〔1〕 案号:(2017)沪01民终3042号;来源:中国裁判文书网。

2015年11月18日，源达投资支付视畅公司5808750元。2015年10月16日，视畅公司将源达投资等登记为公司股东。

4. 2016年9月12日，王守军向源达投资解某等发出电子邮件，附件为乐视投资协议书之补充协议，言明A股权转让，由B和崔某接受；补充协议主要内容为A公司向视畅公司投资认缴投资500万元并更为309375元（已付），对应注册资本19143元，增加两名投资人B企业（有限合伙）和崔某，合计认缴投资4690625元，等等。2016年9月26日，视畅公司向各股东发出召开临时股东会的通知，拟定于2016年10月14日召开股东会，就引入新投资人等事项进行表决。2016年9月30日，源达投资电子邮件答复称，战略投资者乐视未履行投资协议，而王守军未对此妥善解决，亦不同意履行回购义务，源达投资无法认同临时股东会的所有议题。后王守军于2016年10月11日电子邮件通知视畅公司各股东取消10月14日的临时股东会。

5. 源达投资向一审法院起诉请求：王守军、张建国、视畅公司共同收购源达投资享有的视畅公司5.4%的股权（对应出资额人民币600万元），回购价格以371250元为基数，自2015年9月25日起算；以5808750元为基数，自2015年11月19日起算，均计算至实际支付之日止，按年利率30%标准计算。

法院认为

1. 源达投资并无证据证明张建国与王守军出现重大诚信问题，尤其是视畅公司存在其不知情的重大账外现金销售收入情形。

2. 法院无法认定张建国或王守军提供虚假信息或有意隐瞒信息而误导源达投资的投资决策。

3. 未有证据证明源达投资对视畅公司经营行为提出过异议，

在源达投资完成股权交割后再因经营活动而涉诉的不应再认定为视畅公司对其陈述与保证的违反；另外，就已生效裁判文书所确定的赔偿金额，相对于视畅公司注册资本、源达投资在本轮融资中的投资额等而言，并不重大，难以构成"实质性"的违反陈述与保证的限定。综上，法院认为，系争《投资协议书》合法有效，并无证据表明视畅公司、张建国、王守军存在违约情形足以触发协议中所约定的股权回购条款。

裁判要旨

股权投资，尤其是风险投资，因其高额的回报属性决定了投资本身具有很大的风险性。市场经济环境下，风险与回报应是对等的。源达投资因投资决策的失误即启动诉讼方式，以期收回投资，显然有悖诚信和市场准则。源达投资在无证据表明视畅公司、张建国、王守军存在违约情形，足以触发协议中所约定的股权回购条款的情况下，其所主张的诉讼请求，法院难以支持。

（二）律师点评

本案中作为股权投资人的源达投资欲通过触发增资协议中的股权回购条款，来要求标的公司的其他股东返还其投资款，在一审、二审法院的庭审中，针对本案的核心争议焦点，即标的公司视畅公司、张建国、王守军在履行投资协议的过程中是否已经实质性的违约，并实质性地触发了股权回购条款进行了翔实的法庭调查和辩论。从源达投资所提供的证据和庭审记录来看，并不能认定视畅公司、张建国、王守军已经实质性地违反了投资协议的约定，也不能认定已经实质性地触发了股权回购条款的约定，故一审、二审法院从事实和法律的角度依法驳回了源达投资的起诉。

（三）法律实务研读

随着股权投资的兴起，股权投资人往往会在投资协议中约定股权回购条款来保障自身投资的权益，在繁冗且存有很多格式条款的《增资协议书》《投资协议书》《股份转让协议》等法律文件中，股权回购条款一般会被视为双方当事人合理的风险安排，也被认定为投资人的保底条款，但司法实践中对于股权回购条款的效力因个案不同而具有很大的区别，且对于是否触发了股权回购条款的条件也往往成为投资人能否顺利要求目标公司回购股权的前提。针对目前私募股权投资领域常见的股权回购条款，笔者从股权回购条款的类型和效力等角度简要进行以下简要剖析。

1. 实务中常见的股权回购条款的类型

股权投资，尤其是私募股权投资中常见的股权回购条款有：

（1）约定由所投资的目标公司承担股权回购义务；

（2）约定由所投资的目标公司股东承担股权回购义务；

（3）同时约定由投资的目标公司和公司股东共同承担股权回购义务；

（4）约定由所投资的目标公司的非股东高管（董事长、执行董事、总经理等）承担股权回购义务。

2. 股权回购条款的法律效力

股权回购系对赌条款的常见表现形式之一，司法实践中对于投资人在投资协议中约定股权回购条款的法律效力问题尚未达成统一的认识，因此对于股权回购的法律效力和合法性的争论一直未能停止。支持认可股权回购条款合法性的一方认为，只要投资协议的内容（包括股权回购条款）不违反《合同法》第52条关于合同无效的规定，就应当认可其法律上的效力；但是持反对意见的一方却认为，股权回购条款（对赌条款之一）实际上有损合同公平、平等的契约精神，被投资的目标公司实际上是出于无奈而被迫接受的。

虽然对于股权回购条款的法律效力存在上述两种不同的观点，但是根据“法无禁止即自由”的民法原理及《公司法》的立法精神，在我国《公司法》未作禁止性规定，且股权回购条款及对应的投资协议不违反国家法律、行政法规的禁止性规定，更不属于格式条款的情形下，投资协议中关于回购条款的承诺是当事人在投资协议外特别设立的保护投资人利益的条款，属于缔约过程中当事人对投资合作商业风险的安排，系各方当事人的真实意思表示，应当认定股权回购条款合法有效。

三、典型案例（二）：股东请求公司回购股权的“股权价格”如何确定？

（一）案情及裁判

上海协力卷簧制造有限公司、陈小立请求公司收购股份纠纷[1]

案件主要事实

1. 2000 年 9 月 20 日，协力公司经工商部门核准设立。股东为上海市城镇工业合作联社、上海钟表有限公司、上海倍福来企业发展有限公司及罗建华等 20 名自然人股东。

2. 2009 年 6 月 18 日，蔡国丁、陈小立等 4 人与协力公司股东罗建华等 20 人共同签订《股权转让协议书》一份，将其中的 30% 股权作价 270 万元转让给蔡国丁、陈小立等 4 人。其中，陈小立

〔1〕 案号：(2017) 沪 02 民终 6961 号；来源：中国裁判文书网。

受让3%股权(对应转让价款27万元)。陈小立承诺,以2008年年报为准,应付利润在2年内仍由原公司股东分配享受,陈小立不参加红利分配。上述协议签订后,协力公司为陈小立办理了股权转让变更登记手续。

3. 2015年9月19日,协力公司经营期限届满后,陈小立即向协力公司提出要求回购股权。2015年10月26日,协力公司回函称,同意陈小立股权退出,但目前难以马上实施解决。主要原因是因为公司营运资金比较紧张,一旦抽出大笔现金回购股权,公司将会因流动资金短缺而难以维持正常运行等。

4. 陈小立向法院起诉请求:判令协力公司以619602.59元的价格回购其持有的协力公司3%的股权。

法院认为

1. 陈小立要求以协力公司的资产负债表记载的所有者权益及未分配利润为基数来确定股权的价格,陈小立就其诉请的金额已经提供了初步的证据材料。现协力公司不同意以该资产负债表作为评判股权价格的依据,则其应当对此承担举证责任。即在此种情况下,协力公司负有提起司法鉴定申请的义务。

2. 根据本案实际情况,鉴于协力公司无法提供相反证据来否定陈小立主张的依据,故应当以协力公司截至2015年12月31日资产负债表所记载的企业所有者权益19502056.72元为基数,并结合陈小立所持有的协力公司的股份比例折算相应股权回购价格。

3. 至于陈小立主张该资产负债表所列未付利润1151362.92元一并纳入股权回购价格的计算基数的意见,一审法院认为,该未付利润系历年来协力公司账面反映的应当分配给股东而未分配的利润。结合 2008 年至 2015 年期间协力公司资产负债表关于未付利润的记载情况，可见，2015 年的资产负债表所列的未付利润系在陈小立等人于 2009 年 6 月成为协力公司股东之前所产生的应分配给当时股东的利润，故陈小立主张该部分利润一并作为本次股权回购价格的基数，并无事实及法律依据，不予认可。

裁判要旨

对需要鉴定的事项负有举证责任的当事人，在人民法院指定的期限内无正当理由不提出鉴定申请或者不预交鉴定费用或者拒不提供相关材料，致使对案件争议的事实无法通过鉴定意见予以认定的，应当对该事实承担举证不能的法律后果。现协力公司明确表示无法预缴相关鉴定费用，则由此导致的无法通过司法审计及评估的方式来确定公司股权价格的后果，应由协力公司自负。

（二）律师点评

本案陈小立作为请求回购股份的回购方依据公司章程和《公司法》相关规定，依法行使回购权合理合法，具有事实依据和法律依据。之所以产生争议，在于双方对于回购股份价格的基数存在巨大的争议。陈小立主张按照 2015 年之前的资产负债表为计算基数，但是公司这边认为资产负债表不能真实反映公司的真实财务状况，故不同意按照资产负债表进行计算。一审、二审法院均询问公司是否申请审计评估，但是公司均以费用不足为由拒绝预交评估费，导致法院无法参考股权回购的股权价格，因此，一审、二审法院根据证据的基本原则，由此造成的不利后果应由协力公司自行承担，最终判决以资产负债表为参考计算依据。

（三）法律实务研读

司法实践中，请求公司收购股份纠纷频发的争议问题主要集中在股权回购的条件、回购股权的价格的认定以及股权回购协议的法律效力等方面，其中对回购股权价格的确定在实践中争议最大，如何确定股东退出公司时的股权回购价格也因个案的不同产生了不同的股权价格确定方法。我国《公司法》第 74 条只是规定了“合理的价格”，但是对于合理的价格的理解实务中却众说纷纭，莫衷一是。

实务中对股权价格的确定一般情况下采取先协商后评估的方式。由于股权回购请求方和公司对公司价值和股权的价值是最了解的，在双方对彼此和股权价值均了解的比较充分的情况下，采取协商的方式确定股权的价格是最简便的，也是效率最高的，不但降低了股权价格确定的成本，使股权收购的交易成本大大减少，同时也体现了对公司股东和公司自由意志的尊重，是股权回购价格确定的理想方式。当然，在协商不成的情况下，只能通过请求法院司法裁判的方式，而法院对股权价值的衡量主要参考公司的注册资本金、公司资本总额及公司净资产总额等。若双方对股权的价值难以达成统一意见，可以申请司法审计并以审计结果为准。

其中，江西省高级人民法院《关于审理公司纠纷案件若干问题的指导意见》第 68 条规定：股东依照《公司法》第 75 条（现为第 74 条）之规定要求公司收购股权，但就股权收购价格不能协商一致的，股东主张以评估方式确定股权收购价格的，人民法院应予支持。山东省高级人民法院《关于审理公司纠纷案件若干问题的意见（试行）》第 83 条规定：股东依照《公司法》第 75 条（现为第 74 条）之规定要求公司收购股权，但就股权收购价格不能协商一致的，股东主张以评估方式确定股权收购价格的，人民法院应予支持。

四、类案检索精要

1. 案号:(2017)闽 0104 民初 3553 号

法院认为:因原告、被告就股权的收购价格无法达成协议,被告公司章程亦未就收购股权的价格作出约定,法律亦没有对股权收购价格如何确定作出规定,鉴于原告、被告均同意以审计、评估结论作为股权收购价格的依据,符合法律规定,本院予以认可。本案争议焦点在于采用何种评估方法确定本案被告的股东全部权益。根据《评估报告书》,资产基础法与收益法考虑的角度不同,基于各方面因素影响,收益法测算结果存在较大的不确定性,故本次评估福建联合中和资产评估土地房地产估价有限公司最终选取资产基础法作为评估结论,即被告股东全部权益价值为 9474800 元,对该结论,本院予以确认。综述,可确认被告收购原告的股权价格为 9474800 × 1% = 94748 元。

2. 案号:(2013)中二法东民二初字第 102 号

法院认为:由于双方均未申请对股权价值或丽莎公司的资产总额予以评估,因此应按照丽莎公司实际资产确定股份回购价格。又因原告葛宝敬对丽莎公司提供的资产负债表中无形资产及固定资产部分均予以确认,故本院对丽莎公司提供的资产负债表予以采信。原告与丽莎公司确认评估的基准日以资产评估部门评估日期为准,而深圳国策房地产土地估价有限公司第一次现场查勘时间为 2013 年 10 月 21 日,因此丽莎公司名下位于中山市 ×× 村的工业用地价值应以 2013 年 11 月 6 日评估价为准,即该幅土地使用权评估价为 2266.66 万元。另外,资金具有流动性,为避免重复计算,被告丽莎公司的资产状况均应以 2013 年 11 月 30 日资产负债表为准。又由于 2013 年 11 月 30 日资产负债表载明的固定资产数额远远低于同时段丽莎公司名下中山市 ×× 村工业用地的评估价，显然 2013 年 11 月 30 日丽莎公司资产负债表中的固定资产并未囊括中山市 ×× 村工业用地的价值，因此中山市 ×× 村工业用地的价值应计入丽莎公司资产总额。

3. 案号：(2017)津 0101 民初 4865 号

法院认为：股权回购权是《公司法》赋予有限责任公司中异议股东的权利，而且只有符合《公司法》规定的特定条件才能行使，如果股东不符合该条件则只能通过股权转让的方式将出资款收回，否则有可能涉嫌抽逃出资。实施股权回购请求权有严格条件限制，即有下列三种情形之一，并且股东会在该股东反对票的情况下依然做出了有效的决议，该投反对票的股东才可以请求公司按照合理的价格收购其股权。这三种情形分别是：(1)公司连续 5 年不向股东分配利润，而公司该 5 年连续盈利，并且符合公司法规定的分配利的条件；(2)公司合并、分立、转让主要财产；(3)公司章程规定的营业期限届满或章程规定的其他解散事由出现，股东会会议通过修改章使公司存续。庭审中，原告未能提交其已符合上述三种情形之一的证据，故原告要求被告回购其股权的诉讼请求，本院无法支持。

4. 案号：(2011)仓民初字第 2405 号

法院认为：因原告、被告就股权的收购价格无法达成协议，被告公司章程亦未就收购股权的价格作出约定，法律亦没有对股权收购价格如何确定作出规定，故应综合本案事实分析认定。因被告系国有控股企业，根据国务院国有资产监督管理委员会《关于加强企业国有资产评估管理工作有关问题的通知》，对企业进行价值评估，企业应当提供与经济行为相对应的评估基准日审计报告。从被告提交的闽立信(2011)评字第025号《报告书》载明的内容,可以看出无评估基准日的会计报表并经审计的审计报告,并且根据《企业国有资产评估管理暂行办法》规定,评估单位不能就同一经济行为提供审计业务,由此被告福州安远公司委托的福建立信资产评估公司所作出的结论存在瑕疵,不能真实反映被告福州安远公司的资产情况,从而不能作为认定股东权益价值的依据。

五、法律实务疑难问题简答

(一)公司单方面出具的会计报表能否作为股权收购合理价格的确定依据?

大连市中级人民法院作出(2014)大民三终字第497号判决书中认为,股权收购的价格,应当由股东和公司协商确定,在双方不能达成一致意见时,应由专业的评估机构评估确定。公司单方面出具的会计报表虽经专业的会计师事务所进行了审计,但该会计报表的各项数据仅能体现公司各项资产的账面价值,其资产的实际市场价值无从确定,因此,不能作为股权收购合理价格的确定依据。

(二)公司章程中是否可以规定法定之外的异议股东请求收购股份事由?

对此问题,实践中有不同的观点,其中有的学者认为异议股东请求收购股份的请求权具有法定性,仅在《公司法》明确规定的情形下才能行使,故公司章程不得另行约定。重庆市第一中级人民法院作出的(2007)渝一中法民终字第1454号判决书中认为,有限责任公司股东以股东会决议违反公司章程为由,提起撤销股东会决议之诉，应以公司为被告。公司向股东支付资金回购本公司股份均会造成公司与股东身份混同，故除法律明文规定的情形外，有限责任公司回购本公司股份应坚决禁止。

但持不同意见的人认为，《公司法》虽然没有直接赋予公司章程规定其他事由的权利，但是《公司法》规定了公司可以减少注册资本，而公司减资可以出于各种目的，包括收购异议股东股份，该种减资并不被《公司法》所禁止。因此，公司章程可以规定法定之外的异议股东请求收购股份事由，但是必须履行法定的减资程序。

(三)公司连续5年盈利且连续5年不向股东分红，能否在不召开股东会，且股东明确表示反对的情况下，依法行使异议股东股权回购请求权？

上海市第二中级人民法院作出的(2010)沪二中民四(商)终字第1406号认为，根据《公司法》第75条规定，在大股东和被告公司采取消极不合作方式，对请求回购的小股东权利救济带来困难的情况下，虽未实际召开股东会，但已经满足“连续五年不分配利润”和“连续五年盈利”的回购条件，人民法院可以认定股东要求被告公司收购其股权的条件已经成立。因此，实务中，虽未实际召开股东会，但已满足“连续五年不分配利润”和“连续五年盈利”的回购条件，可以认定公司回购股权的条件成就。

六、核心法条

《中华人民共和国公司法》

第七十四条 有下列情形之一的，对股东会该项决议投反对票的股东可以请求公司按照合理的价格收购其股权：

(一)公司连续五年不向股东分配利润，而公司该五年连续盈利，并且符合本法规定的分配利润条件的；

（二）公司合并、分立、转让主要财产的；

（三）公司章程规定的营业期限届满或者章程规定的其他解散事由出现，股东会会议通过决议修改章程使公司存续的。

自股东会会议决议通过之日起六十日内，股东与公司不能达成股权收购协议的，股东可以自股东会会议决议通过之日起九十日内向人民法院提起诉讼。

第一百四十二条 公司不得收购本公司股份。但是，有下列情形之一的除外：

（一）减少公司注册资本；

（二）与持有本公司股份的其他公司合并；

（三）将股份用于员工持股计划或者股权激励；

（四）股东因对股东大会作出的公司合并、分立决议持异议，要求公司收购其股份；

（五）将股份用于转换上市公司发行的可转换为股票的公司债券；

（六）上市公司为维护公司价值及股东权益所必需。

公司因前款第（一）项、第（二）项规定的情形收购本公司股份的，应当经股东大会决议；公司因前款第（三）项、第（五）项、第（六）项规定的情形收购本公司股份的，可以依照公司章程的规定或者股东大会的授权，经三分之二以上董事出席的董事会会议决议。

公司依照本条第一款规定收购本公司股份后，属于第（一）项情形的，应当自收购之日起十日内注销；属于第（二）项、第（四）项情形的，应当在六个月内转让或者注销；属于第（三）项、第（五）

项、第（六）项情形的，公司合计持有的本公司股份数不得超过本公司已发行股份总额的百分之十，并应当在三年内转让或者注销。

上市公司收购本公司股份的，应当依照《中华人民共和国证券法》的规定履行信息披露义务。上市公司因本条第一款第（三）项、第（五）项、第（六）项规定的情形收购本公司股份的，应当通过公开的集中交易方式进行。

公司不得接受本公司的股票作为质押权的标的。

第二十三章

公司解散纠纷类案精要与实务指引

一、公司解散纠纷概述

公司解散纠纷是指将公司消灭的纠纷，即注销公司。严格意义上讲，根据我国《公司法》第182条之规定，公司解散之诉是指公司经营管理发生严重困难，继续存续会使股东利益受到重大损失，通过其他途径不能解决的，持有公司全部股东表决权10%以上的股东，可以请求人民法院解散公司，因此，在公司陷入僵局之时，持有10%以上表决权的股东可以行使公司解散权，但是司法实践中对于公司僵局的理解众说纷纭，法院也因个案的不同支持或者不支持公司解散，因此，股东欲提起公司解散之诉，必须有充分的证据证明解散公司之诉符合解散之诉的构成要件，否则将很难说服法院作出解散公司的判决。

二、典型案例：因股东之间的矛盾而提起“解散公司之诉”能否被法院支持？

（一）案情及裁判

刘东与上海国双建筑工程设计有限公司公司解散纠纷[1]

案件主要事实

1. 上海国双建筑工程设计有限公司（以下简称国双公司）于2011年11月17日成立，营业期限从2011年11月17日至2021年11月16日。公司注册资本人民币（以下币种均为人民币）10万元，由任梦悦担任法定代表人，公司登记股东为刘东、任梦悦、商玉鑫，持股比例分别为42%、44%、14%。

2. 国双公司于2015年8月向原审法院提起股东损害公司利益责任纠纷之诉，要求刘东返还国双公司款项50万元、赔偿律师费损失2.5万元并承担诉讼费。原审法院于2015年10月21日作出判决，判令刘东归还国双公司款项50万元。

3. 后股东刘东认为国双公司经营陷入僵局，继续存续会导致股东损失扩大，故提起本案诉讼，请求判令解散国双公司。

法院认为

1. 国双公司虽承认目前略有亏损，但有亏损与经营管理发生严重困难之间不能直接画等号，刘东并无证据证明公司经营管理发生严重困难，公司内部管理机制完全失灵。

2. 通过其他途径不能解决是股东请求解散公司的前置性条件，只有在穷尽一切可能的救济手段仍不能化解公司僵局时，才赋予股东通过司法程序强制解散公司的权利。国双公司及第三人均表示如刘东要退出公司，应把擅自占有的钱款还给公司，然后

[1] 案号：（2016）沪02民终5064号；来源：中国裁判文书网。

再退出，刘东并未穷尽一切手段。刘东要求解散国双公司的主张不符合相关法律规定。

裁判要旨

公司经营管理严重困难包括两种情况：一是公司权力运行发生严重困难，股东会、董事会等权力机构和管理机构无法正常运行，无法对公司的任何事项作出任何决议，即公司僵局情形；二是公司的业务经营发生严重困难，公司经营不善、严重亏损。公司股东之间的矛盾并不必然导致公司解散，司法应审慎介入公司事务，凡有其他途径能够维持公司存续的，不应轻易解散公司。

(二)律师点评

本案争议的焦点在于作为股东之一的刘东所提起的解散公司之诉是否符合《公司法》规定的要件，根据庭审的事实和我国《公司法》关于解散公司之诉的规定，解散公司有严格的条件，并非股东之间只要发生了不可调和的矛盾，就可以提起解散公司之诉，且提起公司解散之诉有一个重要的前提要件，即提起解散之诉的股东必须穷尽了内部全部的救济途径，只有在内部无法解决的情况下，才可以根据解散公司之诉的要件进行起诉。

(三)类案检索精要

1. 案号：(2017)京03民终9108号

法院认为：本案中，吴光峰持股超过10%，可以起诉要求解散公司。其次判断公司经营管理是否出现严重困难，应当从公司的股东会、董事会或执行董事、监事会或监事的运行现状进行综合分析。“公司经营管理发生严重困难”的侧重点在于公司管理方面存有严重内部障碍，不应片面理解为公司未经营或严重亏损等经营性困难。现吴光峰提供的证据也不足以认定公司经营管理已发生其他严重困难，公司继续存续会使股东利益受到重大损失。最后股东应当穷尽所有的手段和措施仍不能得到救济，才宜请求解散公司。公司法授权股东尤其是中小股东通过解散公司来维护自己合法权益，其前提条件是该股东已寻求并穷尽一切手段和措施维护自己的权益，仍然不能获得有效救济。本案在一审法院审理过程中，陈支运亦明确表示同意解散公司并愿意配合吴光峰办理公司解散手续。因此，无论陈支运是否为公司股东，天外天公司均可以通过其他途径解决公司解散问题。

2. 案号：(2018)京01民终4908号

法院认为：根据各方当事人陈述，安方达公司主要是通过持股兴安方达公司进行经营，目前尚无证据显示安方达公司经营管理存在困难、无法继续经营的情况。另外，根据《公司法》关于司法解散制度的上述规定，解散的情形主要限于公司僵局，股东受到其他股东压迫，无法直接参与公司的经营管理，无法得知公司的经营状况等，不是认定“经营管理发生严重困难”的直接依据，徐行依据其受到了大股东喻娟以及实际控制人方尽娆的压迫，无法行使对公司的知情权和有效的经营管理的权利，要求解散安方达公司，不符合《公司法》及其司法解释的规定。综合上述认定，一审法院对徐行诉讼请求未予准许，并无不当，本院对徐行的上诉请求及事实理由亦不予支持。

3. 案号：(2015)朝民(商)初字第43015号

法院认为：本案中，公司有三名股东，居垒和夏辉各持有33%的股份，高石持有34%股份。因股东之间意见存有分歧、互不配合，无法形成有效股东决议，公司出现僵局，并直接影响了公司的运营。由于公司的内部机制已无法正常运行、无法对公司的经营作出决策，可以认定润泽富达公司的经营管理已发生严重困难。润泽富达公司是从事澳洲天然水进口和分销业务，高石负责水源地协议签订和进口流程管理，由于高石与其他股东之间的矛盾，使公司在相当长的一段时间里，没有正常开展经营活动，各方也没有意愿协商解决矛盾，以恢复公司正常经营，各方投资公司的目的已无法实现，利益受到重大损失。本案中，居垒在提起公司解散诉讼之前，已通过其他途径试图化解各股东之间的矛盾，包括高石转让股权退出公司等，对此高石明确拒绝退出公司，也拒绝讨论公司存续和经营事宜，并首先要求注销公司，各方已经不能协商一致使公司存续。此外，在诉讼过程中，高石向法院邮寄了同意法院依法解散公司的个人意见，但法院通过电话无法与其取得联系，高石亦拒绝受领法院传票并拒不到庭，法院不能就各方矛盾及公司存续问题进行调解。故润泽富达公司已符合法律、司法解释所规定的股东提起解散公司之诉的条件。

4. 案号:(2018)沪 02 民终 10897 号

法院认为:股东追究高管损害公司利益的责任是本案之外的另一个法律事实，且即便周亮确实如新众大公司所述挪用了公司资金，该金额仍难以解决公司目前更高额的负债。此外，针对可能存在的公司品牌效应一节，二审中，本院亦询问了新东盟公司及其各股东，是否考虑公司回购股权或由某一个某几个股东收购新东盟公司股权从而得以使公司继续存续，品牌继续使用，但各方当事人均明确表示拒绝。换言之，各股东对于新东盟公司的前景均不再看好，亦均无接盘继续经营的诚意。至此，本院认为，新东盟公司已产生严重的经营管理困难，继续存续会使股东利益的损失进一步扩大，故应及时止损。股东间或股东与公司高管间的其他纠纷亦可在公司解散后的清算过程中一并解决。基于此，一审判令解散新东盟公司合法有据，本院予以维持。

三、法律实务研读

公司解散之诉的受理条件和法院对于公司解散的实质性审查均在我国《公司法》第 182 条进行了明确的规定，但是最终公司能否解散实际上仍最终取决于公司是否存在僵局，以及是否符合《公司法》第 182 条所规定的实质性条件，并不取决于公司僵局产生的原因，但是综合实践中法院的判例，公司僵局也并不一定导致公司的解散，司法应当审慎介入公司事务，凡有其他途径能够维持公司存续的，不应轻易解散公司。因此，笔者认为，在公司解散之诉中，应主要从以下三个方面重点考查公司解散之诉的实质性构成要件：

1. 公司经营管理发生困难不能简单等同于公司僵局。很显然，二者不能简单地化作等号，只能说公司解散纠纷之诉中大部分公司经营管理发生严重困难的情况下，一般就意味着公司陷入了僵局，但不包括公司因市场环境原因或本身财务困境导致的亏损等经营困难。然而若公司符合我国《公司法解释二》所明确规定的三种典型僵局（经营管理严重困难）形态，则公司一般会被认定为陷入僵局，即（1）公司持续 2 年以上无法召开股东会或者股东大会，公司经营管理发生严重困难的。（2）股东表决时无法达到法定或者公司章程规定的比例，持续 2 年以上不能做出有效的股东会或者股东大会决议，公司经营管理发生严重困难的。（3）公司董事长期冲突，且无法通过股东会或者股东大会解决，公司经营管理发生严重困难的。

2. 公司继续存续应当会使股东利益受到重大损失。此条也是我国《公司法》第182条所明确规定的条件之一。对此，法院在办理公司解散之诉的案件中也会重点审查公司的盈利状况和股东是否能通过正常行使股东权利参与公司决策等，若公司已经无法正常盈利，且股东也无法正常参与公司决策，则会被认定为若继续存续则股东的权益受到重大损失。

3. 已经穷尽了其他手段仍无法解决的。司法实践中，法院出于谨慎的角度，若发现公司尚有其他合理手段未使用的，则一般会在判决作出之前再次告知股东应穷尽所有可能对公司、股东和其他利益相关者更为和缓的救济手段和方案，若确实存在且容易实现的，法院一般不会判决解散。那么这种穷尽所有诉讼之外的手段，包括不限于公司内部股东的协调、公司内部章程规范等；穷尽公司解散救济之外的救济方案，如股东查账、强制股权置换、股东退股、要求撤销变更股东决议、赔偿损失等。

综上所述，公司只有在完全符合了上述三个构成要件之后，法院才会在依法认定相关事实的基础上，适用《公司法》第182条和公司法司法解释的规定作出解散公司的判决。

四、法律实务疑难问题简答

（一）公司解散纠纷中，股东提起解散公司诉讼应当以谁为被告？

根据《公司法解释（二）》第4条之规定，股东提起解散公司诉讼应当以公司为被告。原告以其他股东为被告一并提起诉讼的，人民法院应当告知原告将其他股东变更为第三人；原告坚持不予变更的，人民法院应当驳回原告对其他股东的起诉。原告提起解散公司诉讼应当告知其他股东，或者由人民法院通知其参加诉讼。其他股东或者有关利害关系人申请以共同原告或者第三人身份参加诉讼的，人民法院应予准许。

（二）公司解散纠纷案件中调解是不是前置程序？

《公司法解释（二）》第 5 条第 1 款规定，人民法院审理解散公司诉讼案件，应当注重调解。当事人协商同意由公司或者股东收购股份，或者以减资等方式使公司存续，且不违反法律、行政法规强制性规定的，人民法院应予支持。当事人不能协商一致使公司存续的，人民法院应当及时判决。因此，调解并不是公司解散纠纷案件的前置程序，只不过法院在审理此类案件时优先进行调解。

（三）实务中，公司解散纠纷案件如何计收案件受理费？

目前对于公司解散之诉如何计收案件受理费尚未有明确的法律法规的规定进而导致不同地区的法院对于如何计收公司解散之诉案件受理费的做法较为多样。司法实践中，有多地法院（如上海、山东、江西等）对于公司解散案件以公司注册资本为基础按照财产案件计收案件收费。其中，上海市高级人民法院《关于审理公司纠纷案件若干问题的解答》（沪高法民二〔2006〕8 号）（现行有效）第 6 条明确，“鉴于股东请求解散公司诉讼案件，属于财产争议案件，在最高法院对此类案件的受理费作出明确规定之前，本市法院按照被解散公司的注册资本数额，计收案件受理费”。而北京和深圳的福田区，则是按照非财产案件计收案件受理费，每件收取 50~100 元，江苏省物价局也发文明确以此类案件每件 80 元的标准收取案件受理费。

五、核心法条

《中华人民共和国公司法》

第一百八十二条 公司经营管理发生严重困难，继续存续会使股东利益受到重大损失，通过其他途径不能解决的，持有公司全部股东表决权百分之十以上的股东，可以请求人民法院解散公司。

最高人民法院《关于适用〈中华人民共和国公司法〉若干问题的规定（二）》（法释〔2020〕18号修正）

第一条 单独或者合计持有公司全部股东表决权百分之十以上的股东，以下列事由之一提起解散公司诉讼，并符合《公司法》第一百八十二条规定的，人民法院应予受理：

（一）公司持续两年以上无法召开股东会或者股东大会，公司经营管理发生严重困难的；

（二）股东表决时无法达到法定或者公司章程规定的比例，持续两年以上不能做出有效的股东会或者股东大会决议，公司经营管理发生严重困难的；

（三）公司董事长期冲突，且无法通过股东会或者股东大会解决，公司经营管理发生严重困难的；

（四）经营管理发生其他严重困难，公司继续存续会使股东利益受到重大损失的情形。

股东以知情权、利润分配请求权等权益受到损害，或者公司亏损、财产不足以偿还全部债务，以及公司被吊销企业法人营业执照未进行清算等为由，提起解散公司诉讼的，人民法院不予受理。

第五条第一款 人民法院审理解散公司诉讼案件，应当注重调解。当事人协商同意由公司或者股东收购股份，或者以减资等方式使公司存续，且不违反法律、行政法规强制性规定的，人民法院应予支持。当事人不能协商一致使公司存续的，人民法院应当及时判决。

第二十四章

公司强制清算纠纷类案精要与实务指引

一、公司强制清算纠纷概述

公司强制清算是指根据我国《公司法》第183条之规定，在公司无法或未能自行组织清算的情况下，由公司债权人或公司其他股东向人民法院申请强制清算的非诉讼程序。人民法院在受理强制清算后，会指定清算组，按照“申请人申请—法院受理—法院指定清算组—债权申报与审核—清理公司财产—清偿债务—向公司股东清偿剩余财产”等阶段的程序对被申请的公司进行清算。

二、典型案例：没有任何财产、账册、重要文件，被申请人下落不明，可终结强制清算程序

上海宏昌实业有限公司申请上海创立印刷材料有限公司强制清算案[1]

申请人：上海宏昌实业有限公司清算组

本院在审理上海宏昌实业有限公司申请上海创立印刷材料有限公司强制清算一案中，申请人上海宏昌实业有限公司清算组于

[1] 案号：(2015)金民二(商)清(算)字第2号；来源：中国裁判文书网。

2015年7月31日向本院提出申请，认为清算组成立后，经多方调查，并未能够接管到上海创立印刷材料有限公司财产、账册，无法进行清算，为此提请本院裁定终结上海创立印刷材料有限公司的强制清算程序。

本院认为：按照法律规定，对于没有任何财产、账册、重要文件，被申请人人员下落不明的，应当以无法清算为由终结强制清算程序。现经申请人上海宏昌实业有限公司清算组的调查，上海创立印刷材料有限公司确无任何财产、账册，确实无法进行清算。申请人以无法清算为由、提请本院终结上海创立印刷材料有限公司的强制清算程序，于法不悖，本院应予准许。上海宏昌实业有限公司可以另行依据《公司法解释（二）》第18条的规定，要求上海创立印刷材料有限公司的股东、董事、实际控制人等清算义务人对其债务承担偿还责任。依照《公司法》第183条以及最高人民法院《关于审理公司强制清算案件工作座谈会纪要》第28条、第29条之规定，裁定如下：

终结上海创立印刷材料有限公司的强制清算程序。

本裁定自即日起生效。

上海万洋物流有限公司申请上海行迅贸易有限公司强制清算案[1]

申请人：上海行迅贸易有限公司清算组

本院在审理上海万洋物流有限公司申请上海行迅贸易有限公司强制清算一案中，申请人上海行迅贸易有限公司清算组于2016年8月5日向本院提出申请，认为清算组成立后，经多方调查，并

---

〔1〕 案号：（2015）金民二（商）清（算）字第4号；来源：中国裁判文书网。

未能够接管到上海行迅贸易有限公司财产、账册，无法进行清算，为此提请本院裁定终结上海行迅贸易有限公司的强制清算程序。

本院认为：按照法律规定，对于没有任何财产、账册、重要文件，被申请人人员下落不明的，应当以无法清算为由终结强制清算程序。现经申请人上海行迅贸易有限公司清算组的调查，上海行迅贸易有限公司确无任何财产、账册，确实无法进行清算。申请人以无法清算为由、提请本院终结上海行迅贸易有限公司的强制清算程序，于法不悖，本院应予准许。依照《公司法》第183条以及最高人民法院《关于审理公司强制清算案件工作座谈会纪要》第28条、第29条之规定，裁定如下：

终结上海行迅贸易有限公司的强制清算程序。

本裁定自即日起生效。

上海贞元投资管理有限公司与被申请人上海国兴市场投资有限公司强制清算纠纷[1]

申请人上海贞元投资管理有限公司与被申请人上海国兴市场投资有限公司强制清算纠纷一案，本院受理后，经上海市高级人民法院随机指定，确定上海市天寅律师事务所为上海国兴市场投资有限公司清算组，对被申请人进行清算。2014年3月14日，清算组向本院提出申请，以被申请人上海国兴市场投资有限公司人员以及财产、账册、重要文件等均下落不明，清算程序无法进行为由，申请终结清算程序。

本院经审查认为，清算组成立后，依法开展清算工作，但由于被

〔1〕 案号：(2015)金民二(商)清(算)字第4号；来源：中国裁判文书网。

申请人法定代表人、股东、主要财产、账册、重要文件等下落不明，导致清算组无法清算。清算组据此提请本院终结强制清算程序，清算组的申请符合法律规定，本院予以准许。由于本案被申请人系申请人的债务人，本案虽因无法进行清算而终结清算程序，债务人的法人资格也因清算程序终结而终止，但债权人可以另行依法要求被申请人的清算义务人承担相应的民事责任。综上，依照《公司法》第184条、《公司法解释(二)》第18条之规定，裁定如下：

终结上海国兴市场投资有限公司清算程序。

本裁定自即日起生效。

三、类案检索精要

1. 案号：(2016)沪0115民算9号之二

法院认为：武岭公司的清算义务人怠于履行义务，致使武岭公司的主要财产、账册、重要文件等灭失，故虽然武岭公司的法人资格因清算程序终结而终止，但武岭公司的债权人可另行依法要求武岭公司的清算义务人承担相应的民事责任。

2. 案号：(2019)浙01强清6号

法院认为：鉴于清算组未能接收到大天创瑞丰公司的任何财产、账册、重要文件，导致清算程序无法进行，本院依法认定大天创瑞丰公司已无法清算，清算组以大天创瑞丰公司无法清算为由提请本院终结清算程序符合法律规定。大天创瑞丰公司股东可以向控股股东等实际控制公司的主体主张有关权利。

3. 案号：(2020)浙01强清1号

法院认为：鉴于清算组未能接收到同创公司的任何财产、账册、重要文件，导致清算程序无法进行，本院依法认定同创公司已无法清算,清算组以同创公司无法清算为由提请本院终结清算程序符合法律规定。同创公司股东可以向控股股东等实际控制公司的主体主张有关权利。

4. 案号:(2016)沪0115民算1号之一

法院认为:被申请人今科公司工商登记的股东为申请人、尹虎兴及钟亮生,注册资本共计人民币3128.75万元。2009年10月3日,今科公司被吊销营业执照。2011年5月27日,今科公司经营期限届满。现经清算组积极查找联系,仍然无法获得今科公司任何财产、账册及重要文件,清算工作无法进行,其请求终结强制清算程序,可予准许。今科公司的清算义务人怠于履行义务,致使今科公司的主要财产、账册、重要文件等灭失,故虽然今科公司的法人资格因清算程序终结而终止,但今科公司的债权人可另行依法要求今科公司的清算义务人承担相应的民事责任。

四、法律实务研读

公司强制清算纠纷作为公司纠纷的常见案由之一,司法实务中往往因达到了公司强制清算的条件,被公司债权人或其他股东提起强制清算之诉。公司强制清算纠纷往往涉及的审理周期长,程序烦琐,且实务中对于公司强制清算也没有明确的操作程序上的规范,导致实务中不同学者、法官、律师对公司强制清算案件提出不同的观点和理解。笔者结合公司强制清算案件中常见的几个实务问题进行简要分析:

(一)公司股东在何种条件下可以提起强制清算之诉?

我国《公司法》第183条规定:"公司因本法第一百八十一条第(一)项、第(二)项、第(四)项、第(五)项规定而解散的,应当在解散事由出现之日起十五日内成立清算组，开始清算。有限责任公司的清算组由股东组成，股份有限公司的清算组由董事或者股东大会确定的人员组成。逾期不成立清算组进行清算的，债权人可以申请人民法院指定有关人员组成清算组进行清算。人民法院应当受理该申请，并及时组织清算组进行清算。”由此可见，公司解散事由的出现是提起强制清算的基本前提条件。与此同时，公司未能在解散事由出现之日起15日内成立清算组或者逾期成立怠于清算的，也是启动强制清算的条件之一。

（二）何种情况下，法院不予受理公司强制清算？

虽然我国《公司法》规定了符合一定条件下，股东及公司债权人可以申请公司强制清算。但在以下情况，法院可以不予受理公司强制清算，这些情况主要包括：(1)申请人在申请公司强制清算过程中，法院经过严格审查，认为有证据证明公司财产已经明显不足清偿债务的，则法院一般会告知申请人根据《破产法》之规定申请破产清算，若申请人坚持强制清算的，则有可能面临被驳回公司强制清算的法律风险。(2)公司债权人持有的债权经审查已经超过诉讼时效的，除非债务人自愿履行否则法院也不予受理。(3)股东申请对公司强制清算，但无法提供公司账册及其他重要文件，法院一般不予受理，但申请股东有确切证据证明为参与公司经营，非公司实际控制人的除外。(4)法院已经就强制清算出具终结强制清算程序的，股东再次申请对公司强制清算的，法院不予受理。

五、法律实务疑难问题简答

（一）隐名股东能否申请公司强制清算？

根据最高人民法院《关于审理公司强制清算案件工作座谈会

纪要》之规定，被申请人就申请人对其是否享有债权或者股权，或者对被申请人是否发生解散事由提出异议的，人民法院对申请人提出的强制清算申请应不予受理。申请人可就有关争议单独提起诉讼或者仲裁予以确认后，另行向人民法院提起强制清算申请。但对上述异议事项已有生效法律文书予以确认，以及发生被吊销企业法人营业执照、责令关闭或者被撤销等解散事由有明确、充分证据的除外。

(二) 申请人申请强制清算过程中，应当提交哪些材料？

根据最高人民法院《关于审理公司强制清算案件工作座谈会纪要》之规定，申请人向法院申请强制解清算时应当提交的有关材料，包括申请书应当载明申请人、被申请人的基本情况和申请的事实和理由。同时，申请人应当向人民法院提交被申请人已经发生解散事由以及申请人对被申请人享有债权或者股权的有关证据。公司解散后已经自行成立清算组进行清算，但债权人或者股东以其故意拖延清算，或者存在其他违法清算可能严重损害债权人或者股东利益为由，申请人民法院强制清算的，申请人还应当向人民法院提交公司故意拖延清算，或者存在其他违法清算行为可能严重损害其利益的相应证据材料。

(三) 股东申请对公司进行强制清算，但无法提供公司账册及其他重要文件，应当如何处理？

根据《公司法》第 164 条之规定，公司应当依照法律、行政法规和国务院财政部门的规定建立本公司的财务、会计制度，并对相关账册及其他重要文件予以妥善保管。因此，股东在申请对公司进行强制清算时，有义务提供公司的账册及相关的重要文件，以协助清算组履行清理公司财产，编制资产负债表和财产清单等职权。

申请股东不能提供公司账册及相关重要文件等清算必需材料，且不能说明合理理由的，法院对其强制清算申请不予受理，但申请股东有确切证据证明未参与公司经营，非公司实际控制人的除外。[1]

六、核心法条

《中华人民共和国公司法》

第一百八十条 公司因下列原因解散：

（一）公司章程规定的营业期限届满或者公司章程规定的其他解散事由出现；

（二）股东会或者股东大会决议解散；

（三）因公司合并或者分立需要解散；

（四）依法被吊销营业执照、责令关闭或者被撤销；

（五）人民法院依照本法第一百八十二条的规定予以解散。

第一百八十三条 公司因本法第一百八十一条第（一）项、第（二）项、第（四）项、第（五）项规定而解散的，应当在解散事由出现之日起十五日内成立清算 组，开始清算。有限责任公司的清算组由股东组成，股份有限公司的清算组由董事或者股东大会确定的人员组成。逾期不成立清算组进行清算的，债权人可以申请人民法院指定有关人员组成清算组进行清算。人民法院应当受理该申请，并及时组织清算组进行清算。

〔1〕 摘自上海市高级人民法院《关于审理公司强制清算案件及相关纠纷若干问题的解答》。

第二十五章

清算责任纠纷类案精要与实务指引

一、清算责任纠纷概述

司法实务中，清算责任纠纷主要是指，有限责任公司的股东、股份有限公司的董事和控股股东，以及公司的实际控制人，未在法定期限内成立清算组开始清算，导致公司财产贬值、流失、毁损或者灭失；或者因怠于履行义务，导致公司主要财产、账册、重要文件等灭失，无法进行清算；或者恶意处置公司财产，给债权人造成损失；或者未经清算即办理注销登记，甚至以虚假的清算报告骗取公司登记机关办理法人注销登记，以及存在其他违反《公司法》及其司法解释规定的行为，公司债权人有权向有限责任公司股东、股份有限公司董事和控股股东、公司实际控制人以及其他负有清算义务的人员提起清算责任纠纷诉讼，主张上述人员承担相应的赔偿责任或者连带清偿责任。

我国《公司法》第 189 条和《公司法解释（二）》第 18 条、第 19 条等对清算组成员因故意或者重大过失给公司或者债权人造成损失，应当承担赔偿责任进行了明文规定。近年来，由于“僵尸公司”的大量出现，以及最高人民法院不断召开会议和出台相关会议纪要要求依法审理好公司清算案件，按照《公司法》及其司法解释的规定，积极稳妥受理公司清算案件，平等维护债权人和股东合法权益，强化投资者的清算义务，依法追究怠于履行清算义务侵害债权人、股东利益的清算组成员的民事责任，保障市场主体退出过程规范有序，促进市场法治环境的不断优化，因此，公司清算案件也逐渐增多，实务中所遇到的问题也层出不穷。其中，清算责任纠纷的主要争议焦点集中在清算责任纠纷的当事人、诉讼时效、提起清算责任纠纷的举证责任分配等方面。笔者将结合相关司法裁判案例对清算责任纠纷中出现的实务问题进行简要分析。

二、典型案例：在清算组未依法通知债权人的情况下能否起诉要求清算组成员承担赔偿责任？

（一）案情及裁判

嘉兴长润线业有限公司与姚洪兴、范志琴等清算责任纠纷[1]

案件主要事实

1. 清算和注销事实

金塔公司系于2007年12月28日由姚洪兴投资成立的一人有限责任公司。因长期停业，姚洪兴决定解散金塔公司。2015年11月20日，由金塔公司股东姚洪兴及其妻子范志琴，和金塔公司会计茅永康组成清算组对金塔公司进行清算，于2015年12月1日在《青年报》刊登金塔公司解散公告，经清算，于2016年1月20日形成清算报告。该清算报告由三被告在落款处签名。2016年1月8日姚洪兴向工商局申请办理金塔公司注销登记，按工商

〔1〕 案号：（2017）沪02民终6050号；来源：中国裁判文书网。

局要求填具了《股东会决议》《上海金塔纺织有限公司注销清算报告》。2016年1月22日，金塔公司被核准注销。其间，清算组并未通知长润公司。

2. 长润公司与金塔公司之间的债权债务

2011年1月12日本院受理(2011)崇民二(商)初字第32号长润公司诉金塔公司、姚洪兴承揽合同纠纷一案，判定:(1)长润公司与金塔公司之间的口头承揽合同关系以及于2009年8月30日签订的《定作合同》自2011年2月16日起解除;(2)金塔公司于判决生效之日起10日内返还原告长润公司三房巷棉型涤纶1.33×38一等品(大有光)10.179528吨、仪征1.33×38有光涤纶短纤32.235172吨;(3)如金塔公司不能返还上述原料，则应按返还时的市场价支付长润公司价款，如返还时市场价低于长润公司的购买价，则三房巷棉型涤纶1.33×38一等品(大有光)按每吨8800元(含税)、仪征1.33×38有光涤纶短纤按每吨10512元(含税)计价等。金塔公司不服上诉，二审判决驳回上诉，维持原判。金塔公司未自动履行，于是长润公司向本院申请强制执行。本院于2012年4月23日作出执行裁定书，载明:长润公司未能在指定日期提供金塔公司相关财产线索，不具备继续执行的条件，裁定“本次执行程序终结”。在程序终结的情形消失后，长润公司可以再次申请执行。2012年7月20日，长润公司申请追加姚洪兴为被执行人，在资产混同的范围内承担清偿责任。经听证后，一审法院裁定认为，金塔公司银行账户不足以清偿执行标的，金塔公司处于停止经营状态，姚洪兴个人财产与公司财产混同的事实依据不充分，故于2012年9月20日作出执行裁定书，驳回长润公司追加姚洪兴为被执行人的申请。2016年6月23日，一审法院又作出(2016)沪0230执异17号执行裁定书,载明:长润公司以金塔公司注销程序不合法,在注销前未履行通知和公告义务,姚洪兴作为一人公司股东须对公司财产独立于其个人财产负举证责任,申请追加姚洪兴为被执行人。一审法院经查后认为,金塔公司在注销前长期处于停业状态,名下无财产可供执行。姚洪兴作为金塔公司清算组负责人在公司清算时虽未通知长润公司,但并不存在因无偿接受公司财产而导致公司无遗留财产清偿债务或遗留财产不足清偿的情形,故裁定对长润公司要求追加姚洪兴为被执行人的申请予以驳回。

2017年1月3日,长润公司再次向一审法院提起本次诉讼,以金塔公司清算组未按法定要求履行通知义务,导致长润公司未及时申请债权而未获清偿为由,要求金塔公司三被上诉人对(2011)崇民二(商)初字第32号民事判决书项下的债务及费用承担赔偿责任。

3. 其他事实

一审庭审中,一审法院注意到金塔公司清算报告中载明"3. 回笼的资金连带公司的货币资金,除交税金3845.54元之外偿还了宏东捻线厂欠款167440元",为此,一审法院组织当事人查核了本节事实,姚洪兴和茅永康共同述称,案外人上海宏东捻线厂曾为了向金塔公司争取业务而支付20万元业务保证金,后因业务未做成,该20万元保证金转为金塔公司对案外人的某某,先期归还了现金32560元,后金塔公司无力还款,就陆续以货抵债,直至2015年6月11日由上海宏东捻线厂出某收条确认债务全部还清。因金塔公司停业多年,相关的收条在清算时才入账,所以记入清算报告。为此,上述被上诉人提供案外人出某的收条2

张、记账凭证和金塔公司停业后多年的全部账务凭证。长润公司表示，本节事实与其要求三被上诉人承担清算责任之间没有关联，长润公司在本案中要求三被上诉人承担责任的事实基础仅为三被上诉人作为清算组成员在清算中未依照法律规定履行通知义务导致长润公司未及时申报债权而未获清偿。

长润公司向一审法院起诉请求：(1)判令三被上诉人根据(2011)崇民二(商)初字第32号民事判决书向长润公司返还三房巷棉型涤纶1.33×38一等品(大有光)10.179528吨，仪征1.33×38有光涤纶短纤32.235172吨；(2)判令三被上诉人在不能返还上述原料的情况下，按市场价向长润公司赔偿价款，如返还时三房巷棉型涤纶1.33×38一等品(大有光)每吨市场价低于人民币8800元(含税)(本文所涉币种均为人民币)每吨按8800元计价，仪征1.33×38有光涤纶短纤每吨市场价低于10512元(含税)每吨按10512元计价(二项合计共428435.98元)；(3)判决三被上诉人向长润公司赔偿根据(2011)崇民二(商)初字第32号民事判决书确定的上海金塔纺织有限公司(以下简称金塔公司)从2011年11月26日至今应加倍支付的迟延履行期间的债务利息；(4)判决三被上诉人向长润公司赔偿金塔公司应负担的(2011)崇民二(商)初字第32号案件的诉讼费8426元；(5)本案诉讼费由被上诉人承担。

法院认为

1. 一审法院

一审法院认为，在本案中，金塔公司系一人公司，长期停业，其唯一股东姚洪兴作出公司解散的决定，则金塔公司理应及时进行清算。然金塔公司在清算过程中，存在以下两方面的问题：第一，清算组人员的组成不符合法定的条件，即除姚洪兴符合法定清算组人员资格外，范志琴和茅永康均不具备成为清算组成员的条件，因此，范志琴和茅永康至多是参与清算的人员，而并非有效的清算组成员，对清算结果不应当承担清算组成员之法律责任，而应由姚洪兴一人承担清算责任；第二，在清算过程中，未通知全部的债权人，至少未通知作为金塔债权人的长润公司，而仅以公告的方式通知，在通知程序上存在瑕疵。对于清算组成员未履行通知义务的法律责任，《公司法》第 180 条第 3 款的规定，清算组成员因故意或重大过失给公司或债权人造成损失的，应当承担赔偿责任，同时《公司法解释（二）》第 11 条进一步规定，公司清算时，清算组应当按照《公司法》第 185 条的规定，将公司解散清算事宜书面通知全体已知债权人，并在报纸上进行公告。清算组未按照前款规定履行通知和公告义务，导致债权人未及时申报债权而未获清偿，债权人主张清算组成员对因此造成的损失承担赔偿责任的，人民法院应依法予以支持。由上述规定可见，清算组成员承担赔偿责任的构成要件是：(1)清算组成员客观上存在未通知债权人的事实；(2)债权人存在未获清偿的损失；(3)债权人未申报债权而造成的损失与清算组成员在清算程序中未通知债权人之间存在因果关系；(4)清算组成员对此主观上存在故意或重大过失。在本案中，三被上诉人均认可在清算过程中仅作公告通知，未直接通知长润公司。但姚洪兴认为，因一审法院于 2012 年 4 月 23 日作出执行裁定书裁定“本次执行程序终结”，故其认为金塔公司对长润公司的债务已经终结。对此，一审法院认为，上述裁定书还明确载明：长润公司未能在指定日期提供金塔公司相关财产线索，不具备继续执行的条件，其清晰告之金塔公司债务尚未了结，三被上诉人的辩称意见纯属个人的理解不当，因此，姚洪兴在清算过程中未通知长润公司，属于主观上存在过失。

目前，长润公司对金塔公司所享有(2011)崇民二(商)初字第32号民事判决书项下的债权尚未得到清偿，但从该案执行程序中查明的事实以及清算报告的结果来看，金塔公司长期处于停业状态，对外尚有一百多万元的债务无法清偿，无财产可供执行。这种状况在清算前已经客观存在，并非金塔公司清算组未通知债权人导致债权人未申请债权而造成长润公司的债权未得到清偿的结果，因此，一审法院认为，尽管金塔公司清算组成员在金塔公司清算中未通知债权人存在过失行为，但与原告主张债权未得到清偿之间并没有因果关系。由此，一审法院认为，长润公司关于金塔公司清算组成员对清算中未履行书面通知而应承担(2011)崇民二(商)初字第32号民事判决书项下的债权的主张不成立，一审法院难以支持。一审法院据此判决对长润公司的诉讼请求不予支持。

2. 二审法院

法院认为：本案中金塔公司系一人有限公司，其唯一股东姚洪兴作出公司解散的决定后，应在限期内进行清算。金塔公司清算组虽然成立，但并未进行全面规范的清算，表现为未通知已知债权人申报债权，未发布清算公告。三被上诉人在一审中提供的公告仅是金塔公司的注销公告而非清算公告。长润公司对金塔公司的债权系经过生效判决确定，且经法院强制执行仍未得清偿，姚洪兴作为金塔公司的唯一股东应明知长润公司系其债权人，其对金塔公司进行清算时未通知长润公司申报债权，以及在公司债务未全部偿还情形下，向市场监督管理局谎称已清偿全部债务并申请注销金塔公司。姚洪兴作为清算义务人及《公司法》规定的清算组组成人员对此存在重大过失，应当按照《公司法》的规定承担相应责任。因金塔公司已经被注销，无法再行清算以查明公司资产负债情况，由此导致长润公司未能申报债权而未获清偿，根据《公司法》的相关规定，长润公司的损失应由姚洪兴承担。而范志琴与茅永康并非金塔公司股东，并非法定的清算组成员，长润公司要求该二人承担赔偿责任于法无据，本院不予支持。

综上，一审法院查明事实有所不清，适用法律不当，本院予以纠正。上诉人长润公司的部分上诉理由成立，本院作相应支持。据此，判决如下：(1)撤销上海市崇明区人民法院(2017)沪0230民初352号民事判决。(2)被上诉人姚洪兴应根据(2011)崇民二(商)初字第32号民事判决书向嘉兴长润线业有限公司返还三房巷棉型涤纶1.33×38一等品(大有光)10.179528吨，仪征1.33×38有光涤纶短纤32.235172吨。(3)被上诉人姚洪兴若不能返还上述原料的，则按市场价向嘉兴长润线业有限公司赔偿价款，如返还时三房巷棉型涤纶1.33×38一等品(大有光)每吨市场价低于8800元(含税)每吨按8800元计价，仪征1.33×38有光涤纶短纤每吨市场价低于10512元(含税)每吨按10512元计价(二项合计共428435.98元)。(4)被上诉人姚洪兴应向上诉人嘉兴长润线业有限公司赔偿根据(2011)崇民二(商)初字第32号民事判决书确定的上海金塔纺织有限公司从2011年11月26日至今应加倍支付的迟延履行期间的债务利息。(5)被上诉人姚洪兴向上诉人嘉兴长润线业有限公司赔偿上海金塔纺织有限公司应负担的(2011)崇民二(商)初字第32号案件的诉讼费人民币8426元。以上各项，被上诉人姚洪兴均应于收到本判决之日起10日内履行；(6)驳回上诉人嘉兴长润线业有限公司的其余诉讼请求。

裁判要旨

我国《公司法》明确规定，股东会决议解散公司的，公司应当在决议作出之日起15日成立清算组开始清算。姚洪兴作为清算义务人及《公司法》规定的清算组组成人员在清算过程中存在未通知已知债权人申报债权，未发布清算公告的重大过失，应当按照《公司法》的规定承担相应责任。因金塔公司已经被注销，无法再行清算以查明公司资产负债情况，由此导致长润公司未能申报债权而未获清偿，根据《公司法》的相关规定，长润公司的损失应由姚洪兴承担。

（二）律师点评

本案系清算责任纠纷，由于清算组在清算过程中存在未能依法通知已知债权人申报债权的严重瑕疵，因此，债权人通过依法行使清算组成员的侵权责任请求权要求清算组成员对其过失承担赔偿责任具有相应的事实依据和法律依据。一审法院从金塔公司清算组成员在金塔公司清算中未通知债权人的行为与原告主张债权未得到清偿之间并没有因果关系为由未能支持，但二审法院对一审法院的法律适用及时进行了纠正。

（三）类案检索精要

1. 案号：(2019)沪0113民初16843号

法院认为：公司因依法被吊销营业执照而解散的，应当在解散之日起15日内成立清算组，开始清算。本案中，中乐游艺机公司于2019年5月30日被依法吊销营业执照，故作为中乐游艺机公司股东的两被告应当在15日内成立清算组，进行清算。但两被告至今未进行清算，导致公司财产贬值、流失或灭失，给原告造成损失。两被告应当对中乐游艺机公司的债务承担连带赔偿责任。

原告的诉讼请求于法有据，本院予以支持。

2. 案号：(2019)沪01民终14587号

法院认为：根据有关司法解释，有限责任公司的股东因怠于履行义务，导致公司主要财产、账册、重要文件等灭失，无法进行清算，应对公司债务承担连带清偿责任。在法定清算程序中股东提供账册应有时间限制，即在清算程序终结前及时提供，不能无限制地拖延。本案中，××公司2018年7月被债权人申请破产清算，同年12月被宣告破产、终结破产程序，应认为破产程序中股东已有充分的时间寻找并提供账册，但××公司的股东未能在破产程序中提供完整账册，导致管理人无法清算，应认定为前述规定中的怠于履行义务导致账册灭失的情况，不能视为股东已为履行清算义务采取了积极措施。故××公司股东应对公司债务承担连带清偿责任。关于黄欢利的责任，虽然黄欢利是小股东，但其一直担任公司监事，对公司经营负有法定的监督责任。且黄欢利与王文军曾为夫妻，其称从未参与公司经营管理，本院难以采信。在清算过程中黄欢利也未采取积极措施履行清算义务。一审判决黄欢利承担连带责任，并无不当。

3. 案号：(2019)沪0117民初10543号

法院认为：公司被依法吊销营业执照，属于公司解散的事由，有限责任公司的股东应当在解散事由出现之日起15日内成立清算组，对公司进行清算。有限责任公司的股东怠于履行义务，导致公司主要财产、账册、重要文件等灭失，无法进行清算，债权人有权主张其对公司债务承担连带清偿责任。灵力公司自2019年3月23日被吊销营业执照后，至今尚处于吊销未注销状态，两被告作为其股东，怠于履行清算义务，导致灵力公司无法完成清算，故两被告应对灵力公司的债务承担连带清偿责任。

4. 案号:(2019)沪 0115 民初 33742 号

法院认为:根据本院作出的(2018)沪 0115 破 15-8 号民事裁定书,已经明确认定了系宝洋汇公司的清算义务人怠于履行义务,致使宝洋汇公司的账册、重要文件等灭失,破产清算受理日的财务状况无法确定,可能影响债务人财务的完整,故裁定终结宝洋汇公司破产程序。而生效的(2018)沪 0115 破 15-6 号民事裁定,已确认了原告对宝洋汇公司享有债权金额为 216688.19 元。根据法律规定,有限责任公司的股东因怠于履行义务,导致公司主要财产、账册、重要文件等灭失,无法进行清算,债权人主张其对公司债务承担连带清偿责任的,人民法院应依法予以支持。现原告要求两被告对宝洋汇公司在(2013)浦民二(商)初字第 138 号民事判决书中明确的债务承担连带清偿责任,于法有据,本院予以支持。

三、法律实务研读

公司清算责任纠纷作为公司纠纷中常见的案由之一,随着国家处置“僵尸企业”的力度不断加大,法院受理公司清算责任纠纷的案件数量也在不断增长。实务中,针对公司清算责任纠纷中的常见的法律纠纷,笔者结合我国现行的法律规定、司法解释以及会议纪要之规定,建议从以下方面加强法律风险的防范:

(一)债权人主张负有清算义务的股东、董事、监事和高级管理人员等人员承担赔偿或连带清偿责任的构成要件有哪些?

根据清算责任纠纷的司法界定,负有清算义务的人员包括股东、董监高人员,应当满足以下要件方能对公司的债务承担连带赔偿责任:(1)未在法定期限内成立清算组开始清算,导致公司财产贬值、流失、毁损或者灭失。(2)因怠于履行义务,导致公司主要财产、账册、重要文件等灭失,无法进行清算。(3)恶意处置公司财产,给债权人造成损失;或者未经清算即办理注销登记,甚至以虚假的清算报告骗取公司登记机关办理法人注销登记,以及存在其他违反《公司法》和司法解释规定的行为。

(二)如何准确界定股东作为清算义务人"怠于履行清算义务"?

根据《全国法院民商事审判工作会议纪要》第14条之规定,《公司法解释(二)》第18条第2款规定的"怠于履行义务",是指有限责任公司的股东在法定清算事由出现后,在能够履行清算义务的情况下,故意拖延、拒绝履行清算义务,或者因过失导致无法进行清算的消极行为。股东举证证明其已经为履行清算义务采取了积极措施,或者小股东举证证明其既不是公司董事会或者监事会成员,也没有选派人员担任该机关成员,且从未参与公司经营管理,以不构成"怠于履行义务"为由,主张其不应当对公司债务承担连带清偿责任的,人民法院依法予以支持。因此,公司股东作为清算义务人怠于履行清算义务从表现形式上看主要是指怠于依法启动清算程序,以及怠于履行妥善保管公司账册、股东会决议以及其他重要文件等。

四、法律实务疑难问题简答

(一)清算责任纠纷中,债权人向清算义务人主张承担清算义务的如何计算诉讼时效的起算点?

根据《全国法院民商事审判工作会议纪要》第16条之规定,公司债权人以《公司法解释(二)》第18条第2款为依据,请求有限责任公司的股东对公司债务承担连带清偿责任的，诉讼时效期间自公司债权人知道或者应当知道公司无法进行清算之日起计算。清算义务人怠于履行清算义务，导致公司财产或债权人利益受到损失，债权人提起公司清算责任纠纷诉讼，属于行使其债权请求权，因此公司清算责任纠纷适用诉讼时效的规定。诉讼时效期间为 3 年，自债权人知道或应当知道清算组成员对公司财产造成损害之日起算。因此，清算责任纠纷中，债权人主张清算义务人承担清算责任的起算点为知道或应当知道公司无法进行清算之日起计算，诉讼时效为 3 年。

（二）债权人与作为清算义务人的股东的举证责任如何进行分配？

有限责任公司的股东“怠于履行义务”的消极不作为与“公司主要财产、账册、重要文件等灭失，无法进行清算”的结果之间没有因果关系的举证采取举证责任倒置，即在原告证明清算义务人“怠于履行义务”并且证明损害后果的情况下，无需证明两者之间的因果关系，此时无因果关系的举证责任由清算义务人负担，如无法举证，应推定因果关系成立。

（三）公司被吊销营业执照的情况下，股东长期未能组织公司进行清算，是否可以认定为股东怠于履行清算义务？

此种情况下的股东因无视公司已经被吊销营业执照的行政处罚，而对于公司是否清算无动于衷，理应构成怠于履行清算义务。其中，最高人民法院（2017）最高法民申 2428 号民事裁定书中，法院也认为，当公司被吊销营业执照后，公司股东未在法律规定的期限内对公司进行清算，应当认定是公司股东怠于履行清算义务的情形。

五、核心法条

《中华人民共和国公司法》

第一百八十九条 清算组成员应当忠于职守，依法履行清算义务。

清算组成员不得利用职权收受贿赂或者其他非法收入，不得侵占公司财产。

清算组成员因故意或者重大过失给公司或者债权人造成损失的，应当承担赔偿责任。

最高人民法院《关于适用〈中华人民共和国公司法〉若干问题的规定（二）》（法释〔2020〕18号修正）

第十八条 有限责任公司的股东、股份有限公司的董事和控股股东未在法定期限内成立清算组开始清算，导致公司财产贬值、流失、毁损或者灭失，债权人主张其在造成损失范围内对公司债务承担赔偿责任的，人民法院应依法予以支持。

有限责任公司的股东、股份有限公司的董事和控股股东因怠于履行义务，导致公司主要财产、账册、重要文件等灭失，无法进行清算，债权人主张其对公司债务承担连带清偿责任的，人民法院应依法予以支持。

上述情形系实际控制人原因造成，债权人主张实际控制人对公司债务承担相应民事责任的，人民法院应依法予以支持。

第十九条 有限责任公司的股东、股份有限公司的董事和控股股东，以及公司的实际控制人在公司解散后，恶意处置公司财产给债权人造成损失，或者未经依法清算，以虚假的清算报告骗取公司登记机关办理法人注销登记，债权人主张其对公司债务承担相应赔偿责任的，人民法院应依法予以支持。

第二十条 公司解散应当在依法清算完毕后，申请办理注销登记。公司未经清算即办理注销登记，导致公司无法进行清算，债权人主张有限责任公司的股东、股份有限公司的董事和控股股东，以及公司的实际控制人对公司债务承担清偿责任的，人民法院应依法予以支持。

公司未经依法清算即办理注销登记，股东或者第三人在公司登记机关办理注销登记时承诺对公司债务承担责任，债权人主张其对公司债务承担相应民事责任的，人民法院应依法予以支持。

第二十三条 清算组成员从事清算事务时，违反法律、行政法规或者公司章程给公司或者债权人造成损失，公司或者债权人主张其承担赔偿责任的，人民法院应依法予以支持。

有限责任公司的股东、股份有限公司连续一百八十日以上单独或者合计持有公司百分之一以上股份的股东，依据公司法第一百五十一条第三款的规定，以清算组成员有前款所述行为为由向人民法院提起诉讼的，人民法院应予受理。

公司已经清算完毕注销，上述股东参照公司法第一百五十一条第三款的规定，直接以清算组成员为被告、其他股东为第三人向人民法院提起诉讼的，人民法院应予受理。

《全国法院民商事审判工作会议纪要》

第十四条 公司法司法解释(二)第18条第2款规定的“怠于履行义务”，是指有限责任公司的股东在法定清算事由出现后，在能够履行清算义务的情况下，故意拖延、拒绝履行清算义务，或者因过失导致无法进行清算的消极行为。股东举证证明其已经为履行清算义务采取了积极措施，或者小股东举证证明其既不是公司董事会或者监事会成员，也没有选派人员担任该机关成员，且从未参与公司经营管理，以不构成“怠于履行义务”为由，主张其不应当对公司债务承担连带清偿责任的，人民法院依法予以支持。

第十五条 有限责任公司的股东举证证明其“怠于履行义务”的消极不作为与“公司主要财产、账册、重要文件等灭失，无法进行清算”的结果之间没有因果关系，主张其不应对公司债务承担连带清偿责任的，人民法院依法予以支持。

第十六条 公司债权人请求股东对公司债务承担连带清偿责任，股东以公司债权人对公司的债权已经超过诉讼时效期间为由抗辩，经查证属实的，人民法院依法予以支持。

公司债权人以公司法司法解释（二）第18条第2款为依据，请求有限责任公司的股东对公司债务承担连带清偿责任的，诉讼时效期间自公司债权人知道或者应当知道公司无法进行清算之日起计算。

致　谢

本书成稿并出版前后历经两年半时间，今日终于完成定稿，此时的心情可谓欣喜若狂，犹如一个心爱的孩子即将出生一般，而我自己的小孩也已经两岁半多。在本书即将出版之际，首先我感谢自己的坚持，没有自己不断的坚持也不会有本书的交稿和出版；其次我要感谢我爱人对我的不断催促，在本书写作和修稿过程中，我的爱人给了我莫大的鼓舞，不断鼓励我写作出书，没有她的鼓舞，也许本书不会最终问世。同时也感谢这么多年对我关心关爱的父母长辈们！最后希望这本书能够对一线同行律师、公司法务以及其他法律界的相关实务人员，以及公司的老板和高管们有一定帮助！随着法律的变迁和修改，我后续也会根据实践中出现的新问题随时进行修订，改版！

谢谢！

2021 年 9 月 19 日